家康と家臣団の城

加藤理文

角川選書
652

家康と家臣団の城

目次

第三章　天下普請の城

第四章　徳川家臣団の城

はじめに

江戸二百五十年間、天下泰平の世の基を開いた徳川家康《とくがわいえやす》は、元和《げんな》二年（一六一六）駿府《すんぷ》城において七十五年の波乱に満ちたその生涯を閉じた。その人生において、家康自らが心血を注いで築いた城は、極めて数が少ない。関ヶ原《せきがはら》合戦における勝利によって、ほぼ天下政権を確実にした後の築城は、全て天下普請での築城で、諸大名への割り当てによって築かれたためである。

家康自身が、最も心血を注いだ城は、元亀《げんき》元年（一五七〇）、二十九歳から四十四歳まで在城した浜松《はままつ》城と、将軍職を辞して大御所となり築いた駿府城であろう。だが、これら二つの城は、後に地域の拠点となり、幕末維新まで存続することになる。途中、大改修を受けているため、家康在城時代の面影は、全くといっていい程残されてはいないと思われていた。しかし、近年の駿府城の発掘調査により、家康が築いた駿府城の姿が見えてきた。家康の城を考えるに、極めて重要なポイントとなることは間違いない。

家康は、天正《てんしょう》十八年（一五九〇）の関東移封以前は、三河《みかわ》・遠江《とおとうみ》・駿河《するが》に居住し、後に徳川四天王と呼びならわされる武将たちを含め、多くの家臣団も当然これら諸地域で城を築いている。だが、彼らが築いた城は、合戦に備えた城やごく限られた地域を治めるための小城郭でしかなく、それらの城もまた江戸期を通じ大きく改修され、本来の姿がはっきりしない。徳川家臣団が自らの領地を支配するための拠点的な城を築くのは、天正十八年の関東移封を待たなければならない。

織田《おだ》・豊臣《とよとみ》配下の武将たちと異なり、全国規模での合戦や渡海しての外国勢力との戦闘経験も持たない。併せて、石垣や天守という織豊《しょくほう》政権を象徴する城の構築への関与も極めて少ない。関ヶ原合戦後、大領を得た徳川配下の武将たちは、地域支配のための拠点的城郭の構築を目指すことになる。だが、旧豊臣系大名たちの城とは明らかに異なった城を築いている。

その理由としては、関東地方という石材の産出のない地域における築城工事という地域の特性も考慮する必要もあろうが、築城工事の主体をなす技術者集団の問題も大きかったと思われる。同じ徳川配下でありながら、徳川諸将が、東日本で築いた城と西日本で築いた城では、その姿かたちは大きく異なっている。また、同じ徳川系の城でありながら、天下普請で築かれた城は、織豊系城郭そのものである。割普請に参加した大名のほとんどが旧豊臣家臣であったがための事象である。

関ヶ原合戦後に築かれた徳川の城は、単体で所領を守ろうとした豊臣系大名の城とは明らかに異なり、全国各地に配置された城が、互いに補い合って江戸へと向かう仮想兵力へ対応することを狙った築城であった。ここが、織田・豊臣の城とは大きく異なる点である。いずれにしろ、徳川の城についてまとめた例はほとんどないため、そのたたき台となるよう、現時点で判明する徳川の城の特徴についてまとめ、幕府や徳川家臣団がどのような城造りを目指していたのかを数少ない資料から探ってみることにしたい。

第一章　家康の築城

一　最初の居城・岡崎城

松平元康の岡崎入城

永禄《えいろく》三年（一五六〇）五月十九日、駿遠三の太守・今川義元《いまがわよしもと》の本隊は、尾張《おわり》の沓掛《くつかけ》から大高《おおたか》城（愛知県名古屋市）へ向けて進軍していた。丸根砦《まるねとりで》・鷲津砦《わしづ》（共に愛知県名古屋市）陥落の報を受けた義元は、桶狭間《おけはざま》で休憩。楽勝ムードの中で、酒も振舞われたという。この後、織田信《のぶ》長《なが》率いる二千の兵の奇襲を受け、乱戦の中で義元が討死、今川軍は総崩れとなってしまう。

この時、松平元康《まつだいらもとやす》（徳川家康）は尾張の奥深く入った大高城を守備していたとされる。義元戦死の報を受け、事の真偽を確認した後、すぐさま退却を開始した。翌二十日、岡崎《おかざき》まで退却したが、今川軍が城を守備していたため、近くの大樹寺《だいじゅじ》を本陣とし様子をうかがっていた。義元が死去した以上、今川軍はいずれ岡崎城（愛知県岡崎市）を撤収し、駿河へ帰ることは確実であった。そのため、今川軍との遭遇を避け、身を隠していたのである。案の定、二十三日になると、今川軍は城を撤収し、一路駿府へと向かった。城が空になったことを確認した元康は、難なく岡崎城へと入城。ほぼ十二年ぶりに城は、正統な主君を迎えたのであった。

この時、元康が入城した岡崎城の姿は、まったく解っていない。元康は、浜松に居城を移すまでの十年間をこの城で過ごし、三河統一を果たした。『龍城古伝記』には、「永禄年中神君様御縄張ニテ御築直被為成候」とあり、元康が城の改修を行ったと記す。

写真１　岡崎城青海堀
本丸北側に位置し、家康が築いた城の名残りと言われる。

　しかし、その具体的な内容は不明である。岡崎城は、矢作《やはぎ》川・菅生《すごう》川・青木《あおき》川などの合流地点の龍頭山《りゅうずさん》という丘陵を利用した城で、現在の本丸部分がかつての丘陵であろう。現在は、後世の開削によって平城の体裁となっているが、元康入城時は、ここはまだ丘陵で小規模な本丸が置かれていたと考えられる。南を流れる菅生川を天然の堀とし、青海《せいかい》堀で本丸北側を固め、現在の二の丸、東曲輪《くるわ》程度が城の範囲だったのではないだろうか。その周囲に広がる低湿地を巧みに利用し、守りを固めた城が、元康の岡崎城であったと思われる。

元康入城以前の岡崎城

　享徳《きょうとく》元年（一四五二）から康正《こうしょう》元年（一四五五）頃にかけて、西郷頼嗣《さいごうよりつぐ》（青海《せいかい》入道）が築いた砦が創築と言われる。西郷氏の本拠は、明大寺《みようだいじ》付近で、この頃、岩津《いわづ》を拠点とする松平氏が台頭し、南へ勢力を伸張する勢いであった。西郷氏は、東海道《とうかいどう》の確保と松平氏への対応のために、砦を構築し備えたのである。

大永《だいえい》四年（一五二四）、松平清康《きよやす》（家康の祖父）が、東の山中城《やまなか》（愛知県岡崎市）を攻撃、西郷信貞《のぶさだ》（松平昌安《まさやす》）は、岡崎城とその所領を明け渡した。『三河物語』では、大久保忠茂《おおくぼただしげ》の調略によるとしている。清康は、信貞の岡崎城を破棄し、龍頭山に新たな城を築き、ここに拠点を移したのである。さらに、菩提寺《ぼだい》の大林寺《だいりんじ》を城北に、城の鬼門鎮護として安城《あんじよう》から甲山寺《こうざんじ》を北東にそれぞれ移している。天文《てんぶん》四年（一五三五）、尾張に侵入し、守山城《もりやま》（愛知県名古屋市）攻めの最中、家臣に斬られ即死。その後、松平信定《のぶさだ》、広忠《ひろただ》（家康の父）が城主となるが、天文十八年に広忠が家臣によって殺害されてしまう。以後、岡崎城は今川家の支城として城代が置かれ、山田景隆《やまだかげたか》らが城代を務めたのである。

二　遠江支配の拠点・浜松城

家康の遠江侵攻

永禄十一年（一五六八）二月、三河一国支配を確実にした家康は、遠江侵攻に向け動き出す。速やかな侵攻を企てた家康は、西遠江の有力諸将の調略を開始し、国境近辺の安全確保を優先した。十二月に入ると東三河家老職で吉田城《よしだ》（愛知県豊橋市《とよはし》）主・酒井忠次《さかいただつぐ》を先鋒《せんぽう》とし、遠江へと侵攻を開始。家康は、三河勢七千余を率い、三河国境から本坂峠《ほんざか》を越え、井伊谷《いいのや》筋を通り遠江へと入っている。翌日には、吉美《きび》城（静岡県湖西《こさい》市）が落城、また井伊谷城（静岡県浜松市の千頭峯《せんどうがみね》城か？）、刑部《おさかべ》城（浜松市）、白須賀《しらすか》城（静岡県湖西市）も陥落したという。十五日には今川家重臣小原鎮実《おはらしげざね》に奪取された宇津山《うづやま》城（静岡県湖西市）も落城し、浜名湖《はまなこ》周辺域の制圧にほぼ成功したようである。一週間後には、長下《ながしも》郡安間《あんま》村に陣を構え、伊奈《いな》から遠江へ侵攻していた武田《たけだ》氏配下の秋山信友《あきやまのぶとも》を撤退させ、遠江の要衝・引間《ひくま》城（後の浜松城［静岡県浜松市］）へと入城を果たした。

三河・遠江国境付近から、徳川軍の怒濤《どとう》の進撃を可能にしたのは、井伊谷三人衆と呼ばれる菅沼忠久《すがぬまただひさ》・近藤康用《こんどうやすもち》・鈴木重時《すずきしげとき》の道案内があったからであろう。家康は、今川氏配下であった井伊谷三人衆に対し本領安堵《あんど》の上加増を約し、その配下に加えていた。家康が引間城に入った二日後、磐田《いわた》市に本拠を置く匂坂吉政《さぎさかよしまさ》に見取《みどり》郷等を与えるなどして、徐々に遠江を席捲《せっけん》しようとしていた。この状態を見た今川配下の武将のうち、高天神《たかてんじん》城（静岡県掛川《かけがわ》市）主小笠原信興《おがさわらのぶおき》、馬伏塚《まむしづか》城（静岡県袋井《ふくろい》市）主小笠原氏興《うじおき》らが十二月中に家康の軍門に降《くだ》っている。同月中には、久野《くの》城（静岡県袋井市）を本拠とする久野氏一門の本領を安堵し、鵜殿氏長《うどのうじなが》、松井和泉守らに二俣《ふたまた》城（静岡県浜松市）の防備を命じ、所領を安堵。さらに、久野千菊にも所領を与え、遠江国人・土豪層の徹底した懐柔策を実施した。

一方、家康の遠江侵攻と時を同じくして駿河に侵攻した武田軍によって、旧領主の今川氏真《うじざね》は、駿府館（静岡県静岡市）を追われ、重臣筆頭の朝比奈《あさひな》氏が守る掛川城（静岡県掛川市）へと逃げ込んだ。家康は、掛川城の周囲に砦網を構築し包囲する。

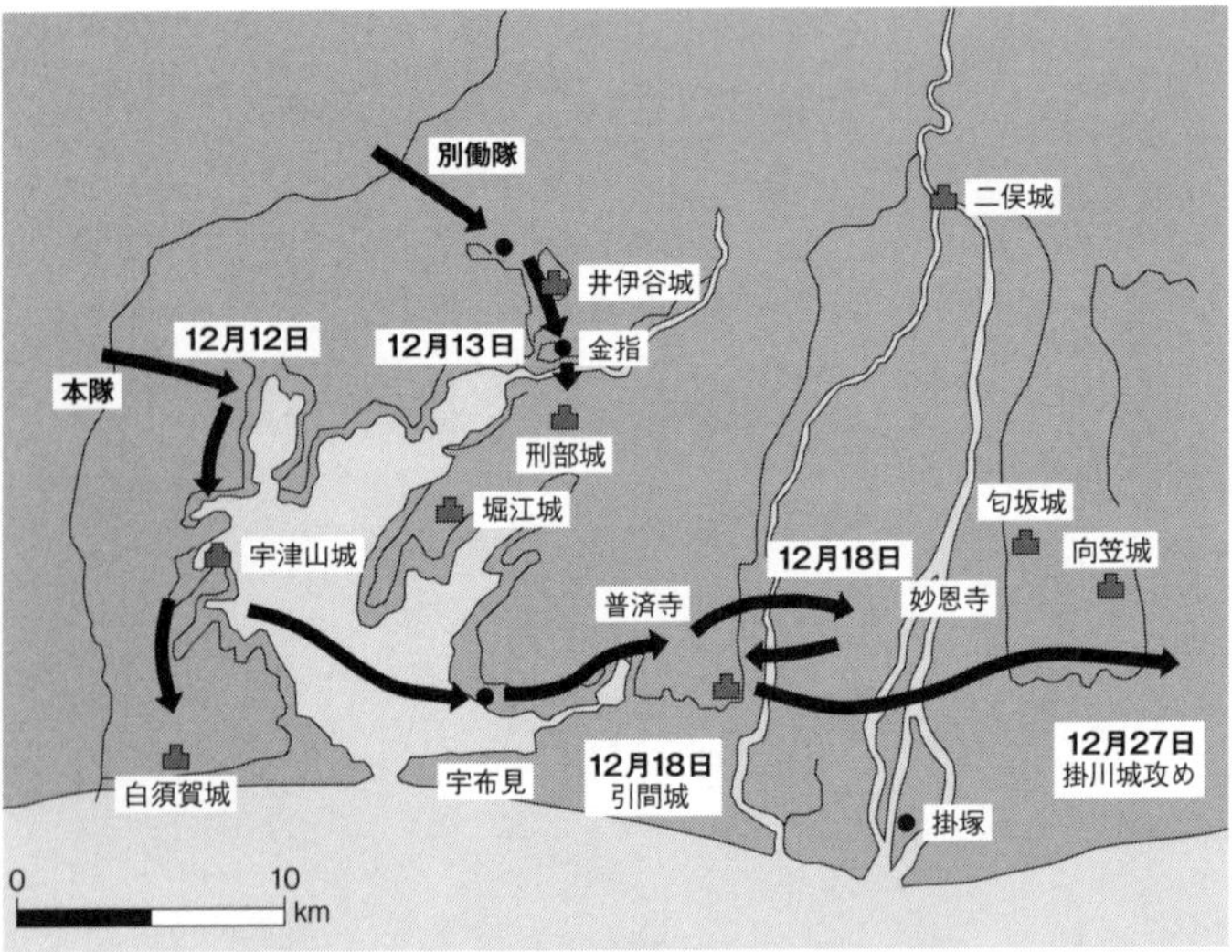

図1　徳川家康の遠江侵攻　永禄11年（1568）

永禄11年（1568）２月、三河一国支配を確実にした家康は遠江侵攻に向けて動き出した。西遠江の有力武将を調略し、国境周辺の安全確保を優先。そして、同年12月に入ると、上の図にあるルートで侵攻を開始。12月27日には掛川城攻めに至る。

その後、掛川城への本格的な攻撃を開始するが、それと同時に今川諸将への調略もすすめていた。しかし、結果的に掛川城を陥落させることができず、和睦《わぼく》への道を探ることになる。掛川城に籠《こも》る今川方の根強い抵抗により、未《いま》だ遠江国内状況が不安定の中での長期戦は、決して家康にとって望む展開ではなかったはずである。それが、氏真との和睦による掛川城開城へと決断させた真意ではないだろうか。

和睦を図る中、徹底抗戦を続ける堀江城《ほりえ》（静岡県浜松市）の大沢基胤《おおさわもとたね》らにも調略の手を伸ばすなど、執拗《しつよう》な家康の懐柔策と今川氏の凋落《ちょうらく》により、抵抗勢力も沈静傾向へと向かい、家康による遠江確保が見えてきていた。籠城《ろうじょう》六カ月、ついに氏真は掛川城を家康に明け渡し、義父北《ほう》条氏康《じょううじやす》の兵と共に掛塚《かけつか》から小田原《おだわら》へと向かった。掛川城の開城によって、戦国大名今川氏が滅亡し、家康は遠江一円をほぼ掌中に収めることに成功した。しかし、遠江の内北部山岳地帯は、信濃《しなの》と国境を接しており、武田方に付く国人土豪たちも多く、完全に遠江全域の支配権が確立したのは、天正五年（一五七七）頃のことになる。

遠江守護所への築城

領国を拡大した家康は、領国の最先端に城を築き、さらに駿河をうかがう姿勢を示し、遠江国府の見付《みつけ》に城之崎《きのさき》城（静岡県磐田市）の築城工事を起こした。だが、背後に天竜《てんりゅう》川が流れる地形であったため、信玄《しんげん》と戦う場合「背水の陣」となってしまう。そこで、居城は川を渡った引間に造り直すことになったと言われる。当初遠江支配の拠点としようと築城工事を起こした

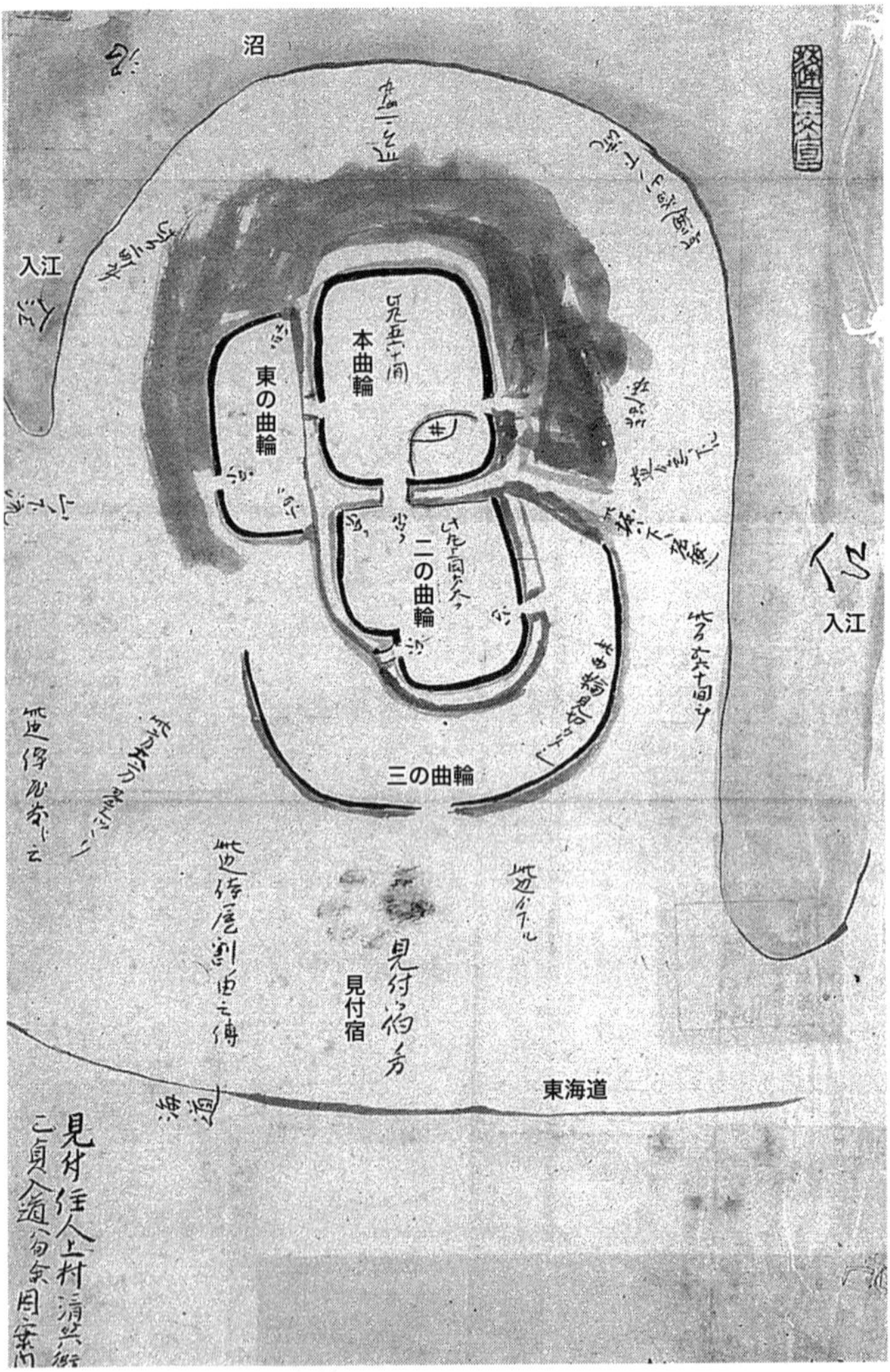

図２　遠州見付城図（名古屋市蓬左文庫蔵）

城之崎城の絵図が残されているため、どの程度の城だったのかが判明する。その姿から、当時の浜松城の姿も想像されよう。

城之崎城は、北を除き周囲を沼地で囲まれた舌状丘陵を利用して築かれ、最高所に本曲輪、北に一段低く二の曲輪、さらに二の曲輪を取り囲むように一段低い三の曲輪が配され、東にも一段低く東の曲輪が置かれていた。本曲輪の四周を土塁で囲み、他の曲輪は外側三方に土塁が廻《めぐ》っている。本曲輪と二の曲輪の間には堀切を設け、中央に土橋が見られる。周囲は堀で囲まれていたようである。北側を通る東海道を見下ろし、城の東西には沼の奥深くまで水が入り込み入江を形成していた。このように、交通の要衝を押さえる構えであるが、城そのものは小さく、未だ中世城郭の域を脱することのない城であった。

現在、城址《じょうし》は城山《しろやま》球場となっており、かつて四方の視界が広がっていたであろうことは容易に判明する。また、眼下に広がる今之浦《いまのうら》、東海道見付宿など、交通の利便性は極めて高い。だが、周辺域は湿地帯が広がり、城下経営の点からは、難点が多い地形であった。

当初の城・引間城

家康が、新領国の支配の中心に定めた「引間宿」は、東海道の宿場として国府見付をしのぐほどの賑《にぎ》わいを見せ、市も開かれるなど、商業的な拠点として名実共に浜松荘の中心であった。

家康が入った引間城は、城之崎城と同様で東海道を見下ろす丘陵地に築かれていた。後に「古城」と総称される場所で、方形の土塁に囲まれた曲輪が田の字状に配されている。また、古城の外周には水堀が廻る姿であった。江戸期の絵図には、東に妙光寺口《みょうこうじぐち》、北西に霜垂口《しもだれぐち》、南に玄黙口《がんもくぐち》（元目口）と三カ所の虎口《こぐち》が描かれている。現状でも古城跡が、周辺域の中では最も高所であり、丘陵上に位置していたことが判明する。

戦国期の天竜川は、大天竜と小天竜の二筋を本流とし、西側小天竜は、現在の馬込川《まごめ》のあたりを流れていたという。従って、引間城は、小天竜を自然の堀とし、城の北に犀ヶ崖《さいがけ》へと続く溺《おぼ》れ谷となった断崖《だんがい》地形、東から南にかけて低湿地が広がる要害の地に位置していたのである。

この地に入った家康は、引間城の西対岸の丘陵部に中心域を移し、名を浜松城と改めさらに南へと拡張工事を実施し、旧引間城も、東の備えとして城域に取り込んだのである。元亀三年（一五七二）の三方ヶ原《みかたがはら》合戦時点においても、「三方ヶ原を退き西の門よりは入られず、遥に大手の門より門外に乗廻し、東に向ひ北に至て、玄黙口より入られた」（『鳥居家中興譜』）とあり、古城が城内に取り込まれ、機能していたことが判明する。家康は、天正十三年（一五八五）までの約十五年間浜松城を居城とすることになる。

浜松城の大改修

元亀三年（一五七二）以降、北の信濃と東の駿河を領国とする武田信玄、勝頼《かつより》が度々遠江へと侵攻を繰り返している。家康は、戦闘の合間をぬって除々に浜松城の拡充を実施したようだが、本格的な改修に乗り出すのは、武田勢力を北遠江から撤退させ、高天神城を孤立させた天正五年（一五七七）からのことになる。

天正六年二月以降、深溝《ふこうず》松平家の家忠《いえただ》が記した『家忠日記』に浜松城普請の記載が増える。十一日、「新城（浜松城）普請ふれ候」に始まり、三月まで七日、普請が記載されている。翌天正七年二月九日に、家康より浜松城の普請を命じられ、二十一日より「本多作左衛門《ほんださくざえもん》（本多重次《しげつぐ》）かまへの普請候」とあり、三月四日まで十一日間普請の記載が続く。次は十月七日で「浜松普請候」とあり、十八日には「浜松普請出来候」と記す。天正九年九月二十五日に「酒左（本多重次）より浜松普請ニ越候へ由申来候」とあり、十月十四日に「普請出来候」とある。天正六年の普請は、「新城普請」とあることから、まさに新しい城を築くような大規模な普請であったと理解される。「本多作左衛門かまへの普請」は、「作左曲輪」のことと思われ、中枢部から堀を挟んだ北西対岸の曲輪になる。従って、この時点で、中枢部はほぼ完成していたということになろう。

浜松城以外に、牧野《まきの》城（諏訪原《すわばら》城、静岡県島田《しまだ》市）、横須賀《よこすか》城（静岡県掛川市）等の、高天神城攻略と駿河侵入に備えた城普請の記載も見られ、遠江一国支配を確実にし、やがて駿河へ進出することを見越した築城が増加している。この間に、徳川氏の築城技術は急激に進歩する。それは、遠江に進出した武田軍の城を接収したことで、その築城術を取り込んだことが一番の理由であろう。中でも、「横堀」の使用が最も大きい変化であった。天正六〜八年の間に築かれた高天神城攻めの陣城《じんじろ》・小笠山砦《おがさやま》（静岡県掛川市・袋井市）には、伝 笹峰《ささがみね》御殿を取り囲むように約二〇〇メートルに亘《わた》って壮大な横堀が現存している。また、巨大な丸馬出《まるうまだし》と二重の横堀で囲まれた諏訪原城も家康が改修しており、『家忠日記』に塀や堀普請の記載が見られる。近年

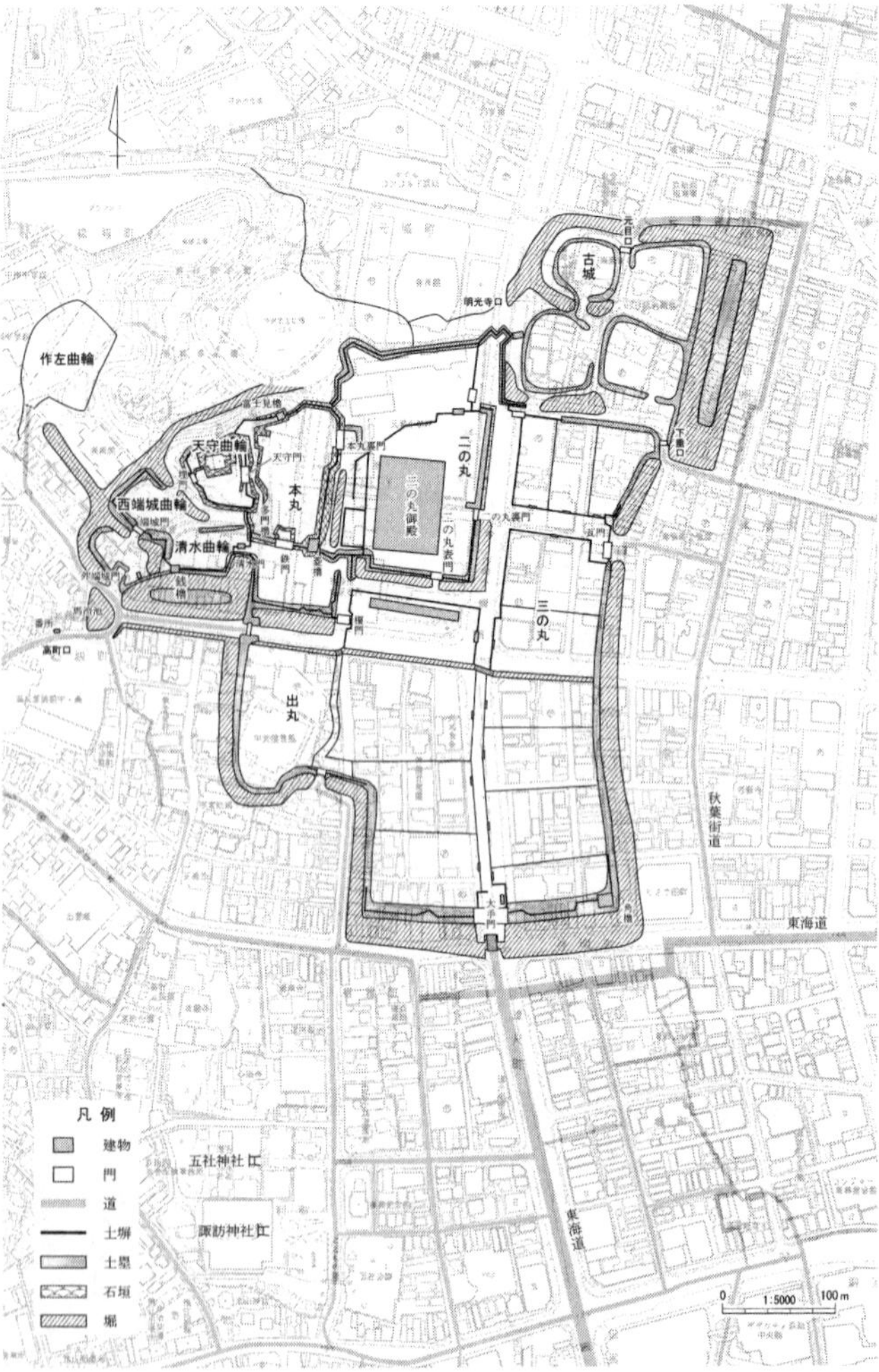

図3　浜松城跡復元図
(『浜松城跡10』浜松市教育委員会　2015より転載／浜松市文化財課提供)

の発掘調査でも、徳川氏による大改修の痕跡《こんせき》が確認されており、武田氏の持つ築城技術を取り入れた可能性を示唆している。

天正九年頃まで改修工事が続いた浜松城でも、武田氏の築城技術を取り入れた可能性が高い。北側「作左曲輪」や南側出丸《でまる》を取り込むことを可能にしたのも、横堀の採用によるもので、中枢部を囲む堀幅をより広くし、防御構造を高くすることに成功し、その居城としての体裁を整えたのではないだろうか。

この時期、すでに織田政権下では、配下の有力武将までが瓦葺《かわらぶ》きの天守・石垣を持つ織豊系城郭を築き、土造りの城は時代遅れとなっていた。だが、徳川家は未だ技術者集団を把握しておらず、石垣や瓦葺き建物を構築する段階ではなかった。『家忠日記』に「石垣普請」が登場するのは、次の駿府築城の時のことになる。

三　五カ国領有の拠点・駿府城

五カ国領有から小牧・長久手合戦

天正十年（一五八二）、本能寺《ほんのうじ》の変による信長横死によって、織田家家臣団は混乱を極めてしまう。信濃・甲斐《かい》では一揆《いっき》が起こり、信濃の武将は一気に退去することになった。甲斐の河尻秀隆《かわじりひでたか》は討死するなど、両国は無政府状態に陥ってしまう。

これを知った家康は、浜松を発し甲斐・信濃平定に向かった。諏訪から甲斐・新府《しんぷ》城（山梨県韮崎市)へと移陣すると、相模から北条氏直が侵攻。両者対峙すること二カ月、家康の娘督《とく》姫《ひめ》を氏直に嫁がせることで講和が成立する。家康は、信濃も平定し、一躍、駿河・遠江・三河・甲斐・信濃五カ国（石高制が完成した時での計算では、五カ国で約一三〇万石となる）を領有する大大名へとのし上がり、織田政権後継の地位を確実にした羽柴秀吉《はしばひでよし》に対抗する一大勢力となった。

信長・信忠《のぶただ》亡き後、後継者として台頭した羽柴秀吉と対立したのは、天正十二年の小牧《こまき》・長久手《ながくて》の戦いによってであった。家康は、同盟者の信長の遺児・信雄《のぶかつ》の要請を受け秀吉と戦うことになる。この戦いは、両軍の主力が戦闘することなく、講和で決着することになった。家康にとって、「徳川強し」と秀吉に思わせたのは大きな成果であった。

小牧・長久手の戦後、家康は、浜松から岡崎、駿府、また浜松、岡崎から浜松へと目まぐるしく動き回っている。この間、新たな居城として駿府の地を選択、築城に着手した。これは、対秀吉を想定した動きで、万が一秀吉軍が襲来した場合の備えを固める目的が推定される。また、この間家康にとって大きな誤算だったのは、重臣の石川数正《いしかわかずまさ》が秀吉のもとへと出奔したことだ。徳川軍の戦略や城の構えまでもが筒抜けになってしまった。家康は直ちに岡崎城の修築を命じると共に、領国内の諸城の改修も実施している。

駿府移転

こうした動きの中での駿府築城移転は、従来から言われる五カ国支配のための拠点の移動というより、対秀吉戦略の一環としての居城移転と理解される。豊臣領国より、より奥まった位置への移動による安全確保と、有事に備えた北条氏との連携強化に他ならない。すでに家康の娘が北条氏直に嫁いだことで同盟関係は成立していた。また、北条氏の重臣二十人の誓書も家康のもとに届けられており、北条氏をあげて家康に協力する姿勢を示してもいた。天正十四年（一五八六）、伊豆三島《いずみしま》の黄瀬川《きせがわ》で北条氏政《うじまさ》は家康と対面し、仮に家康が秀吉と対決するということになれば、北条氏が全面的に協力することを約したのである。

駿府築城の開始は、天正十三年七月のことで、家康の移住は翌年十二月四日のことになる。『家忠日記』によれば、同十七年まで築城工事が継続していたことが判明する。天正十五年二月「御かまへ二のくるわ堀普請候」、同月「城普請出来候、石とり候」、三月「石かけの根石をき候」、十一月「二のくるハの石かけ候」、同十六年五月「てんしゆの（才木）てつたい普請あたり候、家康様より普請ニせいを入とて御使給候」、同十七年二月「石かけ普請まいり候」、同月「小傳主てつたい普請當候」、同月「石くら根石すへ候」とあり、本丸・二の丸があり、堀で囲まれていたこと、「てんしゅ」及び「小伝主」が存在したこと、石垣が採用されていたことが判明する。

従来の徳川の城には、まったく石垣は採用されておらず、また「石を……」という記録すら見られないため、極めて特筆される出来事として捉《とら》えられる。駿府築城を開始した天正十三年前後を境として、家康も石垣の必要性を痛感し、何とか取り入れようとした表れであろうか。『家忠日記』の記載をよく見ると、築城開始が天正十三年七月で、初めて「石」という言葉が出てくるのが、同十五年の二月のことになる。築城開始からすでに一年半が経過しているのである。同日の記載には「城普請出来候」と、一応完成したとあり、『当代記』にも完成したことが記されている。ところが、『家忠日記』天正十五年九月十七日に「来一日より駿河御城御普請候由、酒《さ》左衛門督《えもんのかみ》（酒井忠次）より申来候」とあり、完成したにもかかわらず、この後石材を用いた工事がスタートするのである。さらにこの後、「てんしゅ」・「小傳主」普請とあり、新たな城造りが開始されたとさえ思えるのである。天正十五年を境にした、この変化は何を意味するのであろうか。

豊臣秀吉との関係

家康と北条家の同盟が強化されるのを最も恐れていた秀吉は、家康との同盟関係を盤石にしようと乗り出す。妹の朝日《あさひ》姫を佐《さ》治日向守《じひゅうがのかみ》（副田《そえだ》甚兵衛《じんべえ》とも）から強制的に離婚させ、家康に嫁がせようとしたのである。この時点で家康は正妻を持っていなかったこともあり、天正十四年（一五八六）五月十四日に、浜松城で婚儀の式が執り行われた。強固な縁戚《えんせき》関係を持ったにもかかわらず、家康は秀吉の上洛《じょうらく》命令に従うことはなかった。

遂《つい》に、秀吉は生母大政所《おおまんどころ》を岡崎へ送ることを決断する。表向きは、朝日姫の見舞いであった。さすがの家康も、生母を人質に送られたことで、上洛を決断。十月二十七日、家康は大坂《おおさか》城（大阪府大阪市）で秀吉と謁見、ここに家康と秀吉の正式な講和が成立し、家康は諸大名の前で秀吉に臣従することを表明したのである。

次いで、十一月一日に再び上洛し、同月五日、正三位に叙される。このとき、多くの家康家臣も叙任された。同月十一日には三河国に帰還し、翌十二日には大政所を秀吉の許《もと》へ送り返すのである。そして、十二月四日、本城を十七年間過ごした浜松城から駿河国の駿府城（静岡県静岡市）へ移した。天正十五年八月、家康は再び上洛し、八月八日、秀吉の推挙により朝廷から従二位・権《ごん》大納言に叙任され、その所領から駿河大納言と呼ばれることになる。この際、秀吉から羽柴の名字を下賜された家康は、羽柴大納言家康となるのであった。この時、秀吉の弟・秀長《ひでなが》も従二位・権大納言に叙任されており、家康は秀長と共に、豊臣政権のナンバー2の地位を得たことになる。

奇《く》しくも、『家忠日記』の天正十五年九月十七日に「来一日より駿河御城御普請候由、酒左衛門督（酒井忠次）より申来候」とあり、大納言叙任、羽柴名字下賜の翌月から、駿府城の石垣・天守築造工事が開始されている。この時点で、すでに駿府城は一応完成していることは、『家忠日記』等の記載により明らかである。

従って、十月一日より開始される駿府城普請は、新たな築城工事と理解される。豊臣政権のナンバー2の地位を得、羽柴大納言家康になったことにより、駿府城もまた豊臣政権ナンバー2の城として、政権が全面的に関与して改修工事を実施しようとしたのであろうか。

『家忠日記』から、工事の順番を見ておきたい。天正十五年十一月　二の曲輪石垣工事、同十六年五月　天守の材木手伝い普請、同十七年二月　石垣普請、同月　小天守手伝い普請、同月石蔵根石工事、四月二十九日　石垣崩落、五月十日　駿府城普請、という順番になる。七月以

写真２　駿府城天正期天守台北西隅角部

降は、城の普請の記載はなくなり、すべて木《こ》引《びき》（木材を鋸《のこぎり》で引いて用材に仕立てること）に変化する。この木引は、八月以降、方広寺《ほうこうじ》大仏殿の棟木に用いるもので、十一月六日までほぼ毎日「木引候」である。七日に至って「木引出来候て、府中迄帰」とあり、方広寺大仏殿の材木の調達が終了したことが判明する。

駿府城の発掘調査

平成二十八年（二〇一六）、静岡市では、駿府城跡地の整備方針を決定するため、事前に天守台の正確な位置や大きさ、石垣の残存状況などの学術的データを得ることを目的に、発掘調査を開始した。現地での発掘調査は、令和二年（二〇二〇）二月まで行われた。

駿府城は、慶長《けいちょう》十年（一六〇五）将軍職を辞した家康が、隠居城とするため、同十二年築城を開始した。城は天下普請によって大改修されたが、完成が近づいた同十二年暮れに、城内からの失火により、本丸御殿を含め大部分を焼失してしまう。

だが、その後直ちに再建工事が開始され、同十五年完成した。今回の発掘調査によって、この時家康が築いた天守台の地下から、前時代の天守台が検出された。検出された天守台は、南北約三七×東西約三三メートル、東に約一〇メートル四方の渡り櫓《やぐら》状の石垣を挟んで、台形の小天守台状（東西北側約一八メートル、南側二二×南北約二〇メートル）の石垣が付設する。可能性としては、天正十八年（一五九〇）に入封した中村一氏《なかむらかずうじ》、同十五年から再工事を開始した徳川家康のどちらかの時代しかない。

検出された石垣は、大型の巨石（最大長三メートル）を積み上げた天守台と、中型石材主体のその他の石垣に大別される。天守台は、一メートルを優に超える巨大な石材が多く、自然石と大まかに粗割《あらわり》した石材とが混在する。大きさは不揃いだが、方形の石材を選び、長辺側を横位置に置いて積み上げている。石材を安定して据え付けることを最優先したためか、目地は断続的に揃うものの、全体的にばらつきがあり、石材間の隙間には川原石を間詰《まづめ》として充塡《じゅうてん》する。部分的に、隙間が大きく空いて、間詰石のみを充塡する場所も見られる。法面《のりめん》の角度は六〇度前後と緩やかな勾配《こうばい》である。巨石を積み上げた部分を見れば、天正末〜文禄《ぶんろく》期頃の特徴を示し、間詰が充塡された箇所を見るなら、天正後半まで遡《さかのぼ》るようにも見える。

いずれにしろ、中村氏か徳川氏段階であることは間違いないが、豊臣政権による強い関与があったことを示す石垣である。浜松城、天正十五年以前の駿府城で石垣を用いていない家康が、突如石垣を積んだとも思えない。また、十四万石を領したとはいえ、豊臣大坂城に匹敵する天守台を単独で中村一氏が築造したとも考えにくく、どちらが築いたとしても、政権サイドの思惑によって積まれた石垣とするのが妥当であろう。

小田原合戦と徳川家康

天正十七年(一五八九)十一月二十四日、北条氏直に対する秀吉の宣戦布告状が送られた。当然、北条氏と領土を接する家康が先鋒となることは目に見えていた。

天正十八年正月、家康は家臣を駿府城に集めて小田原攻めに関する軍議を練った。二月十日、駿府を発し駿河の賀島《かじま》(加島・静岡県富士《ふじ》市)に着陣。二十四日には、長久保《ながくぼ》城(静岡県駿東《すんとう》郡長泉町《ながいずみちょう》)へと入っている。この時の家康の動員兵力は三万と言われ、先手衆・二ノ手衆・旗本前備・後備などに編成され、二月に先手衆七人から誓書をとり、十五カ条の軍法を下している。これ以降、七月の氏直降伏まで、家康および徳川家臣団は小田原城(神奈川県小田原市)を取り囲むことになる。こうした状況から、『家忠日記』の五月十日　駿府城普請を最後に、普請の記載がなくなるのは当然で、小田原攻めに備え、六月以降築城工事は途絶えたとするのが妥当であろう。仮に細々と継続していたとしても、十月頃までが限界と思われる。とすれば、十五年十一月から始まった二の曲輪石垣工事が一年六カ月(最長でも二年間)、十六年五月より始まった天守普請は約一年(同一年五カ月)、十七年二月からの小天守普請に至ってはわずか三カ月(同八カ月)でしかない。果たして、天守や小天守は完成したのであろうか、はなはだ疑問と言わざるを得ない。

小田原合戦が終了した七月十三日、家康には北条氏の旧領である関八州が与えられ、五カ国は収公されてしまう。八月一日、家康が江戸城（東京都千代田区）に入城。次に家康が駿府に入ったのは、慶長五年（一六〇〇）のことで、この時豊臣領国最東端に位置する駿府城は、豊臣政権が威信をかけて築いた大城郭になっていたのである。

中泉御殿の造営

家康は、駿府に居城を移すと、同年、天正六年（一五七八）に築いた小堡《しょうほう》（砦）の地に城（御殿）を築きあげた。竣工は、翌年であったと『遠州中泉《えんしゅうなかいずみ》 古城記』には記されている。『徳川実紀』（十九世紀前半に編纂《へんさん》された江戸幕府の公式記録）等によれば、家康が伊奈《いな》忠次《ただつぐ》に命じて築かせた宿泊・休憩施設で、将軍の上洛や鷹狩《たかが》りなどの際に使用されたという。忠次の手によったとするなら、江戸開府以後のことになり、時期的には慶長八年（一六〇三）のことになる。家康の築いた御殿（静岡県磐田市）は、寛永《かんえい》十六年（一六三九）老朽化のため家光《いえみつ》が修理奉行を任命し、改修したことが確実である（『大猷院殿御実記』巻四〇）。

平成十七年度の調査によって、この修理以前と考えられる遺構が検出されている。鉤《かぎ》の手に曲がる堀と土塁の中に、北を築地《ついじ》塀《べい》、南を掘立《ほったて》柱の塗壁で築き、東に薬医《やくい》門を配する御殿の一部と考えられる。門の南に番所を配置し、東側に築地塀があった可能性が指摘されている。また、南側の塀は建て替えられており、二時期を確認した。御殿建築としては、御座間・広間・

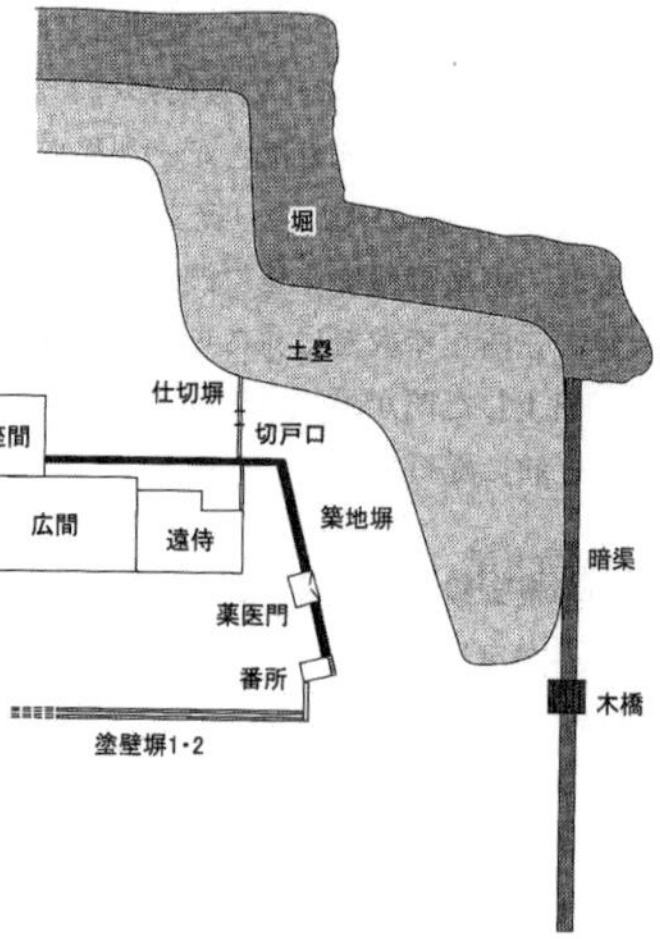

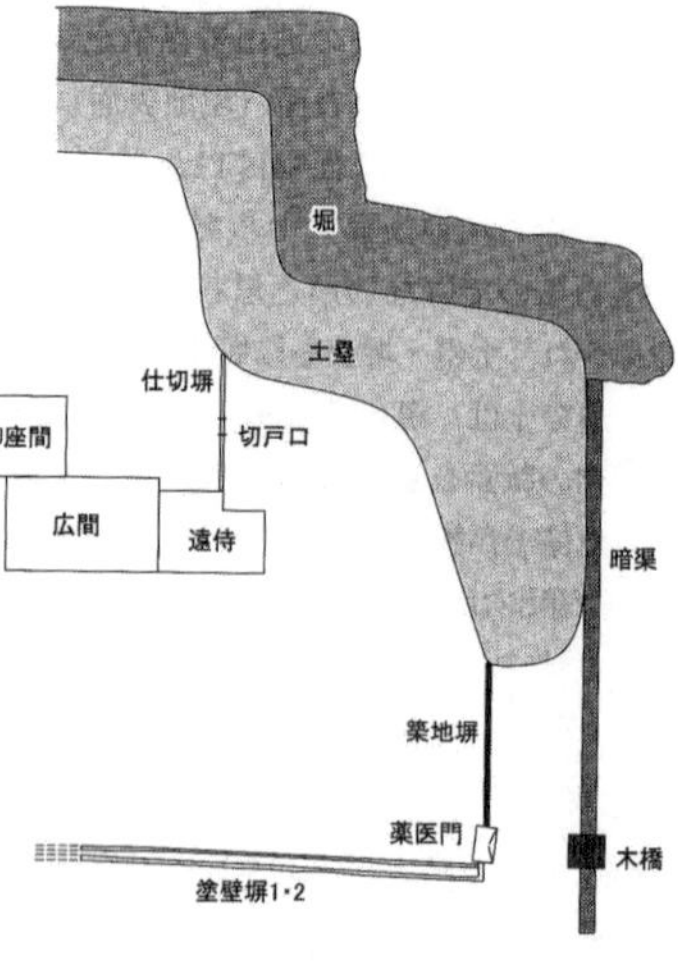

図4　中泉御殿想像図（上：前期／下：後期）
（『御殿・二之宮遺跡発掘調査報告書』磐田市教育委員会2004より）

遠侍《とおさぶらい》が推定されている。

門は、南北一間×東西一間で、掘立柱となっていた。門に使用されたと考えられる瓦は出土しておらず、屋根は柿葺《こけらぶ》きと推定されている。若干数の瓦が出土しているが、その焼成及び技法、文様の特徴から、数点が天正期〜慶長期の物だと判明する。この瓦の年代は、静岡県内での瓦の特徴にあてはめれば、天正十八年以降、大坂夏の陣（元和元年〔一六一五〕）頃までとするのが妥当だ。御殿のために新規に造られたものではなく、再利用された瓦ではないだろうか。見付周辺、もしくは横須賀周辺から調達したことが考えられる。横須賀の地は、東大寺《とうだいじ》に瓦を調達した窯も確認されており、文様も横須賀城出土瓦に酷似する。量的に見れば、極めて少ないため、特殊な施設のみの使用だったと思われる。

四　関八州の拠点から江戸幕府の拠点へ・江戸城

関東移封と江戸入城

天正十八年（一五九〇）の小田原合戦後、徳川家康は新たに関八州（武蔵《むさし》国・伊豆国・相模国・上野《こうずけ》国・上総《かずさ》国・下総《しもうさ》国・下野《しもつけ》国の一部・常陸《ひたち》国の一部）二五〇万石に移封されることになった。小田原城は無血開城であり城はそっくりそのままの形で残っていた。通常の場合、家康は残された城に入城することで、領主交代があったことを告げることになる。ところが、家康は小田原城に入ることなく、江戸城を新たな拠点に選択したのである。

『徳川実紀』では、小田原を本拠としたいとする家康に対し、江戸入りを秀吉が勧めたとされている。家康が入城した江戸城とは、長禄《ちょうろく》元年（一四五七）に、扇谷《おうぎがやつ》上杉《うえすぎ》氏の家臣であった太田《おおた》道灌《どうかん》の手によって築かれた江戸館の跡地であった。『徳川実紀』では、これが江戸城のはじめとされており、道灌の築いた江戸城は、子城・中城・外城の三つの曲輪からなり、断崖に橋が架け渡されていたと記録される。また、城内には静勝軒という館のほかに物見のための櫓や倉庫、厩《うまや》などが建てられていたという。この城は、道灌亡き後、後北条氏の支配下となったが、支城として家臣が配置される程度の城でしかなかった。

　家康入城当時の城は、城とは名ばかりの砦のような体裁で「いかにも麁相《そそう》」と石川正西《いしかわしょうさい》（松平康重《やすしげ》の家臣）の『聞見集《ぶんけんしゅう》』は伝えている。また、曲輪は本丸の他に二つで、周りは野原であったことや、手入れが行き届かなかったためか土居上に木や竹が茂っていたこと、大手門がのちの百人番所の位置にあったこと等が記され、いかにも片田舎の中世的姿であったことを伝えている。大道寺《だいどうじ》友山《ゆうざん》が著した『落穂集追加《おちぼしゅうついか》』にも「城内に柿《こけら》葺きの建物は一棟もなく、すべて日光《にっこう》そぎ・甲州《こうしゅう》そぎという削板を並べた粗末な板葺き屋根で、台所は茅《かや》葺きで古く、玄関は船板を用い、板敷きの部屋がなく土間」であったと、こちらも家康入城当初の粗末な様子が判明する。このあまりにみすぼらしい状況を見た本多正信《まさのぶ》は、「いかにも失躰《しったい》」として改築を進言したが、家康は一笑に付したという。

　本当に、家康が江戸に入城した時の城は、これ程みすぼらしかったのだろうか。当時の江戸は、浅草《あさくさ》からはじまる利根《とね》川・常陸川水系と、品川《しながわ》からはじまる太平洋海運とを結ぶつなぎ目に位置する交通の要衝であった。今で言うなら、関東のハブ地点として、陸上、河川、海上交通が四方八方へ延びる場所になる。

　大永四年（一五二四）江戸城の上杉（扇谷）朝興《ともおき》は、太田資高《すけたか》の内通により河越城《かわごえじょう》（埼玉県川《かわ》越《ごえ》市）へ逃れている。江戸城を支配下にした北条氏綱《うじつな》は、遠山綱景《とおやまつなかげ》を城代として置くことになる。氏綱は、武蔵国支配をめざし上杉氏の居城・河越城に侵攻し、大永四年以降四度にわたる争奪戦を展開している。天文十五年（一五四六）の河越夜戦で氏綱は勝利し、さらに永禄六年（一五六三）と翌年の二回の国府台《こうのだい》合戦で、里見《さとみ》氏をはじめとする房総《ぼうそう》諸将を破り、北条氏の勢力は下総にまで及ぶことになった。これらの合戦によって北条氏は、武蔵国内での基盤を固め、上総まで勢力を伸ばすことになる。江戸城は、武蔵支配の要《かなめ》として代々北条氏の重臣遠山氏が城代を務めていたので、城も上方《かみがた》の城程ではないにしろ整備され、城下もある程度発達していたとするのが妥当ではないだろうか。

　家康が、江戸を受け入れたのは、伊勢《いせ》と品川を結ぶ太平洋海運の存在と、銚子《ちょうし》・関宿《せきやど》から浅草に通じていた利根川・常陸川水系に着目したためとも言われる（岡野一九九九）。また、関八州のほぼ中央という地理的条件も当然考慮されたと思われる。

江戸築城工事の開始

　家康が江戸に入ったのは、天正十八年（一五九〇）八月のことであった。その年の年末までは、江戸にいたが、翌年正月に上洛、五月末に江戸に戻ってはいるものの、八月には陸奥《むつ》岩手《いわて》

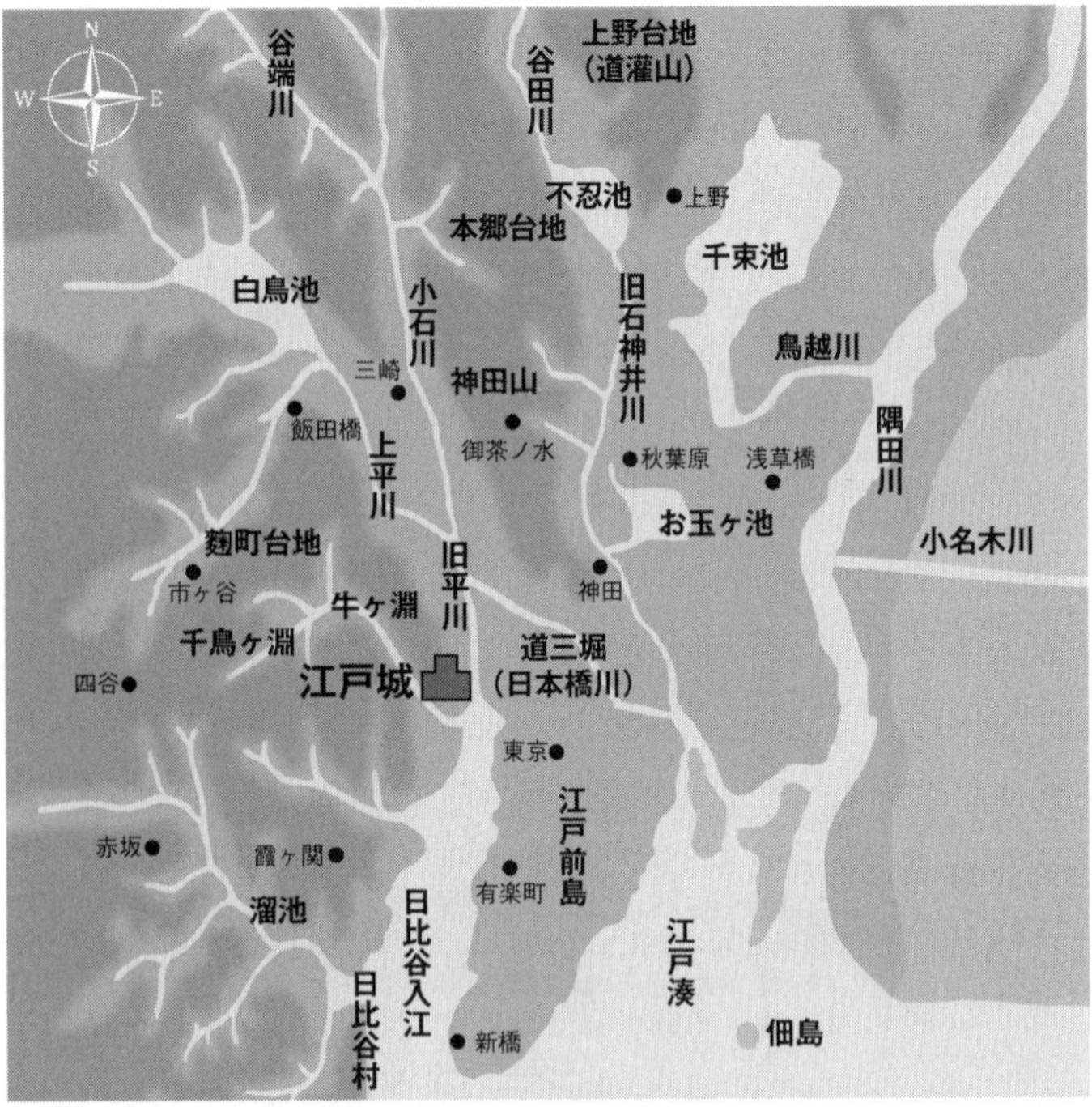

図５　江戸湊、江戸前島、日比谷入江

日比谷入江には大小さまざまな河川が流れ込んでいたため、治水工事を実施し、家臣たちの居住する場所を確保することが急務だった。

沢《さわ》へ出陣する。帰陣して二カ月程過ごしただけで、再び上洛し、そのまま肥前名護屋《ひぜんなごや》の陣所（佐賀県唐津市）に一年半程滞陣することになってしまう。江戸に戻ったのは、文禄二年（一五九三）十月末のことであった。翌年二月には上洛、今度は都に一年三カ月程滞在することになる。こうして見ると、ほとんど江戸城に居なかったことが判明する。

この時点の家康は、太閤《たいこう》秀吉の家臣でしかない。奥州黒川《おうしゅうくろかわ》へ四二万石（後の検地・加増で九二万石）で入った蒲生氏郷《がもううじさと》は、その居城・若松城（福島県会津若松市）に石垣、瓦葺き建物を採用し、金箔《きんぱく》瓦で光り輝く七重天守を築き上げた。言うなれば豊臣政権の奥州本店の完成のようなものであろう。これには、政権から多大な関与があったと思われる。対して、家康の城はどうだったのだろうか。駿府城において、豊臣政権ナンバー2のために、豊臣大坂城に匹敵する石垣まで政権サイドが築いた可能性があるにもかかわらず、江戸城への政権サイドの関与が見えてこない。それは、前述のようにほとんどを上方で過ごした家康が、その居城の改修に本腰を入れる時間さえ確保できなかったからということも考えられないことではない。

家康が江戸に入った時は、今の日比谷《ひびや》・新橋《しんばし》にかけては日比谷入江といわれる湾が入り込んでいた。その入江の東側（現東京駅周辺）は江戸前島《まえじま》といわれ、湾に向かって陸地が半島状に突き出ていたのである。また、その東側を石神井《しゃくじい》川が、西側を平《ひら》川が流れ湾に注いでいた。江戸城の東から南にかけては、海岸線が迫っていたことになる。

家康が入城したのは、北条氏の重臣の城であった。ある程度整備されていたとはいえ、関八州の太守が入るような体裁の城ではなかった。家臣の住む場所さえ確保できなかったのではないだろうか。最初に家臣の屋敷割・知行割をしたことが『落穂集追加』に記されている。徳川四天王の筆頭・榊原康政《さかきばらやすまさ》を総奉行とし、代官頭の伊奈忠次、のちの関東総奉行青山忠成《あおやまただなり》らを中心に、旗本のうち小身のものほど城に近く、遠くのものについては町屋に定宿をつくって便宜を図ったようだ。徳川四天王など大身の武将は、北条氏旧領をあてがわれ最低限の陣屋を構え、すぐに妻子を迎えるようにと命ぜられている。

城本体については、『聞見集』に、本丸のほかの二つの曲輪の一つに福松様（松平忠吉《ただよし》、家康の第四子）、他方に御方様《おかた》（家康の生母、於大《おだい》の方《かた》）が住むことになったと記す。後に、両曲輪を併せて本丸にしたとされている。『天正日記《てんしょうにっき》』の天正十八年九月五日の条に、局沢《つぼねざわ》（番町《ばんちょう》の谷を水源とし、千鳥ケ淵《ちどりがふち》、三日月濠、蓮池《はすいけ》濠と下る沢）の寺々は十六か寺（日蓮《にちれん》宗が五寺、貝塚増《かいづかぞう》上寺《じょうじ》の末寺が三寺、真言《しんごん》宗が二寺、天台《てんだい》宗が一寺、禅《ぜん》宗が五寺）あり、七日には墓地も他所に移転したとあるので、家康による城域確保の一環だと思われる。この地は、現在の吹上御苑《ふきあげぎょえん》の場所になる。また、本丸と二の丸の間にあった乾《いぬい》堀を埋め立てたと言われるが、これは手狭な本丸を広くするための方策だったのであろう。

前述のように家康は、ほとんど江戸を留守にしていたため、本格的な改修工事は文禄元年まで待たなければならなかった。『家忠日記』によれば、文禄元年三月、江戸城の普請奉行天野《あまの》清兵衛《せいべえ》（家次《いえつぐ》）と山本帯刀《やまもとたてわき》（成行《なりゆき》）に出向を求められた家忠は、八月まで普請にあたっている。この三月から家康は、肥前名護屋の地に滞陣することになったため、井伊直政《いいなおまさ》が江戸留守居役に抜擢《ばってき》され、本多正信・松平家忠（以下「松平家忠」・「家忠」は、深溝松平家の家忠を指す。東条松平家の家忠は、「家忠（甚太郎《じんたろう》）」と記す）と共に江戸城普請を開始したのだ。家康の江戸城というと、将軍・家康の江戸城を考えがちだが、この時点の家康は豊臣配下の一大名でしかない。従って、築城工事も一大名が行った工事だったのであろう。

普請は、城域と城外とを区別することが優先された。そのために、平川や石神井川の流路を利用して堀を築いている。江戸城内のみを描いた慶長七年（一六〇二）「別本慶長江戸図」によれば、この頃は未だ日比谷入江が城に隣接しており、現在の大手門付近に築城用の物資の陸揚げ地点が存在していたと考えられる。堀は、日比谷入江から東を廻って常盤《ときわ》橋あたり、平河《ひらかわ》門付近を通って田安《たやす》門あたりまで延び、これが東側の城域を区切る堀として、旧平川を利用しつつ掘削されたと思われる。そこから西側は自然河川をそのまま堀に取り込み半蔵《はんぞう》門付近に高低差を調整する土橋が設けられた。半蔵門からは、湾曲しながら日比谷入江に繋《つな》がっている。西側は、現在の内堀とほぼ同様だが、千鳥ヶ淵よりは外側を廻っていた。千鳥ヶ淵からは取水用水路のような堀や、細い水路のような堀が本丸方向へと続いている。日用品の輸送用に道三《どうさん》堀を掘削したのも、この時期と見ていいと思われる。

城内については、天正十九年の暮れに、秀忠《ひでただ》が京都から江戸へと入り、手狭になっていたこともあり、西の丸造営が行われている。当時の西の丸は、野山で、田畑が広がり、春には多くの花が咲き誇る江戸の遊山所だったようだ。『家忠日記』には、御隠居場とあるので、家康の隠居所とするために、外堀の堀や石垣などが整備され、居屋敷が建てられていた。しかし、この城と町は豊臣配下の一大名の城と町でしかなかった。当然、築城工事も徳川配下の大名たちが行うしか方法はなかったのである。

関ヶ原合戦と戦後処理

慶長五年（一六〇〇）四月、家康は、秀吉の死後上洛することのない上杉景勝《かげかつ》に対し上洛を命じた。しかし景勝の返書には、上洛拒否と家康への非難が綴《つづ》られていたのである。怒った家康は、ついに会津《あいづ》征伐の命令を諸大名に発することになる。六月二日、大坂城に諸大名を集め会津征伐の軍議が開かれ、諸大名の攻め口が決定した。

家康は、会津征伐で東征すれば、必ず石田《いしだ》三成《みつなり》が挙兵すると見ていたのである。その矛先が、伏見《ふしみ》城（京都府京都市）に向かうであろうことはほぼ間違いなかった。その伏見城の留守居役に命じられたのが、側近の鳥居《とりい》元忠《もとただ》・松平家忠・内藤《ないとう》家長《いえなが》だ。家康は、三将たちを死地に残さざるを得なかったのである。

十八日に伏見を出発、七月二日に江戸城に入った。十九日、秀忠が江戸城を出発。同日、都では遂《つい》に石田三成が蜂起《ほうき》する。予想通り、三成方の島津《しまづ》義弘《よしひろ》・小早川《こばやかわ》秀秋《ひであき》らの大軍が伏見城攻撃を開始した。徳川方も奮戦し、十日程持ちこたえたが、八月一日、鳥居元忠・松平家忠らの戦死により、伏見城は陥落してしまう。

西軍率いる石田三成、東軍の徳川家康という一大決戦の幕があがった。八月二日、小山《おやま》評定で諸大名の味方を確認した家康が江戸城へと戻る。三成方は、五大老の毛利輝元を総大将とし大坂城西の丸に迎えた。三成ら三奉行は、家康の弾劾状を発給し、全国へ向け発信し西軍への

写真３　「大坂夏の陣図屛風」部分（大阪城天守閣蔵）
右下の下見板張りの天守が、家康天守と言われる。

参加を求めた。弾劾状には十三条の項目が書かれていた。注目される内容を、示しておきたい。

一　五奉行、五大老（年寄）で誓詞連判して間もない時に大老二人を追い籠《こ》めたこと
一　前田利家《まえだとしいえ》が亡くなると、景勝を討ち果たすとして、人質を取って追い籠めたこと
一　伏見城の太閤様が置いた留守居役を追い出し、勝手に家臣を入れたこと
一　北政所《きたのまんどころ》様の御座所に居住していること
一　御本丸のように、大坂城に天守を築いたこと
一　法度に背き、勝手に大名間で縁組していること
一　大老五人で行うことに、一人で署名していること

等だ。

この弾劾状に、二大老（毛利輝元、宇喜多秀家《うきたひでいえ》）の書簡を付け、正当性を主張して、諸国の大名宛に送ったのである。大坂城には、続々と西軍に参加する大名が集まってきた。この弾劾状で、最も注目されるのは「御本丸のように、大坂城に天守を築いたこと」という一文だ。三成方は、勝手に天守を建てたことを非難しているのである。この時点で、天守は本丸に築くもので、城の最も中心となる施設として認識されていたことが解る。

八月十日、石田三成が大垣城《おおがき》（岐阜県大垣市）に入ると、東軍の福島正則《ふくしままさのり》等は家康の命を受け、二十一日、西軍方の岐阜城《ぎふ》（岐阜県岐阜市）を攻撃する。ここに、東西両軍の直接的な武

力衝突が起こったのである。九月一日、遂に家康が三万余の軍勢を引き連れ江戸城を出発、十三日には岐阜に到着した。野戦に持ち込むために、偽の情報を流し三成を関ヶ原に誘い出すことに成功すると、十五日、両軍の戦闘が開始された。毛利秀元《ひでもと》の日和見《ひよりみ》、小早川秀秋の寝返り等により、合戦は七時間ほどで東軍が完勝してしまう。

その後家康は、十六日から佐和山城《さわやま》（滋賀県彦根市《ひこね》）攻めを敢行、十八日に落城させ、二十日に大津城《おおつ》（滋賀県大津市）に入った。二十六日に淀城《よど》（京都府京都市）、翌二十七日に大坂城に到着し入城した。家康は、本丸で秀頼《ひでより》と会見し合戦の勝利を報告、そのまま西の丸に落ち着くことになる。さらに、嫡男・秀忠を二の丸に置いている。すでに捕縛されていた西軍の首謀者らの石田三成、小西行長《こにしゆきなが》、安国寺恵瓊《あんこくじえけい》の三人は、大坂・堺《さかい》を引き廻《まわ》され、十月一日に京都の六条河原《ろくじょうがわら》で処刑され、三条《さんじょう》大橋にその首がさらされた。

大坂城に入った家康は、関ヶ原合戦の戦後処理にとりかかる。西軍方の大名八十六家の領地四百十四万六千二百石が没収された。その土地の大部分を、戦功のあった旧豊臣恩顧の諸大名に加増したが、その際各大名家の領地に含めていた太閤蔵入地（豊臣氏の直轄地）までも分配したのだ。その結果、豊臣氏は摂津《せっつ》・河内《かわち》・和泉《いずみ》の三カ国六十五万石の一大名になってしまった。さらに、ほとんどの旧豊臣恩顧大名を江戸・京都から離れた遠国に配置したのである。

家康は「名を捨てて実を取る」作戦に出た。家康の狙いは、徳川譜代の本貫地の奪還だったのである。大規模な転封により、徳川譜代の大名は関東から、近江《おうみ》・美濃《みの》・尾張・信濃・三河・遠江・駿河・甲斐の旧領国に戻ってくることになった。ここに、江戸時代を通じてほとんど変わらなかった譜代と外様の大名配置の原型が完成したのである。

将軍の城　江戸城

慶長八年（一六〇三）、家康は遂に征夷《せいい》大将軍に任じられ、江戸に幕府を開くことになる。将軍宣下《せんげ》により、江戸城は、一大名徳川氏の居城ではなく「将軍の城」となったため、それに相応《ふさわ》しい体裁を整える必要が生まれた。将軍の城とするための最初の工事は、今後の本格的な工事に備える基礎作りで、七〇家の大名が天下普請に参加した。神田《かんだ》山を切り崩し、日比谷入江を埋め立て、前島を堀割して道三堀や平川へと接続。これにより、日本橋浜町《にほんばしはまちょう》から新橋付近までが整備され市街地となったのである。翌年から諸大名に工事を分担させる天下普請によって工事が本格化し、池田輝政《いけだてるまさ》・加藤清正《かとうきよまさ》・福島正則・黒田長政《くろだながまさ》らの西国外様二八家に石垣用の石材調達が命じられた。石材は、伊豆半島及び相模湾沿岸地域に求められ、海路江戸へと運び込まれたのである。

将軍の城とするためには、豊臣大坂城を凌駕《りょうが》する総石垣の城とする必要があり、石垣普請に手馴《てな》れた諸大名に白羽の矢が立ったことは言うまでもない。本丸工事は、同十一年より始まった。縄張りは築城の名手と言われ家康の信任が厚い藤堂高虎《とうどうたかとら》に命じられている。翌年から、伊達政宗《だてまさむね》・蒲生秀行《ひでゆき》・堀久太郎《ほりきゅうたろう》（秀治《ひではる》）らの関東・奥羽・信越方面の大名も加わり、急ピッチに工事は進むことになる。まず本丸御殿が完成し、二代将軍秀忠が移り住んだ。この年中に天守を含めた本丸主要部が完成し、将軍の城の基本的体裁が整ったことになる。この時建てられた

図6　慶長江戸絵図（東京都立中央図書館特別文庫室所蔵）より
慶長13年（1608）ごろの江戸の町並みを描いたと考えられている図。江戸城とその周辺は、正確な縮尺で極めて貴重な絵図である。

家康創建の天守を伝える資料はほとんど残されていない。

同時期に建てられた徳川二条城《にじょう》（京都府京都市）や伏見城、名古屋城（愛知県名古屋市）天守などから推定するしかないが、『見聞軍妙《けんもんぐんみょう》』には「天守は、雲に届くように高く、鉛製の瓦が葺かれているため、まるで雪山のように真っ白い姿である」と書かれている。また、『慶長見聞集《けいちょうけんもんしゅう》』にも「夏でも屋根に雪が積もっているように見えて驚かされる」と記録され、その外観が白亜の白漆喰総塗籠《しっくいぬりごめ》で、屋根瓦は鉛瓦を使用、全体が白く輝く姿であったことが確実な状況だ。将軍の天守は、信長、秀吉が好んだ漆黒に金箔が燦然《さんぜん》と輝く天守とは、正反対の姿かたちを持ち、互いに対を成す対照的な関係になっているようであった。信長が安土城《あづち》（滋賀県近江八幡市）を造って以降、天守はシンボル、政権を代表する広告塔としての機能を持っていた。従って、白亜にしたのは豊臣氏から徳川氏へと政権が交代したことを、一目見てわかるようにするためである。当然、その規模は豊臣大坂城を遥《はる》かに超える高さで、当時全国最大の天守となった。

なお、天守は現在よりかなり南に位置していた。慶長十六年になると西の丸の工事が開始され、城の西から北にかけて整備されている。ここは、東国大名があたったため、鉢巻・腰巻石垣とならざるを得なかったのは、石垣構築技術の問題につきる。さらに同十九年に、再び石垣構築に長《た》けた西国外様に命じ外郭石垣工事を実施、これにより現在の本丸・二の丸・三の丸・西の丸・北の丸・西の丸下まで城域が拡張され、巨大な城域を持つ「将軍の城」となったのである。ここまでが、家康存命中に実施されたが、築城工事は止まるどころか、二代秀忠、さらに家光へと引き継がれ、さらなる改修・増築が実施されるのであった。

五　大御所の城・駿府城

大御所の城・二度造られた駿府城

慶長十年（一六〇五）、家康は将軍職を嫡子秀忠に譲り隠居、以後大御所と呼ばれることになる。在任わずか二年余という極めて短い期間で将軍職を譲渡したのは、徳川氏による将軍世襲を豊臣恩顧の大名及び天下に明示すると共に、信長、秀吉の例にならって、朝廷権威から離れ自由な立場での政権運営をし、徳川政権の盤石化を図ろうとしたためと考えられる。

慶長十二年、隠居城は駿府城と決定し、諸大名に普請が割り当てられた。駿府の地が選ばれたのは、大坂に残る秀吉の遺児・秀頼と西国に配置された豊臣恩顧の大名が結束し、江戸に向かうことを想定したためであろう。万が一の場合、駿府で足止めし、その間に江戸城の防衛態勢を整えさせるねらいがあったと思われる。天竜川・大井《おおい》川等の大河川に橋を架けさせなかったのもその一環であった。また、江戸にいては京都の朝廷や西国外様大名への十分な対応が出来ない、伏見にいては幕府や新将軍秀忠との距離が離れすぎるということもあり、その中間点で、かつて生活してなじみ深く風光明媚《めいび》で温暖な地が選ばれたと考えられる。

慶長十二年二月十七日に着手された築城工事は、急ピッチで進められ、材木は木曽《きそ》・吉野《よしの》・富士山《ふじさん》から、石材は安倍《あべ》川の支流の藁科《わらしな》川流域から運び込まれた。七月三日に本丸が完成、家康が入城している。『当代記《とうだいき》』には、本丸は一二〇間四方、高さ九間、殿守の台（天守台）の高さ一三間、二の丸八五〇間四方、高さ七間と記されている。二の丸工事は、昼夜兼行で引き続き十月まで行われた。ところが、その年の暮れの十二月二十二日、奥女中の火の不始末によって本丸から出火、本丸が全焼してしまう。この時点で、天守の材料は用意してあったものの、まだ着工前であったと考えられる。この火事によって、部材も全て失われたのではないだろうか。家康は、直ちに再建工事を命じ、禁中御所造営のために上京したばかりの幕府大工頭中井《なかい》正清《まさきよ》をはじめとし、京中の大工が駿府へ召喚された。諸大名も再び普請が割り当てられ、同十五年三月十四日には再建工事が完成し、家康が移徙《いし》している。

天守の規模・外観については、『当代記』や『慶長日記《けいちょうにっき》』等に詳しく記載されている。以下、上が『当代記』、下が『慶長日記』の記述である

元段（地階・穴蔵）一〇間×一二間、
二之段（一階）一〇間×一二間、
三之段（二階）一〇間×一二間、
四之段（三階）八間×一〇間、
五之段（四階）六間×八間、
六之段（五階）五間×六間、
物見之段（六階）四間×五間

一の石段（地階・穴蔵）一〇間×一二間、
二重目（一階）一〇間×一二間、
三重目（二階）九間×一一間、
四重目（三階）八間×一〇間、
五重目（四階）六間×八間、
六重目（五階）五間×六間、
七重目物見ノ段と云（六階）四間×五間

これらの記載から、七重六階の規模で、一階平面は二三×二一メートルと、天守台（一辺五〇×四八メートル）の石垣いっぱいに建つ建物でなかったことが判明する。従って、四周を櫓と多門で囲まれた中央に天守があったと想定される。次に、外観について見ておきたい。

『当代記』には、元段（地階・穴蔵）四方落椽《おちえん》（縁）あり、二之段（一階）四方欄干あり、三之段（二階）腰屋根瓦、四之段（三階）腰屋根・破風・鬼板、何れも白蠟《はくろう》（銅と錫《すず》の合金＝青銅）、五之段（四階）腰屋根・唐破風・鬼板・懸魚《けぎょ》、何れも白蠟、六之段（五階）屋根・破風・鬼板、白蠟、物見之段（六階）屋根銅ヲ以葺之・軒瓦滅金、破風銅、懸魚銀、熨斗《のし》板・鴟吻《しふん》黄金とあり、『慶長日記』には、一の石段（地階・穴蔵）四方落椽（縁）あり、二重目（一階）四方落椽（縁）あり、三重目（二階）各四面ニ欄干アリ、四重目（三階）腰屋根・唐破風・鬼板、何れも白蠟にて作る、五重目（四階）腰屋根・破風・鬼板・懸魚、四重目に同じ、六重目（五階）腰屋根・破風・鬼板・懸魚、五重目に同じ、七重目物見ノ段と云（六階）屋根銅瓦にて葺、軒瓦は金にて飾り、鴟吻黄金、破風銅、懸魚銀とある。若干の相違はあるものの、初重は二階建てで廻縁《かいえん》と高欄があり屋根は通常の瓦、二重目屋根は通常の瓦、三〜五重目の屋根は鉛瓦、最上階屋根は銅瓦で軒瓦は金箔張、熨斗瓦と鯱《しやちほこ》が黄金の豪華絢爛《けんらん》な姿であったことが判明する。駿府城天守は、江戸城天守と同様の金属瓦が採用されていた。

この天守は、徳川幕府の城ではなく、大御所家康個人のための城であった。そのために、幕府の城とは異なる漆黒の姿となったのであろう。家康自身は、白漆喰総塗籠の白い城ではなく、信長・秀吉二人の天下人が築いた天守と同様の漆黒の姿が好みだったということであろうか。

図７　「東照宮縁起絵巻」駿府城部分（日光東照宮蔵）

家康が築いた慶長期の城域は、従来の城を南・東・北に広げたという『当代記』他の資料から考え、天正期の中村一氏の城を一回り大きくしたことが確実である。駿府城の平面図を見ると、本丸・二の丸と三の丸の主軸方位が大きくずれていることから、三の丸部分こそが拡張された城域とする説もある。家康は、駿府築城にあたって、上方から江戸に向かう東海道からの眺めを重視して天守を築いたと思われる。宇津ノ谷《うつのや》峠を越え、安倍川を渡って駿府の町に近づくと、漆黒で光り輝く駿府城天守と真っ白な富士山の姿が覇を競うように並びたっていた。東海道を江戸へと向かう外様大名や旅人たちは、日本一の富士山より高い駿府城の天守に圧倒されたであろう。まさに大御所の権勢を示す城だったのである。

寛永十二年（一六三五）、城下西寄りの茶町二丁目から出火した火が、折からの強風にあおられて城下町を焼き払い、ついに駿府城まで類焼、華麗な天守をはじめほとんどの建造物が灰燼《かいじん》に帰してしまった。天守は、三〇年をまたずして地上から消えたのである。現在残る城跡は、寛永十二年の火災後に再建されたものであるが、基本的な構造は家康の城をそのまま踏襲している。各種絵図から、他に例を見ない本丸堀と二の丸堀を結ぶ水路があり、その上を御《お》水《み》櫓《ず》が渡るという特異な構造の御水櫓御門（御水門）の存在が知られていたが、発掘調査により再確認されている。また、水路北側で家康在城時代の中仕切りの石垣が検出され、北側に御殿跡、南側に台所跡が発見され、今まで謎につつまれていた家康の駿府城の姿が徐々に解明されつつある。

慶長期天守台の発掘調査

明治二十九年（一八九六）旧陸軍歩兵三四連隊の兵営が駿府城内に設置されることになり、本丸堀が埋め立てられた。この時、城内をほぼ平らにするため、天守台上部は破壊され、堀の埋め立てに使用された。

昭和五十五年（一九八〇）、駿府公園内、駿府会館跡地に静岡県立美術博物館の建設が決定し、県が埋蔵文化財の確認調査を実施。この確認調査によって、現地表下〇・八メートル（この直上が、連隊のグランド・レベル）で天守台東北隅部を含む東側の石垣を一〇メートル程検出した。さらに、天守台西端の石垣も検出され、天守台の東西（北辺）の長さが約六〇メートルであったことが判明した。その後の調査で、今川氏段階の遺構も検出されたため、県は静岡県

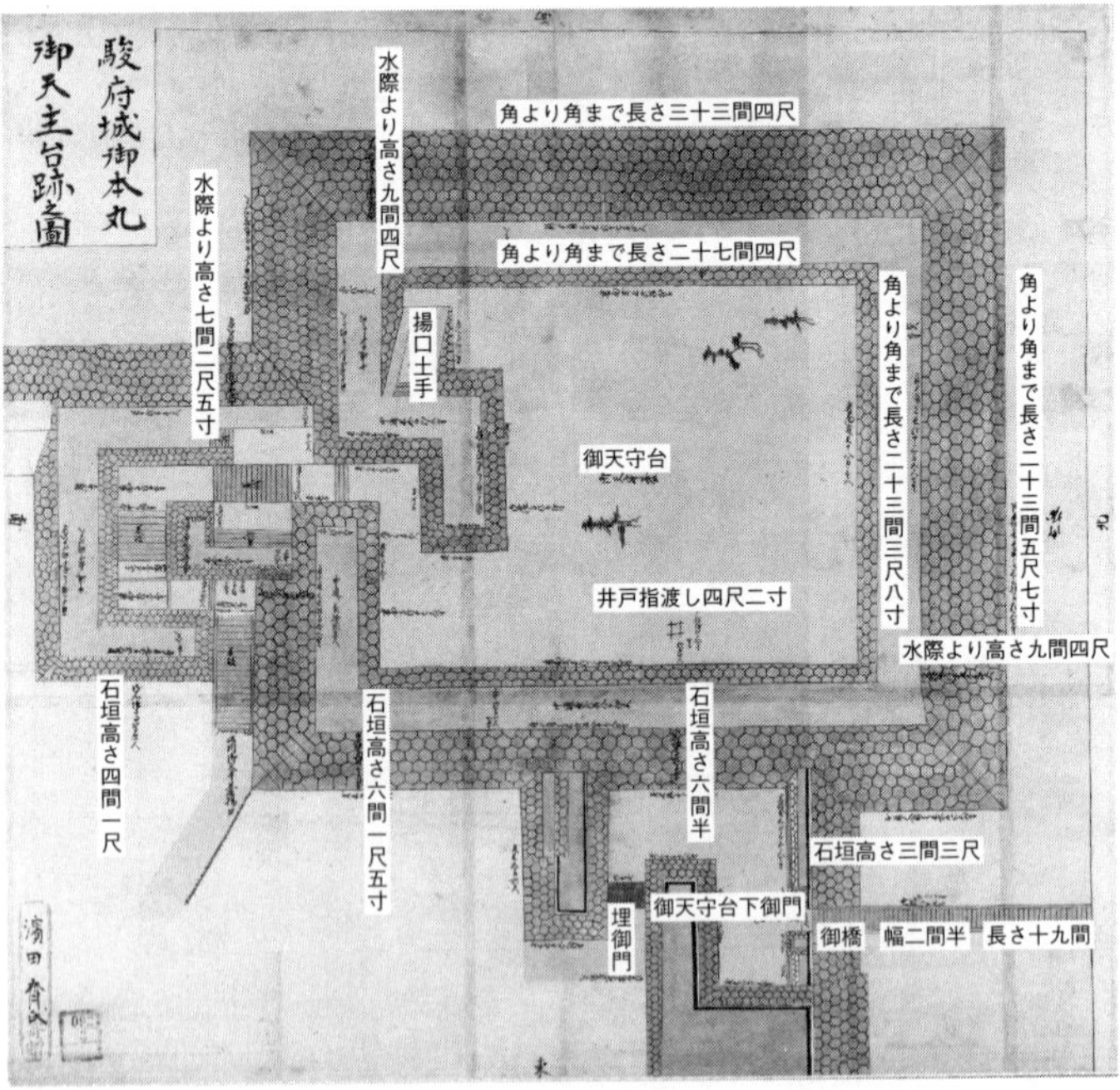

図８　駿府城御本丸御天主台跡之図（静岡県立中央図書館蔵）
駿府城天守台の規模や形態について、最も詳細に伝える絵図。天守台実測図としては、本図に勝るものは見当たらない。石垣の高さ、石垣の角から角までの長さ、敷幅、通路となる道幅など、天守台の事細かな寸法が記されている。

立美術博物館建設を中止し、遺構はそのまま埋め戻し、保存することを決定した。

静岡市は、この地下に残されている駿府城天守台跡地の整備方針を決定するため、天守台の正確な位置や大きさ、構造、残存状況といったデータを得るべく、平成二十八年度（二〇一六）から令和元年度（二〇二〇年二月）まで四年間をかけて天守台全体の発掘調査を実施した。この調査で、慶長期（再建された第二期駿府城）の天守台と石垣の残存状況が確認された。天守台の大きさは、残存部の上端で約六八×六一メートルであることが判明した。

旧陸軍築城本部の実測図によれば、天守台は大天守部分が石垣天端で約五〇×四八メートルである。石垣の高さは、水際から九間四尺（約一九メートル）、堀の深さが約二メートルと考え二一メートル程度、本丸内からは六間一尺五寸（約一二メートル）であった。今回検出された天守台は、我が国城郭史上空前の規模を持つ最大の天守台であった。

今回の調査で、天守台南辺が本丸と接続している部分も確認した。本丸側の石垣は、現地表直下で検出され、約五・八メートルの高さで残っていた。場所によって、石垣の残存度は異なるが、概《おおむ》ね半分以上が破壊を受けていた。法面等から天守台を復元すれば、ほぼ五〇×四八メートルと実測図通りであろう。

また、「駿府城御本丸御天主台跡之図」（静岡県立中央図書館蔵）には、天守台内部に井戸が描かれている。今回の発掘調査によって、天守台中央からやや北東の位置で、石組の井戸を検出している。

井戸は、内径約一・八メートルの円形で、方形に加工された石材を組み上げていた。安全面

写真４　慶長期駿府城天守台

を考慮し、底までの確認には至っていないが、現況で深さ三・八メートルを超えている。大天守台内部に井戸が残る城は少なく、名古屋城（愛知県名古屋市）、浜松城、松江《まつえ》城（島根県松江市）の三城でしかない。籠城用と言われるが、名古屋城と駿府城に所在していることから、豊臣方との合戦を意識した可能性もあろう。

　各種絵図によると、天守台北東下に虎口が存在し、そこの天守下門から二の丸に向かって木橋が架けられていたことが解る。発掘調査によって、この木橋の痕跡（橋脚の柱を埋めていた穴）を数カ所で検出した。本丸堀底からは、木材、鎹《かすがい》、鋲《びょう》、瓦などが出土しており、橋や天守下門に使用されていたと推定される。絵図や文献から、この橋は、幅約五メートル、長さ約三七メートルであったとされ、修理や架け替えを実施しながら使用され続けていたようである。

天守台の石垣石材は、自然石を割って、方形に加工し積み上げている。長辺側を横位置に置き、割って造りだした平坦《へいたん》面を表側にする。石材間に隙間が生まれるため、丁寧に間詰石を詰めた打込接《うちこみはぎ》の手法である。石材の中には、割れ面が円形を呈すものも多々見られ、天正期の石材を半裁し、表面を平らにして再利用したとも考えられる。

堀に面した二面（北側と西側）を比較すると、圧倒的に北面の石垣が丁寧で美しい。これは、割普請の担当者の違いと理解される。隅角《すみかど》は、長方形に加工した石材を、長短交互に積み上げた算木積《さんぎづみ》で、二番角石《すみいし》も見られ、ほぼ完成域に近づいた様相である。各所で、江戸時代中期以降の積み直しの痕跡が認められる他、南西隅角は、最下段から積み直されている。江戸期を通じて、自然災害等で崩落した石垣を修理し続けたことが判明した。

今回の発掘調査で注目されるのが、石垣背後の構造が把握できたことであろう。石垣は、一番外側に積石（築石《つきいし》）があり、その背後に裏込石《うらごめ》と呼ばれるこぶし大の栗石《ぐりいし》を大量に詰めた層が存在し、その背後が基盤となるのが通常だ。駿府城の場合、積石の背後の裏込石が幅約五メートル程存在し、その背後に直径二〇～四〇センチメートル程度の石を使用した裏栗巻《うらぐりまき》石を一列に並べ、さらにその内側が盛土層になっている。裏込石には、約四間（約八メートル）間隔で、積石に直交する仕切りの石列が設けられていたのである。これは、裏込石を安定させるための施設、あるいは作業の単位とも考えられている。天守台北側部分の残存状況が極めて良好であった。

このように、上部半分以上が破壊を受けているため、従来の発掘調査では把握できなかった裏込石や背後の状況、その作業単位などがみえてきたことは、石垣構築技術や作業過程を考えるに極めて重要なことであった。

第二章　戦国大名徳川氏の城

一　武田信玄侵攻に備えた築城

宇津山城の改修

永禄十一年（一五六八）、三河から遠江へと侵攻し、二カ国支配を確実にした家康に対し、東及び北から武田軍が虎視《こし》眈々《たんたん》と家康領国を窺《うかが》っていた。隙あらば、両国へ侵攻し、領有化しようとしていたのである。これに対し、家康も手をこまねいていたわけではない。同盟者織田信長と緊密な連絡を取り、対抗策を練っていたのである。

元亀年間（一五七〇～七三）の時点で、武田信玄の南進行動は、予想された出来事であったため、当然家康は対抗手段を講じたものと推定されるが、記録等には残されていない。家康は信玄の侵入ルートとして、駿河からの侵入以外に、伊那《いな》谷から天竜川を南下するケース、奥三河から本坂峠・宇利《うり》峠・陣座《じんざ》峠を越えるケースを想定していたことが、残された城跡から判明する。信玄侵攻を予測し、改修されたことが確実な城は、宇津山《うづやま》城、千頭峯《せんとうがみね》城、三岳《みたけ》城、大平《おいだいら》城（いずれも静岡県浜松市）で、かなり明瞭《めいりょう》な改修痕《こん》が残る。堀江城も同時期の改修が推定されるが、近代のホテル・遊園地の建設により、城跡の遺構を見出《みいだ》すことは難しい。現状でも、改修が判明する四城から、この時期の徳川の城の特徴を見ておきたい。

まず、宇津山城であるが、永禄十二年に今川氏より奪還すると、松平家忠を城に入れ番普請を命じている。この時点では、信玄と対立しておらず、奥三河から浜名湖北岸へのルートである宇利峠越え、本坂峠越えの安全確保と、浜名湖の水運掌握が目的であったと推定される。元亀三年、奥三河からの武田軍の侵攻に備え、千貫文を以《もっ》て松平清善《きよよし》を入れ、城を守備させた。だが、ここでの戦闘の記録等は残されていない。廃城年代は、はっきりしないが、小牧・長久手の戦い後まで機能していた可能性は高い。

家康は、西側高山（Ⅰ群）については、今川氏時代の曲輪《くるわ》を再利用しつつ、土塁の拡大と、竪堀《たてぼり》規模の拡張を実施し、より強固な防御ラインを構築した。東側城山は、湖岸からの攻撃に備え、堀切を巨大化し、曲輪群の独立を図ると共に、北側に対し土塁を構築し備えている。高山手前の堀切は消滅しているため、その規模は推定するしかないが、城内と城外を区切る目的を持った第一防御線であったため、かなりの規模が想定されよう。第二防御線が、曲輪群の西側に構築された二五〇メートルにも及ぶ土塁で、ほぼ中間点に竪堀（ロ）と堀切（ハ）が配され、南北曲輪群の独立がはかられている。曲輪は単純に中央部ピークから、階段状に配されており、南北曲輪群の北端曲輪（Ⅲ［5］）は、東側城山方面を除き、土塁囲みの厳重な構造となっている。曲輪配置からも、高山全体を盾状の防御施設として利用しようとしたことが看取される。

城山（Ⅱ群）は、高山に比較し、曲輪配置も複雑で、中央曲輪（Ⅱ［7］）の西北隅に天守台と呼ばれる櫓台《やぐらだい》状の曲輪が残る。東・南側に土塁状に延びL字形を呈しており、ここに中枢機能がおかれたようである。万が一の際は、東南端に設けられた城坂と呼ばれる通路を使用し、湖岸に下り、水路浜松へと退却する意図が見られる。このように強固な防備を施したにもかか

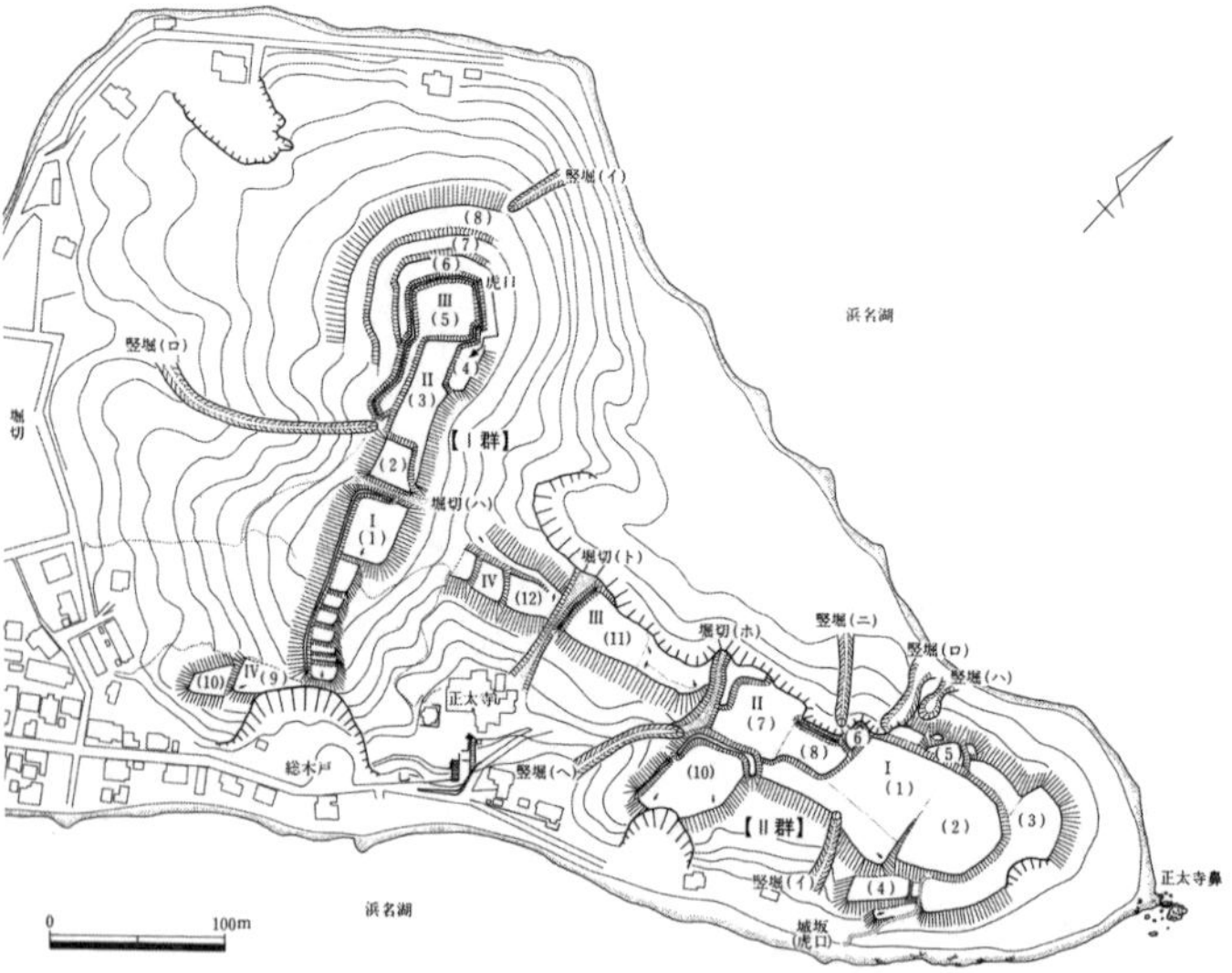

図9　宇津山城跡概要図（加藤理文作図）

大永年間（1521～27）頃、今川氏親が三河境の押さえとして築城した宇津山城。その後、徳川氏との対立が激化すると、「境目の城」として重要視されることになる。徳川支配下になると、三河からの本坂峠越えの押さえと、浜名湖水運の掌握のための城となった。

わらず、武田軍の別働隊は猪鼻《いのはな》湖北岸を通る宇利峠ルートを使用したため、戦闘は起こっていない。

千頭峯城の改修

宇利峠、本坂峠越えの街道を眼下に見下ろす場所に築かれた南北朝期の同名城郭の比定地だ。高山の天嶮《てんけん》を巧みに利用した南北朝期の城の要件を満たしていないため、記録に残る「千頭峯城」は、近辺には違いないだろうが、もう少し険しい山の要害、中千頭峯あたりに築かれていたとするのが妥当である。現在、ここに残る城は戦国期の姿としか言いようがない。

城は、山頂からT字状に延びる尾根筋を利用し、宇利峠・本坂峠を越えて侵入する敵に備え、街道を見下ろす南西側を正面とした城と理解される。城内最大規模の本曲輪を中央に、西から北、東へと取り巻くように二の曲輪が、東下には階段状に三段で構成された東曲輪、西下には堀切を挟んで土塁で四周を囲いこむ西曲輪、南側に階段状に連続する南曲輪が配されていた。また、南東中腹に素掘りの井戸が残り、井戸曲輪と総称されている。城跡に残る堀切は三条で、東曲輪と城外を区切る堀切が最も規模が大きく、ついで二の曲輪と西曲輪間に配された堀切となる。土塁も多用され、西曲輪には四周を、南曲輪には三方を土塁で囲まれた曲輪が見られる。また、西曲輪から本曲輪へと延びる城内道を規制するL字を呈す土塁、二の曲輪東虎口《こぐち》の両脇にも土塁が見られる。この土塁裾《すそ》に土留《どど》めと推定される石列が並んでおり注目される。

発掘調査では、二の曲輪と西曲輪から、大窯《おおがま》第一段階（十五世紀末〜十六世紀前葉）の陶磁器

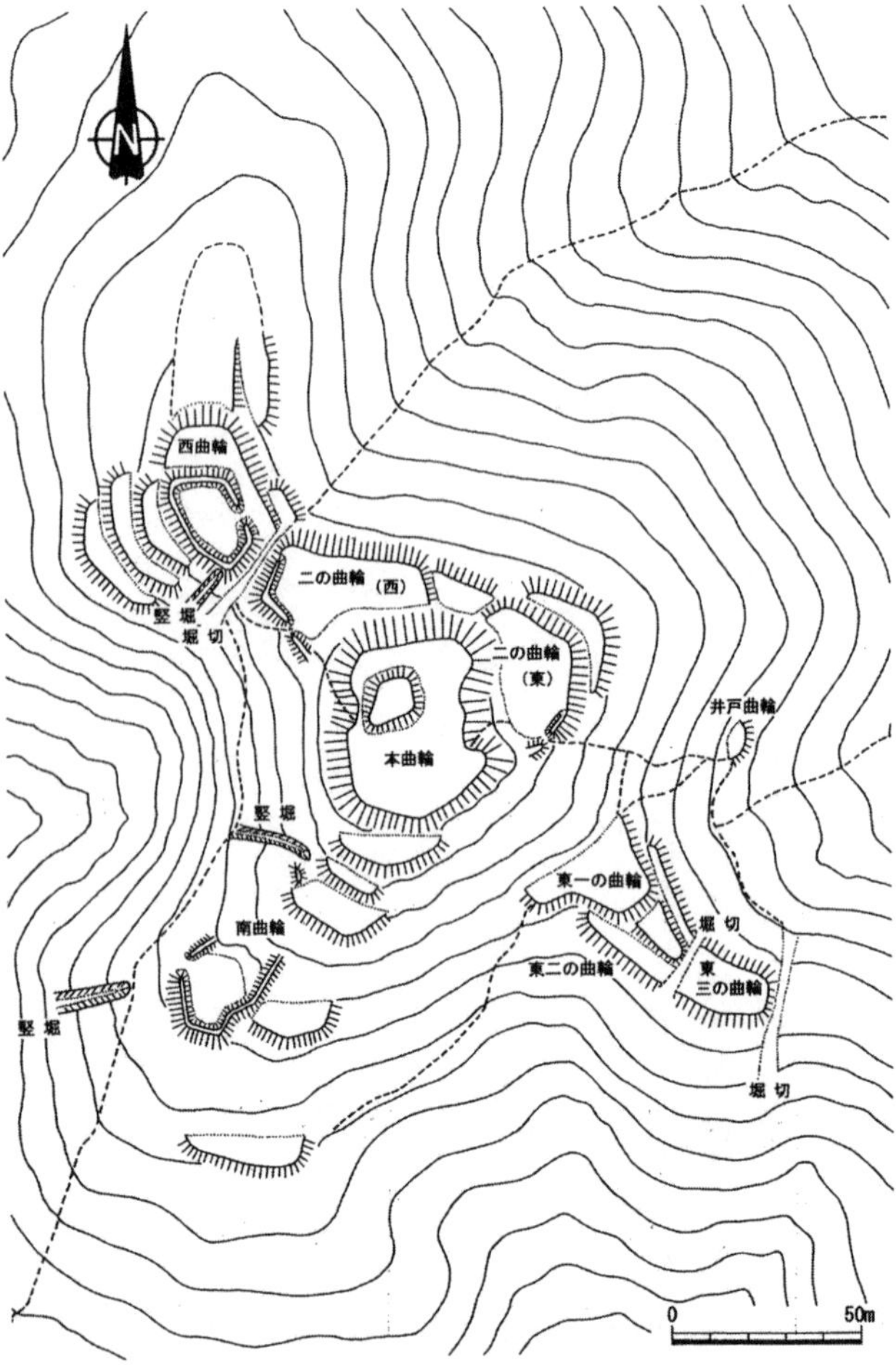

図10　千頭峯城跡概要図（加藤理文作図）

が出土している。堀切によって主要部を遮断し、さらに重要曲輪の周囲に土塁を用い、曲輪の独立性を保たせようとはしているが、西側尾根筋を遮断する箇所に堀切は見られない。

三岳城の改修

三岳城は、奥三河の要衝・長篠《ながしの》城（愛知県新城市《しんしろ》）から、陣座峠を越えて井伊谷に至る街道を見下ろす、標高四六七メートルの山頂部を利用して築かれた山城で、南北朝期の山城の再利用として問題ない。交通の要衝に位置する城のため、今川氏対斯波《しば》氏の遠江をめぐる攻防の折も、今川方によって再利用されている。

城は、山頂本曲輪を中心とした曲輪群と、鞍部《あんぶ》（堀切か）を挟んで東側に展開する曲輪群とに分けられる。本曲輪西斜面に設けられた二段の土塁と堀が徳川の手によった施設と考えられ、堀を掘った残土を外側に盛って土塁を形成している。

発掘調査が未実施のため、本来の規模や構造は判然としないが、基盤を掘った際に出てきたであろう石材も利用しており、一部に石塁のような箇所も認められる。現状では、上下段共に、両サイドに廻《まわ》り込むようにU字を呈す構造で、総延長は共に一〇〇メートル前後の規模である。西側街道よりの攻撃を想定した施設として問題ないと考える。東曲輪群も、徳川氏段階で付設された曲輪群で、二〇〇メートル程の平坦部《へいたん》を曲輪とし、中央部の最高所近くに土塁と堀切が見られる。最大の堀切は東端にあり、幅約一〇メートルを測り、残土を外側に積んで土塁としている。曲輪と想定される平場の造成度は低く、防御施設も極めて少ない。万が一に備えた兵の駐屯《ちゅうとん》のための追加造成の可能性も捨てがたい。

大平城の改修

大平城は、二俣から浜名湖北岸地域を抜けて奥三河へ続くルートを押さえる拠点で、南北朝期城跡比定地である。標高約一〇〇メートルの最高所と、鞍部を挟んだ東尾根が利用されていたようで、平坦部が広がる。主郭と推定される頂部からは、十三世紀から十六世紀までの遺物が採集され、さらに主郭北下には中世墓の可能性が高い集石が集中する。

試掘調査が実施されたが、人為的な造成の痕跡《こんせき》は見出せず、自然地形のままであった。ここには、四条の堀切が残り、その外側に土塁状の高まりが見られる。北側尾根筋を遮断する堀切は大規模であるが、その他は小規模である。堀切の存在によって、徳川氏の再利用が想定されるが、平坦地はほとんど自然地形で、人工的な造成痕は認められない。同時期の改修と考えられる宇津山城・三岳城・千頭峯城と比較しても、明らかに防御構造は弱い。街道は、城の山麓《さんろく》を通りつつ横切るように続いているため、臨戦時に街道を通過する敵兵を攻撃するための陣所的役割が想定される。

以上、武田氏の遠江侵入時に改修を受けたと考えられる城を列記してみたが、城ごとにかなり防御構造に違いが見られる。

堀切、土塁によって、防御機能の拡充を図る点は共通するが、曲輪防備のために土塁で囲むのは、宇津山城、千頭峯城のみで、両城とも主郭ではなく、城内道の要所に用いている。むしろ、階段状に曲輪群を増やすことで、対応したかのようでもある。

これらの城は、備えとして築かれはしたが、実際に信玄南下の際には、使用されることはなかった。それは、信玄主力部隊が、駿府城から高天神・袋井方面を転戦しつつ、浜松城を攻撃目標とするような動きを見せたためであろう。浜名湖北岸から奥三河に侵攻する時、すでに三方ヶ原合戦で大敗しており、城への戦力配置が出来なかったと思われる。家康の、信玄侵攻に備えた城郭群は、信玄の巧みな戦術によって、まったく機能しなかったのである。

二　諏訪原城の大改修

武田勝頼の諏訪原城

近年実施された発掘調査によって、諏訪原城は評価を一変させてしまった。従来、主郭から城域を扇形に広げ、台地続きに巨大な横堀を配し遮断線を設け、さらに前面に巨大な丸馬出《まるうまだし》を設けた「武田系」城郭の典型とされてきた。だが、数次にわたる発掘調査によって、二の曲輪から西側のほとんどが、徳川氏の改修であることがほぼ確実となった。

諏訪原城については、『家忠日記』に、普請の記載が頻繁に登場し、徳川氏の改修があったことは従前より知られていたものの、その普請は武田氏の構築した城の構造を踏襲しつつ、堀幅を広げたり、最前面にコの字形に配された大手曲輪を設けたりしたものと思われていた。だが、発掘調査により、主郭と二の曲輪の南側に広がる小規模な馬出部分の一部を除けば、全てが徳川氏による新造と判明した。武田氏の典型と評価されていた大部分の遺構が、実は徳川氏の手による改造後の姿だったのである。

武田家当主となった勝頼は、田中《たなか》城（静岡県藤枝《ふじえだ》市）を拠点に、東遠江侵攻を目指し、東遠江の要衝・高天神城奪取を目論《もくろ》んだ。その第一歩が、大井川の渡河地点を見下ろす地への築城であった。三方ヶ原合戦で二俣城を失い、浜松城周辺の防衛ラインの再構築を優先せざるを得ない家康の隙をねらい、天正元年（一五七三）諏訪原城が築かれた。この時点までに、大井川西方の防衛ラインとして小山《こやま》城（静岡県吉田町）、滝堺《たきさかい》城（静岡県牧之原《まきのはら》市）が築かれていた。大井川諏訪原築城により、東海道以南の大井川西岸は武田氏により制圧され、高天神城陥落は時間の問題となってしまったのである。

諏訪原城の前年に築かれた小山城の構造を見ると、主郭虎口前面に丸馬出を配置している。当然、新規築城の諏訪原城も、主郭前面に丸馬出を構えていたと考えたい。現在、県内で唯一武田氏段階と判明している興国寺《こうこくじ》城（静岡県沼津《ぬまづ》市）の馬出が、三日月堀まで含めて幅一二メートル程である。二の曲輪の発掘調査で馬出の痕跡が確認されていないため、徳川氏段階の堀によって完全に消滅したとしか考えられない。

徳川氏の堀幅が二〇メートル、丸馬出が一二メートルとすると、消滅するためには空堀が八メートル以内ということになる。この数字は、興国寺城で推定される武田氏段階の堀幅とほぼ一致する。主郭前面には、広く平坦な台地が展開していることからも、丸馬出を設けることで、敵の侵入を阻むと共に、側面攻撃可能なスペース及び出撃拠点を確保する必要があった。また、浸食谷となる主郭の三方には横堀が廻《めぐ》ると共に、南端部は竪堀と竪土塁に接続し終息する。

この他、数条の竪堀が北から東にかけて設けられている。調査が未実施であるため、徳川・武田どちらの遺構と断定は出来ないが、武田氏段階としても問題は見当たらない。武田氏段階の主郭は極めて小規模で、補給拠点というより、東海道を東進しようとする徳川軍への牽制《けんせい》目的と、小山・滝堺両城から高天神城攻めを敢行した場合の押さえの役割が優先されたのではないだろうか。

天正三年五月、武田軍は長篠合戦において織田・徳川連合軍に大敗を喫してしまう。家康は、陣城《じんじろ》によって二俣城の四方を固め、完全に孤立させ、七月中旬諏訪原城に押し寄せた。翌八月、勝頼の後詰も間に合わず、兵糧も尽き始めた武田軍は、密《ひそ》かに城を脱出し、小山城へと逃亡した。逃亡に際し、主郭に火を放ち再利用がされないようにするのが精一杯であった。この諏訪原城攻めで、最初に陥落した出丸《でまる》が、南端に位置する二の曲輪東内馬出と東馬出である。

発掘調査によって、周辺域から五二個の鉄砲玉が出土し、激しい戦闘があったことを裏付けた。武田方は、幅約七メートル、深さ四メートル程の堀で囲み、周囲に土塁を構えていたことが、発掘調査成果から確実となっている。二の曲輪東内馬出と東馬出は一体の構造で、曲輪は三角形を呈し、南北、東西共に五〇メートル程であった。両曲輪は主郭から南に突出した出丸であり、武田氏時代は側面陣地だったと推定される。

このように、発掘成果から、武田氏時代の城の構造を推定すると、少数兵力で守備可能な極めて小規模な城だと解ってきた。中心となる主郭は、堀と土塁に囲まれ、斜面には竪堀、前面には丸馬出が配されていたと考えられる。平坦な台地上から、主郭虎口に敵が押し寄せた場合を想定し、南端部に側面陣地となる出丸を配し、防備強化が施された城だったのである。

徳川氏の大改修

武田氏の城を接収もしくは攻略した徳川氏は、城を大きく改造している。その中でも、確実に徳川氏改修と判明するものについて、どのような改造を施したかまとめておきたい。

まず、興国寺城の状況である。武田氏滅亡、本能寺の変、その後の天正壬午《てんしょうじんご》の乱を経て、天正十年（一五八二）に松平清宗《きよむね》が二千貫、与力五十人を与えられ興国寺城主となる。この年以降に、武田氏の丸馬出を埋め立て、本丸と二の丸の間に空堀を設けている。調査によって、空堀の規模が検出面で幅約一四メートル・深さ約七メートルと判明した。この堀は、当初の武田氏の三日月堀に付設する堀を埋め立て、再度規模を大きくして掘られていた。なお、堀の全長であるが、中央土橋を挟んで、東側が約七〇メートル、西側が約二五メートルとなる。

諏訪原城では、本曲輪の調査によって、焼土面を埋め立てた整地の存在を確認すると共に、その焼土面が現在の土塁（調査によって基底部で幅一五メートルと確認）によって覆われていることが判明した。本曲輪が落城時に焼亡し、その後徳川氏によって焼土層が埋め立てられ、新たな整地造成が実施されていたのである。掘削した内堀の残土を本曲輪側に盛り、土塁を構築しているため、内堀の掘削が徳川氏によって実施されたことも確実な状況となった。内堀は、堀幅約一九・三メートル、深さ八・三〜九・一メートル、堀底幅六・七五メートル、断面逆台

写真５　諏訪原城二の曲輪中馬出

形の箱堀で、堀の法面《のりめん》は、東側約五三度、西側約五七度であった。当然、形状を同一にする外堀と土塁も、残土を二の曲輪側に盛って構築したのが確実と思われ、土塁の規模は、基底部で幅約二〇メートルと判明している。

二の曲輪中馬出の前面三日月堀は、幅約二〇メートル、深さは外側惣《そう》曲輪の地表面から一〇・五メートルであった。馬出曲輪は、長辺側四五×短辺側二五メートルで、縁辺部には、幅約一一メートルの土塁が存在し、土塁外側に幅約一・二メートルの犬走り状を呈す通路状の遺構を確認したが、用途ははっきりしない。

二の曲輪中馬出前面に位置する三日月堀と接続して、北側に延びる空堀は、三日月堀より約三・五メートル浅く、三日月堀を掘った後に設けられたものである。

従って、二の曲輪中馬出を構築した後、重馬出《かさねうまだし》となる二の曲輪北馬出の普請へと進んだことになろう。二の曲輪中馬出は、北側二の曲輪北馬出と長さ約四〇メートル（木橋～城門まで）の通路によって接続するが、中馬出北端に幅約五メートルの空堀を入れて切断する。また、二の曲輪側の土橋も、幅約五メートルで、間が切られていた。いずれも平時は、木橋によって接続していたと推定される。なお、往時の両橋は、共に引き橋であった可能性が高い。

城域の最南端に三カ所存在する小型馬出の北側端部の二の曲輪東内馬出外堀では、堀の断面形状から、薬研堀《やげん》を改修した箱堀と判明した。これは、武田氏時代に設けられた堀を徳川氏が改修した結果として捉《とら》えられる。

北東側の堀幅は約七メートルで、深さは馬出曲輪内から約三・五メートル、二の曲輪側から約四・四メートルで、箱堀底面の幅は約三・五メートルであった。箱堀底面で、幅約一・五メートル・深さ約〇・六メートルの薬研堀を確認した。武田氏時代の薬研堀を断面から復元すると、堀幅は約四メートル・深さ約三・五～四メートルと規模自体は決して大きいものではない。そのために、徳川氏時代に防衛力強化のために堀幅を倍に広げたと推定される。

二の曲輪東内馬出の曲輪内部では、曲輪の外郭縁辺部に沿う形で逆L字状の土塁を確認した。この土塁も二時期が認められ、当初の土塁を崩し、堀側の窪地《くぼち》を埋め立て新たな土塁を構築していた。北側部分の土塁幅は約二・六メートル、残存高約〇・七メートル、南側虎口付近が幅約三・三メートル、残存高〇・六メートルであった。土塁先端部で土塁と平行する直線状の石列六石を確認したが、用途等ははっきりしない二の曲輪南馬出は、西側台地に面する最南端に位置する小規模な馬出である。南馬出前面の三日月堀の堀幅約一三メートル、深さは曲輪側から約五・八メートル、堀外側からは七・八メートル程であった。断面は逆台形を呈す箱堀で、底面幅は約二・八メートル、法面の角度は曲輪側が約四五度、城外側が約五五度となる。曲輪内に土塁の痕跡が認められず、当初から土塁は設けられなかった可能性が高い。丸馬出が東西約二〇×南北約一二メートルと極めて小規模であったため、土塁ではなく柵《さく》あるいは土塀を設けることで対処し、曲輪内部を有効活用しようとした表れと理解したい。

最南東部に位置し、最も小規模な馬出が二の曲輪東馬出である。南側の堀は、幅約九・三メートル、深さは曲輪側から六・七メートル、城外側からは六・二メートルであった。断面は逆台形の箱堀で、底面幅約一・二メートル、法面の角度は曲輪側約五〇度、城外側約六〇度となる。馬出へ入るための土橋を渡った地点で門礎石二石を検出したほか、二時期の遺構面が確認され、下層が武田氏、上層が徳川氏と考えられる。

明瞭な建物遺構は、二の曲輪北馬出、二の曲輪中馬出への土橋前面、本曲輪正面土橋前面、二の曲輪東馬出の四カ所で確認された礎石造りの城門である。いずれも外側から土橋を渡った前面に位置し、礎石配置から薬医《やくい》門と推定される。門以外で、明瞭な建物遺構は確認されていない。なお、二の曲輪・本曲輪城門は、背後に枡《ます》形《がた》状の空間を検出している。

前述のような状況と、唯一の普請の記録が記載された『家忠日記』の記述とを比較検討して、発掘成果がどう理解されるかを考えておきたい。以下、普請関係の記録のみを記す。

天正六年

三月十日　牧之原城迄帰陣候。

十一日　牧野城普請候。

十二日　同普請候。

十八日　牧野原普請出来候て、浜松迄帰候。

八月七日　牧野番替候。（後略）

八日　（前略）牧野城堀普請候。

九日　（前略）同普請候。

十日　（前略）普請候。

廿日　普請出来候。（後略）

九月四日　西駿河より、家康牧野迄御帰陣候。（中略）牧野市場普請候。

五日　同普請候。（後略）

六日　家康、信康御陣候。国衆は普請候。牧野衆は今城江働候。

七日　牧野普請出来候。懸河迄帰陣候。

天正七年

三月六日　（前略）人数浜松ニ半分置候て普請

十日　番普請候。（中略）同普請候。

十一日　（前略）普請出来候。

十月一日　（前略）牧野城屛普請候とて、各浜松へ御帰陣候。

天正八年

五月二日　牧野迄諸人数付候。（後略）

廿二日　（前略）番普請出来候。

徳川氏による諏訪原城奪取は、天正三年八月のことである。牧野城と名を改め、翌四年三月十七日に、旧駿河守護職である今川氏真を城主とし、松平家忠（甚太郎）・松平康親《やすちか》に補佐させ、駿河侵攻の旗印とした。

氏真は、天正五年三月一日に浜松へ召還されたため、一年間のみの城主であった。落城から七カ月程で、二の曲輪から西側の普請が完了したとは思えないため、焦土と化した本曲輪を造成し、氏真の居所のみ整備改修されたと考えられる。その後、天正六年から、二年程普請が続いたことは、『家忠日記』のとおりである。とすれば、この天正六年からが、二の曲輪の造成を含む、牧野城の本格的改修の記録と考えられよう。三月十日に牧野城へ入った家忠は、十一日から普請を開始し、十八日には完成し、浜松へと帰っている。工事期間は一週間。次に、八月七日に在番を替わり、翌八日より堀の普請を開始し、二十日に完成、工事期間は十二日である。次いで、九月四日には、家康が牧野城へ来陣、市場普請を開始、七日に完成、工事期間は四日間になる。この記録は、あくまでも松平家忠の普請の記録であり、この間常駐の城番（定番衆）として東条城《とうじょう》（愛知県西尾市）主の松平家忠（甚太郎）と牛久保城《うしくぼ》（愛知県豊川市）主の

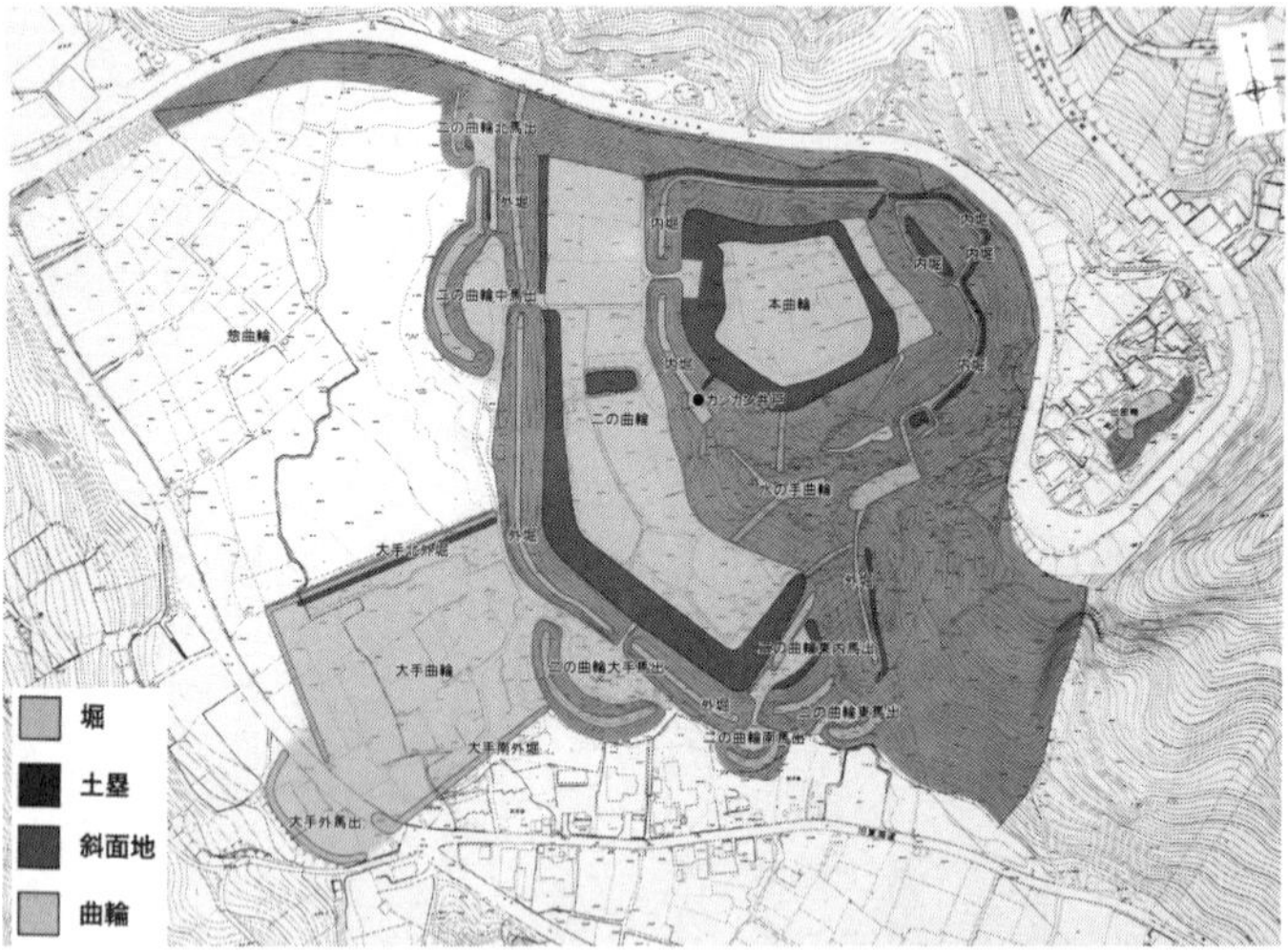

図11　諏訪原城跡概要図（島田市博物館課提供）

牧野《まきの》康成《やすなり》を置き、別に交代番として西川《にしがわ》城（愛知県豊橋市）主西郷家員《さいごういえかず》、深溝城（愛知県額田郡幸田町）主松平家忠、二連木《にれんぎ》城（愛知県豊橋市）主戸田《とだ》康長《やすなが》を半年毎に一カ月間勤めさせていた。家忠だけではなく、交代番の武将たちも工事を引き継ぎ続行していたなら、その工事量はかなりの規模となる。三年の間、交代しながら続行していたとすれば、二の曲輪以西が全て新造としても、決して不可能な数字ではなく、むしろ余裕があったとも思われる。

記録に見る天正七年の普請は、番普請・塀普請、翌八年も番普請である。天正六年が堀や土塁といった土木工事で、七年以降が上屋構造物の構築、所謂《いわゆる》作事とも推定される。

徳川氏の改修の特徴

発掘調査で判明した武田・徳川両氏築城・改修の城の状況についてまとめたが、明らかに武田氏改修が特定出来る城は少ない。接収した徳川氏によって、大幅に改修を受けているためである。まず、武田氏の手によることが確実な城の状況から、その特徴を見ておきたい。

武田氏が築き上げた城の特徴は、長大な横堀の使用による斜面防御にある。この横堀に、竪堀・堀切を組み合わせることで、より強固な防御施設が完成を見た。また、虎口強化のために枡形を採用、さらにその前面に設けられた丸馬出と三日月堀が、結果として敵の侵入を阻む複雑な動線を生むことになった。また、梯子《はしご》や木橋等を効果的に利用した城内道の工夫も明らかとなってきた。有事の際に備えていた証拠であろう。

中でも、最大の成果は、丸馬出の規模がほぼ判明したことである。興国寺城の丸馬出は、長辺側三一×短辺側一二メートルであった。後方の堀幅は推定八メートルになる。諏訪原城の堀は、幅約七メートル・深さ四メートル程、高根城《たかね》（静岡県浜松市）の堀切の最大幅が約八メートル・深さ五メートル程、高天神城の堀切が幅約九メートル・深さ約六メートルと、単独で一〇メートルを超える規模の堀は確認されていない。

武田氏の戦略・戦術を記した軍学書である『甲陽軍鑑《こうようぐんかん》』に興味深い記載がある。丸馬出ではないが、枡形空間の大きさの理想を「五八」としていることだ。つまり奥行五間（約一〇メートル）、間口八間（約一六メートル）、面積四〇坪（約一三二平方メートル）が定型ということである。そこに騎馬武者二五騎から三〇騎、一騎につき従者四名を収容可能としている。今回確認された遺構も、まさにこの程度の規模に他ならない。武田氏の城は、数百人、多くても数千人規模の攻城戦しか想定していないのである。

これに対し、徳川氏による丸馬出は、長辺側七五×短辺側四五メートルと二倍以上の規模を有している。堀も同様で、幅約二〇メートル・深さ約一〇メートルと規模を倍にしている。これは、天下統一に突き進む織田軍が、数万の軍勢を引き連れ、次々と城を落としていったことと無関係ではあるまい。同時に、長篠合戦に見られるような銃火器による戦闘が中心となっていたことも見逃せない。武田氏が築いた城では、数万の敵兵が攻め寄せれば、対処できなかったのである。事実、天正十年（一五八二）の織田軍による武田攻めでは、城はまったく機能せず、次々と落城、放棄され、果ては万全を期して築いたはずである新府城にさえ籠《こも》ることが出来なかった。時代の流れは、城造りを根底から変えてしまったのである。

徳川氏による新造の馬出と判明した諏訪原城の二の曲輪中馬出について触れておきたい。まずその規模であるが、最も幅広となる中央部（東西幅）で約二八メートル、二の曲輪よりの最大幅は約五〇メートルで、約三〇〇坪強（約一〇〇〇平方メートル）の面積を持つ曲輪であった。縁辺部には、幅約一一メートルの土塁が存在し、土塁外側に約一・二メートルの犬走り状を呈す通路状の遺構を確認している。これらの状況から、馬出平坦面として使用できる面積は、約二三〇平方メートルでしかないことになる。南北側の虎口開口部は四〜五メートル、二の曲輪側土橋（中央で途切れ木橋となる）幅も四メートル前後でしかない。

さらに、北側土橋は、北に幅四メートル前後（西側土塁を含む）で四〇メートル延び、重馬出となる北馬出へと接続する。この構造では、攻城戦に際し、馬出内に兵力を配置し、ここから敵方に逆襲することは出来ない。馬出本来の機能を持たない馬出としか言いようがない。

では、徳川氏は何のためにこれだけ巨大な馬出を前面二カ所に構築したかである。それを考えるヒントが、幅約一一メートルにも及ぶ土塁の存在だ。通常の土塁と同様で、四五度の法面として、上端部に五メートルの平坦面を確保し、その前に土塀を構えたと想定してみよう。その場合、土塁の高さは三メートルとなる。外側に対して、三メートルの高低差を持って攻撃可能なスペースを持つ曲輪だったのである。形こそ、武田氏の丸馬出と共通するが、その機能はまったく異なっていたとしか思えない。

さらに、二の曲輪側、二の曲輪北馬出側の土橋末端で堀切を入れ寸断し、接続は木橋を採用している。万が一に際しては、馬出曲輪を切り離し独立させようとしている。従って、形は丸馬出だが、機能は最前面に配した出丸である。長篠合戦で勝利した徳川氏は、織田軍による鉄砲戦術の効果を身を以て体験している。分厚く高い土塁を盾とし、前面全周約八〇メートルに亘《わた》って火器を配備し、火力による敵の撃退を目的にした曲輪として構築したのである。従って、自分たちは出撃する必要がないため、敵の侵入を阻止するために通路幅を狭くし、さらに木橋によって進路遮断を可能にしていたことになる。

形こそ異なるものの、二の曲輪もまた台地側に、幅約二〇メートルにも及ぶ土塁を三〇〇メートル程にも亘って構築している。二の曲輪の幅は約四〇～五〇メートルであったため、曲輪面積の半分程を土塁が占めていたことになる。二の曲輪も、平坦面の確保を目的に造成されたというより、射撃陣地とするために設けた可能性が高い。最南端の三カ所の小型丸馬出も、幅約二〇メートルの外堀によって分断されており、馬出的機能よりも出丸としての機能が優先されている。徳川氏は、武田氏の丸馬出を巨大化し利用するものの、まったく別の機能を持つ曲輪として配置したのである。巨大な土塁を背にした外堀と、丸馬出の持つ扇形の外周によって、迫りくる敵兵に様々な方向からの射撃を施すことが可能であった。徳川氏の改修によって、極めて強固な防備を持つ、駿河侵攻の拠点としての役割を担う「牧野城」となったのである。

三　駿府守備の要・丸子城

城の歴史

丸子《まりこ》城（静岡県静岡市）は、静岡市中心部から西へ六キロ程離れた旧東海道丸子宿の西、標高約一四〇メートルの通称三角《みかど》山の尾根先端を利用した城で、逆L字状の尾根筋南西端に本曲輪を置き、堀切や竪堀によって区画しつつ、二の曲輪、三の曲輪、北曲輪が一列に配されている。曲輪の構造は単純だが、東西両端に設けられた丸馬出、北側斜面の長大な横堀や竪堀、さらに堡塁《ほうるい》状の遺構など、技巧を凝らした守備力の妙は、全国屈指と言っても過言ではない。

駿河国守護・今川氏の家臣である斎藤安元《さいとうやすもと》によって、応永《おうえい》年間（一三九四〜一四二八）に築城されたといわれる。その後は、今川氏拠点の駿河府中の西の入口（宇津ノ谷峠越え）を守る城として機能を果たした。永禄十一年（一五六八）駿河に侵入した武田信玄は瞬く間に今川氏守護所である駿府を手中に収めると、宇津ノ谷峠以西に残る今川方諸城に対する守りを固めるために、山県昌景《やまがたまさかげ》に二千五百人をつけて丸子城に陣域を構えさせたと記録される。元亀元年（一五七〇）には、諸賀《もろが》兵部大輔《ひょうぶだいふ》・関甚五《せきじんご》兵衛《べえ》を在番とし、天正六年（一五七八）には屋代勝永《やしろかつなが》（秀正《ひでまさ》）が入城していることからも、田中城と共に、武田家の駿府防備の要《かなめ》の城の一つであったと考えられる。

天正九年三月の高天神城落城を前に、武田方が徳川方に丸子城を明け渡して退去すると、家康は松平備後守《びんごのかみ》（松平清善）を駐留させるが、これ以後の城に関する記録は残されていない。

城の構造

城は、北西から延びる尾根筋の先端上に築かれ、東西は大きな谷、南に丸子川をひかえる険しい地形で、極めて防御しやすい地勢だ。逆L字状の形をした尾根筋の南西の端に中心となる本曲輪を置き、堀切や竪堀を巧みに配置することで、斜面からの侵入を防ぐと共に、二の曲輪、三の曲輪、北曲輪が一列に連なる弱点を補っている。

尾根上東北端に外曲輪（狭義の城域ではない）と呼ばれる平坦部があり、現在稲荷《いなり》神社が鎮座する。この尾根上を西に進むと、目の前に侵入を阻むように三日月堀を配置した大手馬出に至る。ここが城の東の端となる。南東端に土橋を設け、土橋の北側には三日月状の空堀と土塁を、南側には長大な竪堀を配して尾根筋を完全に遮断している。馬出の内部は、東側から北側に逆L字の土塁が廻り、さらに西側の北曲輪に向かって地形が高くなっていく。そこに枡形状の土塁囲みの平坦面を設けている。土塁を開口した部分に門を築き、虎口空間を一つだけでなく複数重ねることでより強固な防備を持つ大手にしたのである。

大手の奥（西端）が北曲輪で、北下に尾根筋を断ち切る巨大な堀切を設けて、北側から続く細尾根を遮断する。東側は土塁で規制し虎口を設け、南側は堀切と竪堀で遮断。北曲輪と二の曲輪の間に、階段状に配された方形の小曲輪群は、北曲輪と二の曲輪の間の虎口空間として機能を果たし、最南端が三の曲輪になる。三の曲輪の北側にはコの字状に土塁を設け、東は竪堀を配して、虎口を規制していた。非常に工夫を凝らした通路となり、二の曲輪へと続いている。

二の曲輪は、方形の曲輪で西側にのみ土塁を設けている。南側に位置する本曲輪との間には幅約二〇メートルの堀切を配するだけでなく、東下は巨大な竪堀として崖《がけ》地形に変化する約五〇メートル下まで掘り込む入念さだ。また、堀切西端を土塁のように高くしているのは、西下の防御施設に規制された工夫と捉えられよう。

くの字を呈す城内最大規模の本曲輪は、南から南東端を除けば、現在も明瞭に土塁が残存する。虎口は南側を除く三カ所に設けられ、北東端を土塁で区画し外枡形状に突出させ、二の曲輪から木橋を架けて接続していた可能性が高い。西側中央部の虎口は、一段下の物見曲輪への通路で、土塁を喰違《くいちが》いにしただけの単純なもので、城内兵の移動のみに使用する通用口だ。南虎口もまた単純な平虎口だが、奥に置かれた小曲輪にしか通じない行き止まりの虎口になる。この小曲輪は、本曲輪側の土塁の裾を通って正面虎口へ続く道があった可能性も残り、正面に迫った敵兵に対し、背後から急襲する目的を持っていたのかもしれない。本曲輪の東側と南側の斜面は急傾斜の崖地形で、獣すら駆け上がれない天嶮になっている。

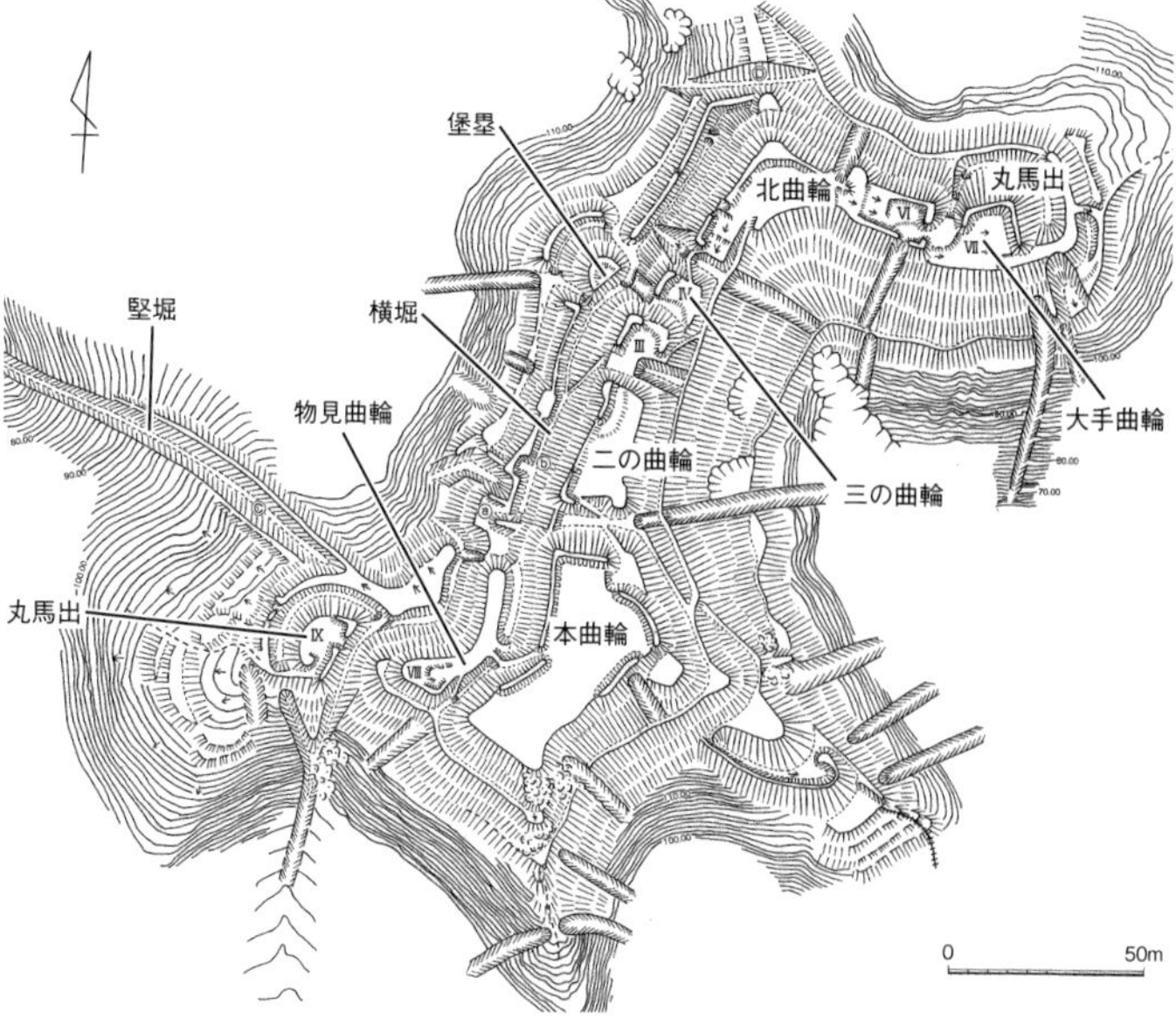

図12　丸子城跡概要図（中井均作図）

丸子城の最大の特徴は、東西に配された丸馬出とともに、城の西側切岸に設けられた横堀の存在である。この横堀は、遮断線であり、堀底道としても機能していた。堡塁や塹壕への通路としても利用されていた。

本丸の西側は、堀切と竪堀を組み合わせた幅三〇メートル程の半円形を呈す丸馬出と、長さ一〇〇メートルにも及ぶ竪堀によって、尾根筋を完全に遮断している。この城が、西側からの攻撃を想定して防備強化を図っていたことを示す施設だ。また、本曲輪西下から北曲輪西下までの斜面には、総延長約一五〇メートルにも及ぶ横堀が設けられていた。この横堀は、遮断線であると共に堀底道の機能も有していたのである。途中に塹壕《ざんごう》のような突出部が残るのも特徴的だ。また、防備強化を図るために、横堀中央部に突出するような半円形の丸馬出状の堡塁が付設され、その前面に三日月堀と土塁を構えて、より強固にしている。この城最大の見所であり、全国的にも稀有《けう》な遺構で、これほど強固で厳重な構えをした横堀を他城で見出すことは出来ない。堡塁の先も、横堀は北曲輪下の堀切まで、延々と続いている。

築城主体者は誰か

このように極めて工夫を凝らした防御施設を持つ城が、いつ誰の手によって築かれたのかが最大の問題になる。城には今川氏、武田氏、徳川氏が入っていることが記録から確実である。従って、城にはこの三氏の手がはいっていることは確かだ。従来の城の研究は、丸馬出は武田氏の城の遺構だという結論があって語られてきた。丸馬出イコール武田氏という方程式のようなもので、これが武田神話と言われる所以《ゆえん》でもある。しかし、近年の発掘調査の進展によって、丸馬出は武田氏の専売特許ではないことが解ってきた。こうした状況をふまえて、改めて丸子城の築城主体者を考えてみたい。

写真6　丸子城二の曲輪西下の横堀

丸子城の最大の特徴は、城の西側に設けられた総延長一五〇メートルにも及ぶ横堀になる。

本曲輪・二の曲輪・三の曲輪・北曲輪の直下に位置し、斜面からの遮断線としての機能だけでなく、堀底道として通路の役割も担っていた。この横堀から突出して構えられた堡塁への通路も兼ねていたのである。この堡塁と共に、守りの要となったのが、東南部の丸馬出であり、そこから西下へと直線で一〇〇メートルにも亘って延びる竪堀だ。東西に配置された丸馬出と堡塁があることで、防御力は格段に増している。また、横堀の前面の土塁は楯《たて》の役割を持ち、この土塁直下に犬走り状の帯曲輪《おびぐるわ》が見られる。ここには、柵などを設けて、さらなる防御強化が図られたのではないだろうか。こうして見ると西側は、丸馬出・横堀・堡塁と一連の施設として機能を果たすように構築されたことが判明する。

東側は、急峻《きゅうしゅん》な崖地形となるため、人が登ってくるのは不可能だ。それでも、万が一を想定してか、七条もの竪堀を配置して、斜面間の移動を防いでいる。北曲輪からの城内道は、最初の三の曲輪まで、虎口を重ね複雑にし、ここから先は土塁と堀切によって規制する。さらに、本丸東虎口は出枡形《でますがた》状の形態とし、そこに木橋を架けていた。城内兵のみが移動に使った通路は、山腹をほぼ直線で横切り、各曲輪へ続くことなく、本丸下を廻り込み南東隅の丸馬出へと続いている。防衛上の観点で設けられた通路であった。こちら側もまた、一連の機能を持たせた構造なのである。

こうしたことからも、この城は今川氏時代の城を利用し、武田氏が改修し、さらに徳川氏が改築して使用したという、増改築を繰り返したものではないことが解る。ほぼ同時期に、一つの目的を持って一気呵成《かせい》に造られたとするのが妥当である。

城の目的

丸子城は、その立地から、駿府の西側の宇津ノ谷峠道と、東海道を押さえる目的で築かれた城であった。それは、今川氏時代、武田氏時代、徳川氏時代を通じて変わってはいない。

当然、城の防御正面は、東海道に面した東側となるはずだが、前述のように、防御が集中しているのは西側でしかない。西側山麓《さんろく》には、街道も通っていなければ、集落すら無かったのである。この矛盾は、どう解釈すればいいのだろうか。

東側は、急峻な崖地形であるため、敵方が取り付けないと想定していたとも思われないわけではない。確かに、東側斜面は、獣ですら登ることは困難な地形だ。東側から攻め寄せられないなら西へ廻れということで、敵が西から攻めてくることを予想した配置なのだろうか。それにしても、余りに強固な防御施設を構築している。敵方が背後に回り込み、この緩斜面から攻め寄せることを想定したとするなら、その兵力がかなりの大軍と予想したとしか思えない造りなのである。それ程の兵力に対処を要するとしたら、いつ誰の時期なのだろうか。それを考えればおのずと築城主体者が判明してくる。

駿府が西側から大軍で攻撃される危険性があったのはいつか。今川政権末期の氏真の代に、確かに西遠江を含めた諸城の改修が命令されている。しかし、丸馬出を用いた城は、今川氏時代には存在しないので、この時期は考えられない。武田氏支配下にあった、滅亡前の天正八～九年（一五八〇～八二）、徳川家康の侵攻に備えた改修なのだろうか。確かに、この時期西からの脅威は増してきていた。

しかし、武田勝頼はこの時期、小田原北条氏と伊豆・関東で対立し、戦闘を繰り広げており、駿河まで手が回る状況ではない。また、織田家との和睦《わぼく》交渉もあり、いたずらに刺激するような行為は考えにくいのである。

西側からの脅威ということで考えれば、最も緊迫したのは、小牧・長久手合戦直後のことだ。家康は、天正十三年にその居城を浜松から駿府に移した。なぜ、居城を移す必要があったのかは、前章の通りである。駿府築城は、東への対応ではなく、対立が深まりつつある秀吉戦略の一環と理解される。秀吉の勢力圏に近い浜松から、天竜川、大井川という大河川に隔てられ、より奥まった位置への移動による安全確保と、有事に備えた北条氏との連係強化を目的とした駿府への移転というのが最も考えやすい。

この駿府移城に併せて、西側前面の守りを固めるために、丸子城を改修したとするのが最も妥当であろう。対秀吉を想定したのなら、これほど強固な構造にしたことも不思議ではない。駿府防備の最後の砦《とりで》が丸子城だったのである。馬出と竪堀、横堀を巧みに配置し、まさに巨大戦艦とでも形容するのが相応《ふさわ》しい守りを固めた城だ。宇津ノ谷峠を越え、東海道から一気に駿府へなだれ込もうとする敵軍を殲滅《せんめつ》するための城だったのである。丸子城は、駿府へと進む軍勢に多大な損害を与えると共に、進軍速度を著しく遅らせる目的を持っていた。それは、同盟者である北条軍が、相模国から余裕をもって駿府城へと入城するために必要な日数を確保するためでもあった。

四　対豊臣を想定した城の改修

『家忠日記』に見る小牧・長久手合戦後の城の改修

五カ国領有時代の徳川配下の主な城持ち衆は、酒井忠次が吉田城、本多康重《やすしげ》が田原《たはら》城（愛知県田原市）、岡崎城代が石川数正（出奔後は、本多重次）、酒井重忠《しげただ》が西尾《にしお》城（愛知県西尾市）、石

写真7　西尾城で検出された三日月堀跡（砂の部分）

川家成《いえなり》が掛川城、大須賀《おおすが》康高《やすたか》が横須賀城、大久保忠世《ただよ》が二俣城、久野宗能《むねよし》が久野城、高力《こうりき》清長《きよなが》が田中城、三宅《みやけ》康貞《やすさだ》が深沢《ふかさわ》城（静岡県御《ご》殿場《てんば》市）、松平清宗が興国寺城、牧野康成が長久保城、松平（松井）康重が沼津城（静岡県沼津市）、平岩親吉《ひらいわちかよし》が躑躅ケ崎《つつじがさき》館（山梨県甲《こう》府《ふ》市）、鳥居元忠が郡内《ぐんない》の谷村《やむら》城（山梨県都留《つる》市）、菅沼定利《すがぬまさだとし》が知久平《ちくだいら》城（長野県飯田《いいだ》市）、柴田《しばた》康忠《やすただ》が稲荷山《いなりやま》城（長野県佐久《さく》市）、松平（芦田《あしだ》）康国《やすくに》が小諸《こもろ》城（長野県小諸市）に配された。この他、武田旧臣が甲斐、信濃国衆が信濃の諸城を安堵《あんど》されてもいる。

秀吉の東進を前提とした場合、当然三河・遠江・駿河の前述した城持ち衆の城を中心に、城の増強が図られたと考えられるが、五カ国領有時代の普請を示す記録はほとんど見られない。そこで、発掘調査及び城の構造から、天正十～十五年（一五八二～八七）にかけて修築されたと推定される城を示し、家康がどのように秀吉東進に対する備えをしたかを考えてみたい。

小牧・長久手合戦が講和により終結した天正十二年十一月に家康は尾張から兵を引いている。合戦後に家康が、三河において城の修復を実施したことが『家忠日記』に記されている。天正十三年二月「惣国人足にて吉良之城つき上候」と、吉良《きら》之城（西尾城か）を修築したことが判明する。平成六年（一九九四）、西尾城二の丸の発掘調査により二重の丸馬出と溝三条を確認。この堀は、江戸期に埋め立てられ二の丸御殿が建てられている。この丸馬出の増設が、『家忠日記』の記載に見られる改修の可能性が高い。同三月「浜松普請奉行天清兵衛（天野《あまの》家次《いえつぐ》）、権田織部（権田《ごんだ》泰長《やすなが》）被越候、長刀清兵へ、やり織へいたし候」と、この時点で浜松城の普請奉行が存在していることから、何らかの普請があったことが窺える。同十一月「岡崎普請ニ候、各国衆より普請はやく仕候由にて、平松金次郎（平松重之）御使給候」、同月「岡崎へ普請ニこし候」と、岡崎城での普請があったことが判明する。

十二月になると二日「岡普請出候て、（中略）たうめ之城御取たて候ハん由候」、同月四日「とうへくわたて候、天清兵衛（天野家次）被越候」、同月七日「普請候、奉行鵜殿善六（鵜殿《うどの》重長《しげなが》）、安藤金助（安藤家次《あんどういえつぐ》）、雪吹市右衛門」、その後同月内の「普請候」の記載は、九日に亘って見られ、廿五日に「普請年内ハ先々あかり候」と、岡崎城の普請が終了したため、東部《とうべ》城（愛知県額田《ぬかた》郡幸田町《こうたちょう》）の修築が始まったことが記されている。

翌年に工事は引き継がれ、天正十四年正月一日より「當邊普請」が始まり、一月中に十四日間、二月に一日の普請記載がある。三月に普請の記録はなく、四月三日と十一日、廿四日、廿七日、五月十九日、廿二日と「とうへこし候」と見える。東部城の普請は三カ月続き、五カ月目にほぼ完成を見、引っ越しが数日間に亘って実施されたようである。六月に入ると、六日に「濵松へたうへ之儀に使を越候」、十七日に「吉田より當部之儀塀をもおろさせられ候ハん由申來候」、十九日に「吉田より本田十助（本多正信の弟）たうへ城塀をもおろし候ハん之由ニて被越候人足、さしあひ候て被帰候」とあり、新築がなった東部城のことを家康に報告したこと、また塀が存在したことが解る。だが、その塀を「おろさせられ」「おろし」と記されている、この意味がとれない。わざわざ新築なった城の塀を取り払うとは思えない。さらに七月に入ると、十八日に「吉田より本田十助奉行ニこし候て、當部之城塀門とりつくらせ候」、廿日「たうへ之城、人足あて候てこほし候」、廿七日に「たうへのにかいたて候」と、塀と門を建てたこと、さらに二階櫓を建てたことが記されている。極めて長期間の普請であること、また二階櫓や塀や門の存在からも、単なる改修だけには留《とど》まらない姿が浮かび上がってくる。

天正十四年四月十四日には「酒左衛門尉（酒井忠次）所より明後日十六日ニ長澤（岩略寺城《がんりやくじ》）普請ニ越候への由申來候」と、酒井忠次が岩略寺城（愛知県豊川市《とよかわ》）の普請を始めることが判明する。次いで同月十六日「長澤普請ニ家中者供申付越候」、同月十九日「長澤普請出來候て、人数帰候」とあり、十九日には家忠家中の担当箇所が終了したということであろう。廿一日（廿二日か）「長澤普請へ越候への由天野清兵（天野家次）所より申來候、前の奉行ハ權田織部（権田泰長）、安藤金助（安藤家次）、今度は清兵被越候て三人也」と、普請奉行が、天野家次と

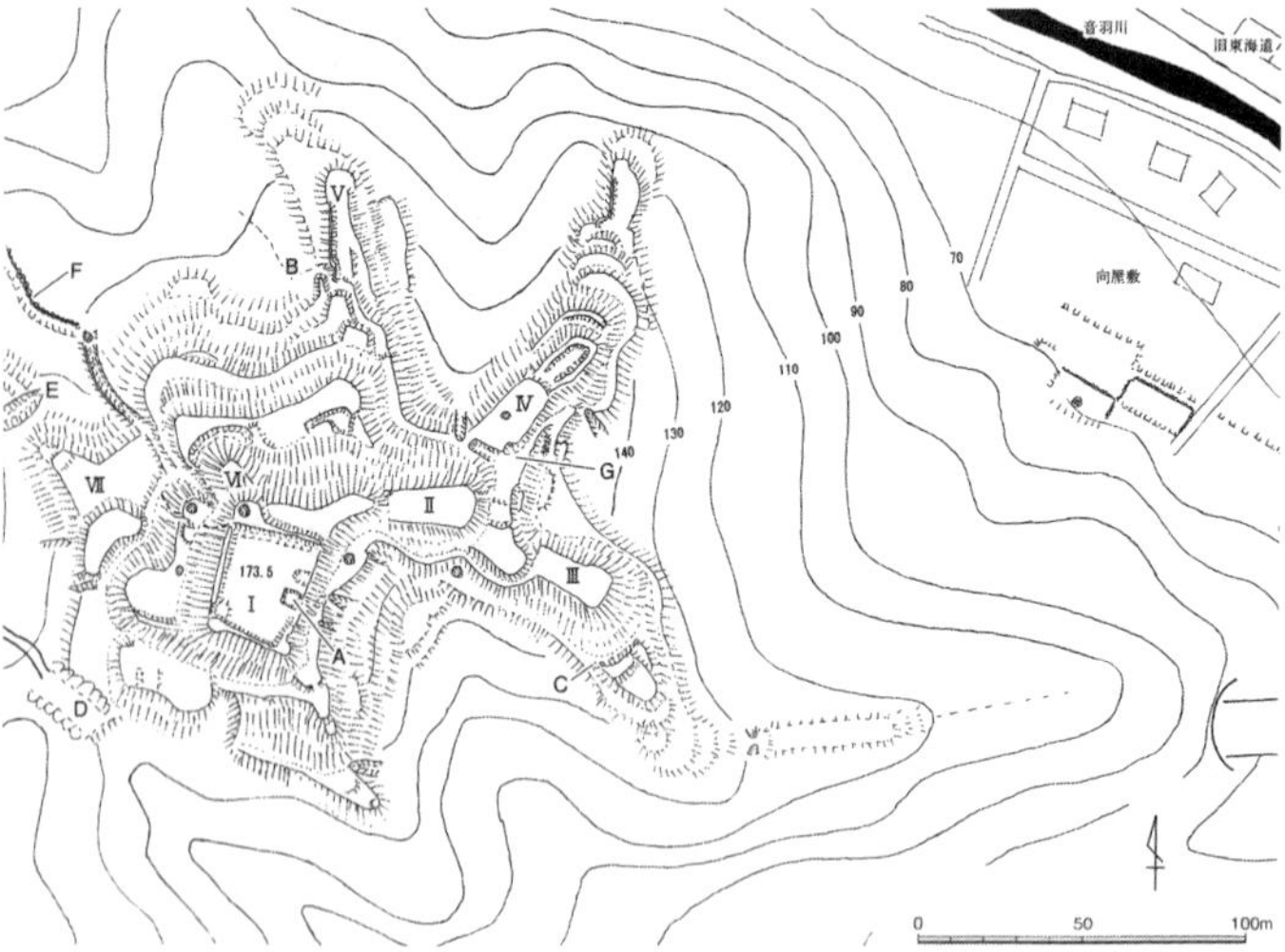

図13　岩略寺城跡概要図（石川浩治作図）

岩略寺城は、西三河と東三河の接点に位置する三河最大級の山城である。城の北下の狭い谷地形を街道が通過している。城は、枡形虎口、喰違い虎口、横堀、切岸などを効果的に配しており、「境目の城」として改修され続けて来たことが判明する。

西尾城の普請を担当した権田泰長、東部城担当の安藤家次の三人体制になったことが解る。五月十九日にも「長澤の普（以下不明）」と、長澤《ながさわ》城（岩略寺城）の普請の記載が見られる。ただ、岩略寺城の普請が終了した記載が見られないため、その期間ははっきりしないが、普請奉行の人数等から東部城と同程度と考えるのが妥当と思われる。

『家忠日記』に見られるこれらの記載から、小牧・長久手の戦いが終結した直後から、岡崎城を中心に、西尾城・東部城・岩略寺城の普請が開始されたことが解る。西尾城は、発掘調査により丸馬出が検出されており、岩略寺城には三日月状の堀が残る。また、主郭は土塁で囲まれ、北西隅に櫓台状の高まりも見られる。東部城については、後世の開発が著しく城の状況ははっきりしない。注目されるのは、すでに駿府への居城移転が計画されているにもかかわらず、浜松城の普請までが行われていたことである。

『家忠日記』に見られる浜松・岡崎・西尾・東部・岩略寺の五城の改修には、天野家次、権田泰長、安藤家次、松平家忠を中心に、本多、鵜殿、酒井各氏が加わっており、徳川家あげての改修であったことが判明しよう。岡崎を中心に、東海道及び三河湾を押さえる諸城の大改修が、小牧・長久手の戦いが終結するとほぼ時を同じくして開始されるという時期的な問題等も併せて考えるに、これら諸城の改修は対豊臣を想定した築城であったとするのが妥当であろう。そのために、浜松・岡崎というかつての家康の居城までも増強が図られたのである。この時期、家康は豊臣側による東進があることを予想し、その対策を講じていたのである。

遺構から見た三河の城の改修

文献には残らないものの、明らかに小牧・長久手合戦前後に築かれた、もしくは改修を受けたと推定される城が三河・遠江・駿河三国に見られる。

元亀年間（一五七〇〜七三）から天正年間（一五七三〜九二）にかけて、南進及び東進を進める武田軍との間で、戦闘及び攻城戦があり、国境付近の多くの城で争奪戦が繰り広げられた。武田軍の城を奪取した徳川軍は、武田軍の築城に際し多用された「横堀」・「丸馬出」を大型化し、拠点城郭や支城に取り入れていった。

徳川軍による横堀採用の初出は、天正四年前後と考えられる。武田氏入城がないにもかかわらず、これらの施設が見られる城が、徳川改修による城と判断でき、天正四年以降の改修としてほぼ間違いない状況となっている。前述した西尾城の丸馬出が好例である。

それでは、改修が推定される三河の城を見ておきたい。まず大給《おぎゅう》城（愛知県豊田《とよた》市）であるが、天正十二年頃に、大給松平氏が細川《ほそかわ》城（愛知県岡崎市）に本拠を移した後の記録が見られない。現在見られる遺構は、その後に改修を受けたことが確実で、うがった見方をすれば、家康が大給城を改修し再利用するために、細川城へと移したことも想定される。

城内には、高さ五メートル程の石垣も見られるが、これは天正十八年以降の、豊臣系大名田《た》中吉政《なかよしまさ》による改修の可能性が高い。城は、最高所を東西に分断し、主郭及び二郭とし、南側下段に城内一の面積を持つ方形の三郭、二郭東下に四郭、北下に井戸曲輪を配し、堀切及び竪堀で遮断線を設け、露頭する岩盤を巧みに利用し防御を固めている。特に、井戸曲輪の周囲に土塁・堀切・竪堀を配し、厳重に固めていることから、水源の確保が必要不可欠の城であったことが判明する。三郭の大きさとも併せ、尾張から東三河へ抜ける新城《しんしろ》街道の監視と、兵站《へいたん》基地としての役割を担わせた城と評価される。石垣を除けば、小牧・長久手合戦後の改修が想定される。

この城のすぐ北側に松平 城山《じょうやま》城（愛知県豊田市）が残る。その構造、規模は西三河では出色である。標高二五四メートルの頂部に東西に長い主郭を配し、北下に帯曲輪、その東端から派生する尾根上に堀切を設け、土橋で渡ると堀で区画された馬出が見られる。さらに曲輪は北に延び、虎口西側に横堀で区画された、虎口に横矢を掛ける施設が見られる。西側は、二条の堀切を設け二曲輪を配し、北端は二重堀切によって完全に遮断している。その位置関係からも、大給城との強い関係が推定される。従って、築城年代も同様と考えられる。

日《ひ》近《ちか》城（愛知県岡崎市）は、大給城から新城へ続く街道上に位置する山城で、日近 奥平《おくだいら》氏の城と伝わる。小規模な城ではあるが、主郭の北から東側にかけて土塁が廻り、南東部を突出させることで、南下の虎口を扼《やく》している。南側に一段低く虎口を有す二郭、西側に三郭を配している。主郭南東下に堀切を挟んで逆くの字を呈す土塁、その西下から主郭南を廻るように帯曲輪状の四郭が設けられている。四郭の南虎口の西側には通路に沿うように竪土塁も見られる。また、主郭東下の横堀は、幅約四メートルの規模で北に続き犬走り状となり、再び西側で横堀となっている。これらの構造を見る限り、天正四年以降に徳川氏の手による改修があったとす

図14　古宮城跡概要図（佐伯哲也作図）

古宮城は、三河国北東部の山間地にある作手盆地の中央部に立地。西に作手街道が走り、南に山越えで伊那街道へ接続する街道が延びるなど、山間部の交通の要衝であった。二重の横堀、両袖枡形虎口、土塁囲みの曲輪など、極めて防御性が高い城である。

るのが妥当である。

三河国の北東山間部に位置する作手《つくで》盆地のほぼ中央部の比高約三〇メートル（標高約五八〇メートル）の小丘陵に築かれた古宮城《ふるみや》（愛知県新城市）は、西側が作手街道に面し、他の三方は湿地帯に囲まれる天嶮である。城は、中央部に幅約二〇メートルの巨大な堀切を配することで東西に分割し、一本の土橋によってのみ接続している。

東側が主郭（Ⅰ）で、西側が副郭（Ⅱ）となり、共に土塁囲みの曲輪である。両曲輪の中央部には中仕切りの土塁が配され、東西に分割する。主郭南西隅部に約一〇メートル四方の櫓台が、その東側には前面に内枡形状の空間を持つ両袖形《りょうそで》（凸型）の虎口（E）が配されていた。ここが大手口で、南東部に搦手《からめて》となる鉤《かぎ》の手に折れて入る虎口も残る。主郭中段には、土塁もしくは竪堀状の空堀で区切られた曲輪群が展開する（ローマ数字、アルファベットは図14中のものに対応）。

副郭は、東側堀切を背後にし、Uの字状の土塁と横堀によって取り囲まれていた。横堀外側の土塁斜面は切岸となり、南西部に馬出状の突出部（Ⅳ）を置き、西側への攻撃陣地としていた。中仕切りの土塁の東側曲輪の南北に虎口が見られる。北側虎口（C）は出枡形状を呈し、堀切と横堀の間に設けられた土橋を渡り、西に折れて土塁上をさらにつづらに折れて、最下段の堀底道を利用して西側城外へと続いていたと推定されよう。南虎口（D）は、東西の堀に狭められ、鉤の手状となった土橋を渡り南下の小曲輪へと続いている。

全体構造を見ると、東西の曲輪が互いに補い合って防御を強固にするのではなく、東側主郭を守るための馬出的機能を副郭に持たせたと考えるのが妥当であろう。最下段は、土塁と横堀が軸をずらしながら廻っている。これは、堀底を道として利用していたための造作で、侵入した敵方が容易に主郭へ取り付くことを阻むための工夫であり、頭上から横矢を掛ける目的も併せ持っていた。従来、元亀四年（一五七三）武田氏の築城とされてきたが、大給城から日近城を通り、古宮城へと続く新城街道の拠点として、小牧・長久手合戦後に徳川氏によって大改修を受けた城と考えられる。武田氏の横堀としては、規模が余りに大きいことも徳川改修を裏付ける。

古宮城の南側に位置する亀山城《かめやま》（愛知県新城市）は、街道に面した丘陵上に築かれた平山城で、土塁囲みの主郭を中心に、東西の虎口外に馬出状の土塁囲みの曲輪が配されている。西北斜面には空堀を挟んだ二条の竪土塁、主郭南側には堀底を通路とする大規模な横堀が廻り、さらに土塁囲みの小曲輪も設けられていた。極めて防御性が高く、軍事的な拠点や駐屯地としての役割が看取される。虎口形態に古宮城との共通性も見られ、同時期の改修が想定される。

古宮城から信州《しんしゅう》街道へ抜ける分岐点近くに位置するのが野田城《のだ》（愛知県新城市）で、少なくとも天正十八年まで機能していたことは確実だが、主郭を取り巻く土塁と横堀、南東隅虎口から突出する馬出、主郭北東側の櫓台状の突出部など、小牧・長久手合戦後の改修を窺わせる。

長篠合戦で著名な長篠城は、天正四年に城主奥平信昌《のぶまさ》が新城城（愛知県新城市）を築き移ったため廃城になったとされる。城は、東三河平野部や遠江、美濃や伊那へと通じる街道の分岐点にあたる交通の要衝で、極めて重要な位置であった。城の主郭東側に残る鉤の手を呈す巨大な土塁と堀切、さらに主郭北側に位置する丸馬出、主郭を取り囲む横堀など、天正四年以前の造作とは思えない。ここもまた、廃城後の大規模な改修がほぼ確実である。

東海道を北に見下ろす比高約一〇〇メートルの山上一帯に築かれているのが山中城で、岡崎城と岩略寺城のほぼ中間点に位置する。主郭の東西に見られる馬出状の曲輪、北側に突出する土塁囲みの曲輪、主郭北西側の馬出状の曲輪前面の三日月状の堀切、さらに西側城域を区切る二重堀切など、天正四年以降の改修が確実で、東海道の監視と軍事拠点として、酒井忠次の手により、改修を受けたと考えられる。

三河と遠江の国境「本坂峠」に続く本坂道を押さえる城が月ケ谷《わちがや》城（愛知県豊橋市）で、標高約二〇五メートルの山頂部に立地している。城は五〇メートル四方程の極めて小規模な構えでしかない。主郭と南下の帯曲輪のみの城で、主郭は二段の平坦面を持ち、南西部を除き土塁が廻る。虎口は、三カ所に見られ、いずれも鉤の手に折れを持つ。帯曲輪からの虎口は、そのまま西側横堀へと連なり堀底道を形成する。東側は通路状となるが、東に進むと横堀となる。土塁囲みの曲輪と横矢が掛かる虎口、そして横堀の採用と、やはり天正四年以降、徳川氏によって改修を受けたとするのが妥当であろう。

以上、三河国内における天正期の改修が推定される城は、岡崎以東に九城を数え、いずれも交通の要衝もしくは主要街道を押さえる場所に位置している。城の構造から見ても、兵站基地あるいは軍事的色彩の強さから、戦闘に備えた目的が看取される。

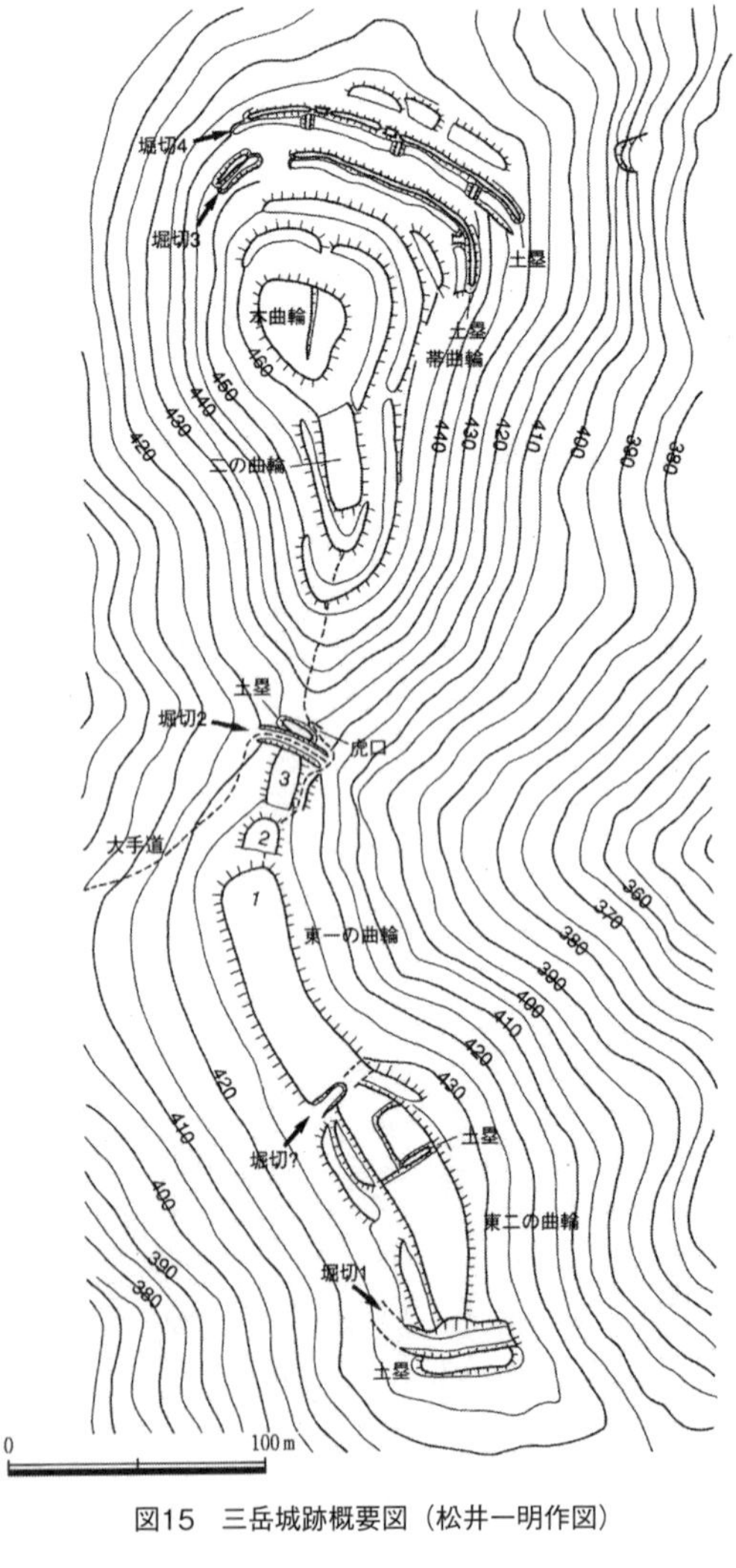

図15　三岳城跡概要図（松井一明作図）

写真８　犬居城竪堀

遺構から見た遠江・駿河の城の改修

三河同様、遠江についても「横堀」「馬出」を採用することで防御を固めた城が多数存在するが、ここでは駿府以西に限って改修が確実な城を見ておきたい。

三岳城は、三遠国境に位置し、黒松《くろまつ》峠越えで長篠、本坂峠越えで吉田、東へ向かうと二俣へと通ずる街道を眼下に見下ろす交通の要衝である。元亀年間（一五七〇〜七三）に、武田軍の侵攻に備え、徳川方の改修を受け、二重堀切で遮断線を設けた東曲輪が構えられた。だが、標高四六七メートルの山頂本曲輪の西下に配された土塁（一部石積）を持つ二重の横堀の存在が異質で、明らかに天正四年（一五七六）以降の改修と考えられる。

遠江山間部と平野部の結節点であり、浜名湖北岸を経由して三河、国府見付、掛川方面とを結ぶ水陸交通の要衝、二俣の地に築かれた二俣城は、武田・徳川氏によって争奪が繰り広げられた城である。天正四年、武田氏から奪還、大久保忠世を入れ、北遠支配の拠点とした。元亀三年の武田氏による改修の記録も残るが、土塁囲みの本丸と蔵屋敷、その間に配された横堀状の巨大な堀切、さらに南尾根筋に設けられた二条の堀切は、徳川氏奪還後の改修によるものと考えられる。

二俣から国府見付へ向かう街道及び天竜川の渡河地点を見下ろす城が社山《やしろやま》城（静岡県磐田市）で、本曲輪からは浜松城を含め天竜川以西がほぼ一望される。最高所の本曲輪の北から西側にかけては、横堀が廻り、東へと続く二の曲輪の間や尾根続きは全て堀切で遮断、重要地点は二重堀切となる。曲輪は広く、兵站基地としての利用が想定される。天正元年に、二俣攻めの陣として家康が砦を構えたとの記録があるのが最後だが、横堀や二重堀切の配置は、明らかに天正四年以降の改修である。

二俣から山間部の間道を経由して大井川上流へ抜ける街道を見下ろすのが犬居《いぬい》城（静岡県浜松市）で、従来天正年間初めに武田氏によって改修を受けたと考えられていた。だが、城域東端の大手口は、明らかに三日月堀を有する馬出であり、さらに本曲輪北側下に総延長一〇〇メートル以上に及ぶ横堀が配されている。規模こそ異なるものの、その構造は丸子城に共通する。天正四年の徳川氏による犬居城攻めに際し、城主の天野氏は城を放棄し、山中へと逃れた。これだけの防御構造を持つ城であるなら、何らかの形で城に籠り攻城戦に及ぶ可能性が高く、天野氏段階は現状の姿でなかったためとも捉えられる。従って、現在見られる姿は、天正四年

写真9　小長谷城三日月堀

以降の徳川氏による改修によって完成したとするのが妥当であろう。

三河との国境近く、別所《べっしょ》街道（信州往還）を見下ろす標高約三二〇メートルの山頂に築かれた城が、鶴《つる》ヶ城（静岡県浜松市）である。主郭は、背後の崖面を除き横堀で囲まれ、前面に馬出状の曲輪が付設する。斜面には何条かの竪堀を設け、防御を固める構造である。城に関する記録は皆無であるが、天正年間に徳川氏によって街道を押さえる目的で築かれた可能性は高い。

天正元年、武田勝頼によって築かれたと言われる諏訪原城は、同三年に家康の手によって奪取される。家康は、駿河からの武田軍の侵攻に備え城の大改修を実施。『家忠日記』に、天正六〜八年にかけて堀普請、市場普請、塀普請など記され、大改修があったことが判明する。従来、この普請は前面の方形区画とその前の丸馬出と考えられていたが、近年の発掘調査により、本曲輪以外の横堀と巨大な丸馬出こそがこの時の普請と判明した。これにより、前面の方形区画とその前の丸馬出の付設が、小牧・長久手合戦後の増強の可能性が高まってきた。

大井川の上流、遠江山間部から駿河へと続く間道の北側に位置するのが小長谷城《こながや》（静岡県榛原郡川根本町《かわねほんちょう》）である。南北二曲輪で構成され、南側主郭が旧状を良く留める。断崖《だんがい》となる南側を除く三方に空堀を配し、東側には複数の堀と土塁を設けることで防備を強固にしている。特に、重馬出は、内側丸馬出、外側角《かく》馬出とし、最前面の巨大な空堀は、南側をそのまま断崖へと落としている。この発達した重馬出の配置等から、小牧・長久手合戦前後の徳川氏による改修を推定したい。

諏訪原城が徳川氏の手に落ちた天正三年以降、武田氏の遠江・西駿河の防衛拠点となったのが田中城だ。同十年、徳川方の城となると、家康の鷹《たか》狩りや西上する際の宿舎として利用されている。本丸を中心に同心円状に三重の堀で囲まれ、都合六カ所の丸馬出を持つため、典型的な武田の城と言われてきた。諏訪原城の状況等から、武田氏段階の城は二の丸までで、天正十年以降に三の丸とその外側四カ所の丸馬出が付設された可能性が高い。

駿府の街へと入る西側の宇津ノ谷峠を越えた場所に築かれた丸子城は、静岡県内屈指の戦闘的な構造を持つ山城である。現在見られる遺構は、天正十三年の家康駿府築城に合わせ、西側峠越えを押さえる目的で大改修を受けたと推定される（詳しくは、前節　三　駿河守備の要・丸子城を参照）。

以上、遠江・西駿河国内における天正期の改修が推定される城は、駿府以西に九城を数え、いずれも交通の要衝もしくは主要街道を押さえる場所に位置している。城の構造から見ても、三河に築かれた城と同様に軍事的色彩が強く、明らかに戦闘に備えた目的が看取される。

三河・遠江・西駿河の城々改修と目的

小牧・長久手合戦の終結及び、重臣・石川数正の出奔を契機に、家康は岡崎城の修築を開始する。また、居城を浜松から駿府へと移転することになる。

駿府移転の目的は、前述したように対秀吉戦略の一環と理解される。豊臣領国より、より奥まった位置への移動による安全確保と、有事に備えた北条氏との連係強化を目的としたのである。前述した、三河九城と遠江・西駿河九城は、天正四年（一五七六）以降の改修が確実で、その位置関係から極めて戦略的な目的を持って改修されたことが想定される。

いずれの城も、街道を押さえることを最優先とし、さらに兵站基地や陣地としての利用を目的とした改修だ。従って、天正十三〜十五年にかけて対豊臣軍を想定したと考えられる。天正十三年の岡崎城の改修については記録が残らないため、改修場所や規模の特定は出来ないが、西側最前線の坂谷《さかだに》曲輪の前に築かれた丸馬出、東海道に向かって設けられた東曲輪北側の丸馬出こそが、この時期の改修ではないだろうか。

岡崎城は、対豊臣を想定した場合最前線基地となるため、軍備増強を図り、岡崎城が囲まれた場合の後詰基地として、東部城と西尾城の拡張が図られたとするのが妥当であろう。家康は、

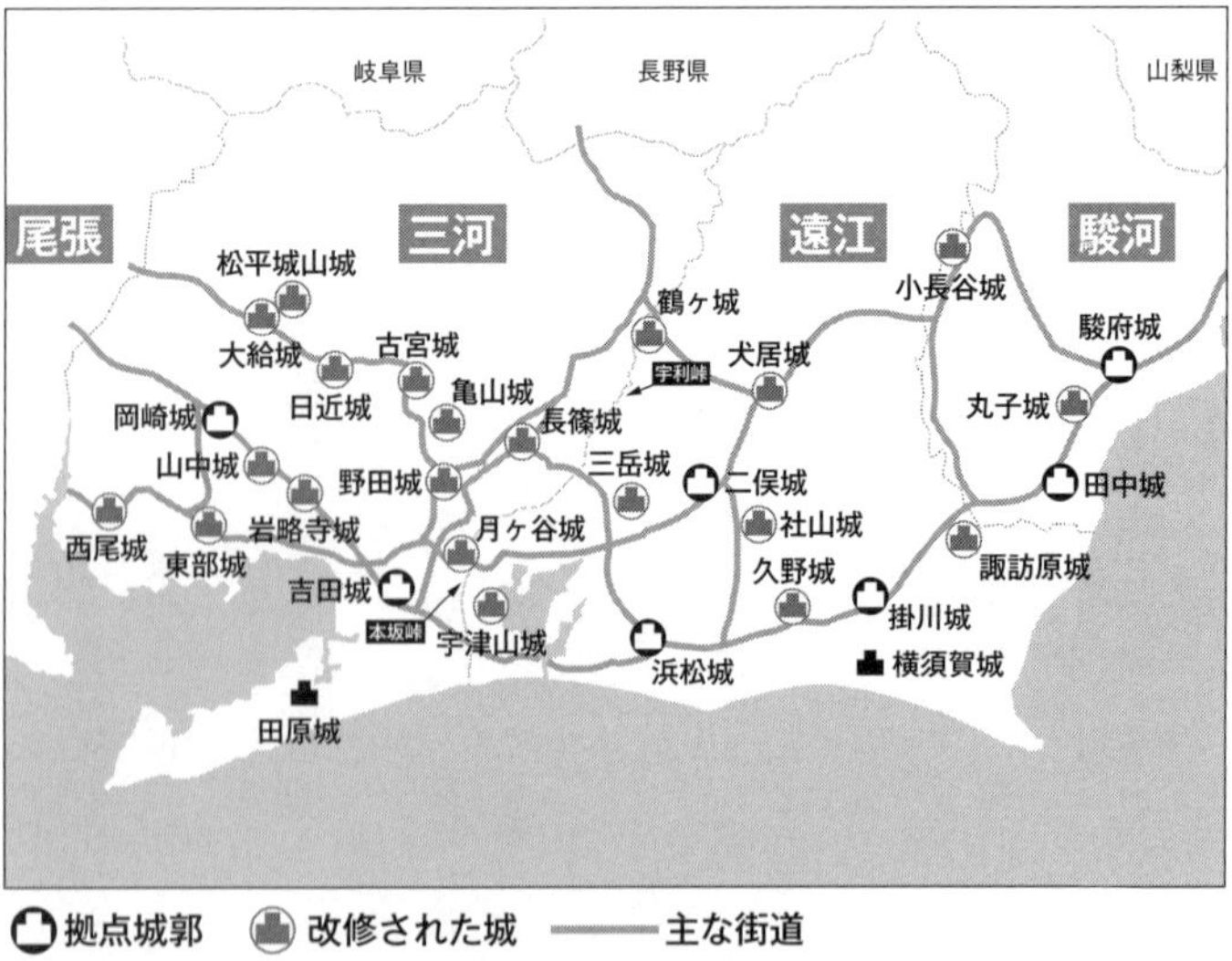

図16　対豊臣軍に備えた駿府防衛のための城郭群

天正13～15年（1585～87）の間に、東海道筋の城郭を中心に新築・改修・増強を施し、さらに東へと向かう間道（＝抜け道）沿いの城郭までも改修して、豊臣軍の侵攻に備えた。

西三河の拠点として岡崎城を、東三河の拠点として吉田城を充てることとしたのである。そこで、岡崎城から吉田城へ続く東海道を押さえる目的で、山中城と岩略寺城を整備。尾張から新城街道を抜けることも想定し、最前線に大給城と松平城山城の二城で対処することとし、新城へと抜ける街道沿いに日近城を置き、山越え後に古宮城と亀山城の二城を配すなど、堅い防御網を敷いたことになる。

さらに、信州街道との接点に野田城を配し、後詰基地として長篠城を整備、常に二城での攻撃と防御を前提として改修したことが看取される。最後方に、三河から遠江へ抜ける本坂峠を押さえるために月ヶ谷城を整備している。三河国内に侵攻した場合、これらの城々を一個撃破するか、仮に包囲網を敷いて前進したとしても、次の城が待ち構えることになる。いずれのルートを使用しても、かなりの日数を要することになり、遠江侵入すら容易でないことが判明する。

遠江における拠点は、浜松城、掛川城、田中城の三城が想定される。黒松峠、本坂峠越えに対し、三岳城を配し、浜名湖に面した宇津山城も機能しており、両城で峠からの侵入に備えていた。東海道に対しては、浜松城が控えている。浜名湖北岸ルート上には、要衝・二俣城が位置し、これを補うための社山城が配された。三河山間部からのルートは鶴ヶ城が守りを固め、犬居城、小長谷城も山間ルートを押さえており、山越えでの駿府侵入は容易な状況ではない。東海道には、浜松城、久野城（本丸北側の横堀は、この時期の改修の可能性が高い）、掛川城が待ち構え、さらに横須賀城等の周辺諸城に後詰軍が控えていた。大井川の渡河地点には、諏訪原城が待ち構え、駿府に至る最終峠の宇津ノ谷峠越えの前面に田中城が配された。両城は、何重もの巨大な堀と、丸馬出で固められた強固な防備を誇っていた。駿府防備の最後の砦が丸子城である。馬出と竪堀、横堀を巧みに配置し、まさに巨大戦艦とでも形容するのが相応しい攻撃的な城である。宇津ノ谷峠を越え、一気に駿府へなだれ込もうとする敵軍を殲滅《せんめつ》するための城であった。

このように、遠江・西駿河に配された九城は、周辺の拠点城郭と共闘することで、駿府へと進む敵軍勢に多大な損害を与えると共に、進軍速度を著しく遅らせる目的を持っていたのである。

天正壬午《じんご》の乱を経て、五カ国を領有した後、家康と小田原北条氏との関係は強化された。次女の督姫を北条家当主の氏直に娶《めあ》わせると、北条氏の重臣二十人から誓書が届けられてもいる。家康の駿府移転は、北条氏との連携による対豊臣への対抗策の一つで、街道筋の城郭改修の目的も、北条氏と共に豊臣軍にあたるための方策だったのである。豊臣軍が、駿府に到達した時、すでに北条軍の布陣も終わり、豊臣軍は徳川本隊と北条連合軍と戦うことになるというのが、家康の作戦であった。

第三章　天下普請の城

一　彦根城の築城

天下普請の開始

慶長五年（一六〇〇）関ヶ原合戦が勃発《ぼっぱつ》し、徳川家康が勝利した。これで、家康が天下人となったわけではない。豊臣政権における最高権力者としての地位を確実なものとしたに過ぎない。また、勝利した原動力は豊臣恩顧の大名の力であり、論功行賞では彼らに巨大な領地を与えるしかなかった。唯一、領地を遠国にするのが精一杯であった。

事実、新領を得た豊臣恩顧の諸大名は、各地で軍事的に発達した大規模な城を築くだけでなく、国境に守備を固める支城網を構築するのであった。関ヶ原合戦によって、平和が訪れたわけではなく、むしろ戦国時代最大の軍事的緊張関係を生み出してしまったのである。誰もが、次なる戦いを想定し、怠りない備えをすることになる。例えば、毛利氏に替わって広島城（広島県広島市）に入った福島正則は、北から西側に外郭を構えた。そして、十六基の二重櫓《やぐら》、六基の平櫓を外郭ラインに沿って新築した。彼らは、次に豊臣対徳川の最後の戦いが始まることを想定していたのである。

家康も、大坂城西の丸に入るなど、豊臣氏の政治的影響力を削《そ》ぐために様々な活動を行った。だが、万が一西国の豊臣恩顧の諸大名が豊臣秀頼を旗印に挙兵に至ることも、想定しておく必要があった。そこで、近江に城を築き、西方防御の壁にしようとしたのである。取り急ぎ、京都・大坂に対する防御施設構築が最優先課題であった。

まず関ヶ原合戦で戦禍を受けた大津城の再建を考えたが、側近の本多正信は瀬田《せた》城跡、窪江《くぼえ》城跡、膳所《ぜぜ》の大明神社地（いずれも滋賀県大津市）の三カ所のいずれかが良いと進言する。家康は熟考のうえ、最終的に膳所の地に築城することを決定した。膳所城（滋賀県大津市）築城工事は、関ヶ原合戦後最初の築城で、家康は八人の奉行を付け、縄張りは築城の名手と言われた藤堂高虎に命じた。東海道が通る「瀬田の唐橋」を押さえるのが、膳所城最大の役割であった。膳所城は、諸大名に築城工事を割り当てる天下普請で、これが家康最初の天下普請となったのである。

なお、慶長～寛永期に、家康もしくは江戸幕府が諸大名を動員した城普請は、近世初期の一次史料では「公儀普請」と表記される。本書では、こうした公儀普請、手伝い普請、割普請を、俗称で解りやすい「天下普請」として表記することとする。

彦根築城

東山道《とうさんどう》と北国《ほっこく》街道が交わる彦根の地は、陸路だけでなく湖上交通の要衝であった。上洛《じょうらく》を果たした織田信長は、この地に佐和山城を築き、城代として丹羽長秀《にわながひで》を配する。岐阜と都の往来途上の宿所とし、ここから坂本《さかもと》までは、船を利用することが多かった。元亀四年（一五七三）には、長さ三〇間、幅七間、櫓《ろ》一〇〇挺《ちょう》の軍船《いくさぶね》が完成、上洛日数が大幅に短縮する。豊臣政権下でも重要視され、堀秀政《ほりひでまさ》、堀尾吉晴《ほりおよしはる》、石田三成と重臣の居城となった。三成は、その居城として天守・石垣を持つ近世城郭を完成させている。しかし、関ヶ原合戦後井伊家により徹底的に破却され、全ての石材・用材は、彦根城（滋賀県彦根市）に転用されてしまった。

慶長六年（一六〇二）、家康の信頼が厚い徳川四天王の一人井伊直政が十八万石をもって入封。急峻《きゆうしゆん》な地形の佐和山城を廃し、磯山《いそやま》の地に新規築城を計画したが病没してしまう。新城は、西国の押さえとともに、都の守備、万が一の際には、江戸へ向かう豊臣恩顧の軍勢の最前線となることも想定された。併せて、東海道、美濃街道、東山道、北陸道を使用して西上する徳川軍の主力部隊を掩護《えんご》する目的もあった。

直政の死後、跡を継いだ直継《なおつぐ》が幼少であったため、鈴木《すずき》石見《いわみ》（重好《しげよし》）・木俣《きまた》土佐《とさ》（守勝《もりかつ》）・西郷伊予《いよ》（正員《まさかず》）の三家老が幼君を補佐していた。木俣土佐・西郷伊予の両名は、家康の指示によって直政附となった附《つけ》家老で、特に木俣土佐への信頼が厚かったという。新城の地選にあたっては、三家老を中心に諸臣が合議し、改めて候補地を厳選することになる。最終的には、家老木俣土佐が家康に謁見、佐和山・磯山・彦根山の絵図を示し、彦根山の優勢な地形を説明したという。これを家康が許諾し、新城の地が決定。幕府にとっても戦略的に重要な拠点となるため、家康は七カ国十二大名に天下普請を命じ、幕府からも三人の公儀奉行が派遣された。

慶長九年築城に着手、デルタ地帯のため難工事となったが、同十一年主要部はほぼ完成を見た。都の鎮護と、西国への押さえとなる拠点だけに完成は急がれ、石垣の石材や門、櫓等は、佐和山、大津、長浜《ながはま》、安土城などの旧材を徹底的にリサイクルして築かれた。天守も、大津城の五重四階の天守を移築し、三重三階に改修したという。新規築城に際し、廃城となった周辺

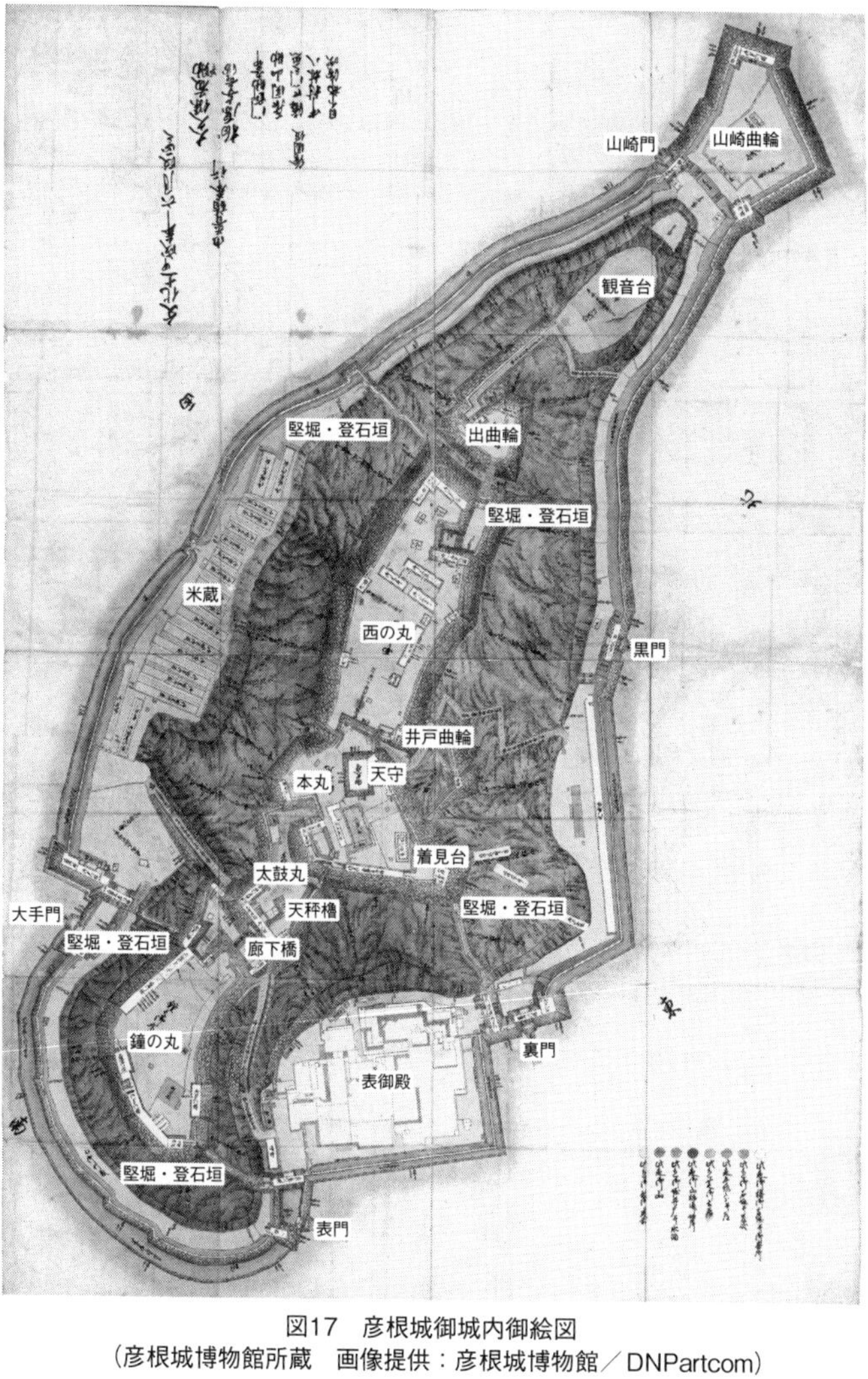

図17　彦根城御城内御絵図
（彦根城博物館所蔵　画像提供：彦根城博物館／DNPartcom）

諸城や寺院の部材を再利用することは、多くの城で行われているが、彦根城の場合は、短期間で城を完成させなくてはならなかったからに他ならない。一日でも早く、徳川方の軍事拠点を構築しなければならなかったのである。石垣石材の再利用も、山から切り出す時間と手間を省くための処置であった。

慶長九年七月十五日、徳川秀忠が築城見舞いの使者を派遣、翌十年九月二十日には、家康自身が築城の様子を見分している。この城の完成が、徳川家にとっていかに大事であったかを物語る二人の動きである。城の完成を伝える資料は残されていないが、天守の解体修理の際に確認された墨書を残す建築材から、慶長十一年の完成が確実である。主要部はほぼこの時期に体裁が整ったとみていいのではないだろうか。従って、西国大名の押さえとしての城の一応の完成は、慶長十二年頃と考えられる。

彦根城の構造

慶長九年（一六〇四）に着手した幕府主導の天下普請であった第一期工事は、同十二年頃一応の完成を見たようである。彦根山の南を流れる善利《せり》川（芹川）を付け替え、点在する湖沼群を干拓、集落を移転させ城地を確保したのである。元和元年（一六一五）、直政の次子直孝《なおたか》が二万石加増され城主となり、同二年から八年まで、第二期工事となる増築と城下拡張が実施された。この後、さらに城下整備が行われ、全てが完成したのは寛永十九年（一六四二）のことになる。大坂夏の陣によって、豊臣家が滅亡した後の工事は、すべて井伊家の単独工事であった。これは、徳川譜代大名最高の三〇万石の石高、幕府領からの預かり米五万石も合わせ三五万石の格式として相応《ふさわ》しい城にするための追加工事だったのである。

慶長第一期工事で完成した彦根城は、江戸へ向かう豊臣恩顧の軍勢の最前線であった。そのため、極めて強固な軍事要塞《ようさい》となっていた。彦根山は、松原内湖《まつばらないこ》と善利川デルタが形成した低湿地内に位置する丘陵である。

彦根山の中枢部（第一郭）の山麓《さんろく》には、松原内湖と接続する内堀が廻《めぐ》り、さらにその周囲に第二郭を設け、その周りにも広大な規模の堀（現中堀）を廻らせていた。第二郭には船町口、京橋口、佐和口の三カ所の虎口《こぐち》が存在するが、いずれも総石垣造りの厳重な枡形《ますがた》虎口で、前面には木橋が架けられていた。門の左右には長大な多門櫓を構え、侵入する敵方へ一斉射撃が可能であった。この多門櫓の内側は、いずれも雁木《がんぎ》となっており、どこからでも多門櫓内部へ入ることが出来る構造としている。塁線は出入りが激しく、横矢掛かりとし、死角をなくすと共に、多方面からの側面攻撃が可能であった。

第一郭は、標高一三六メートルの山頂中央部に本丸（東西約一二〇×南北約八〇メートル）を置き、北に西の丸と出曲輪・観音台、山崎曲輪、南に太鼓丸と鐘の丸がほぼ一列に配されていた。本丸北西隅に天守・付櫓、東北隅に二重櫓が置かれた。天守は、三重三階の装飾性に富んだ外観で、入母屋《いりもや》破風《はふ》、切妻《きりづま》破風、軒唐《のきから》破風を採用、一重目が下見板張りの突上戸《つきあげど》なのに対し、二重目、三重目は白漆喰《しっくい》の大壁に華頭《かとう》窓となっている。最上階には廻縁《まわりえん》と高欄が付設されているが、あくまで装飾であって、外周を廻《まわ》ることは出来ない。

写真10　彦根城鐘の丸と太鼓丸の間の堀切と廊下橋

　解体修理等から旧大津城の天守部材を使用したことが確実な状況である。京極《きょうごく》高次《たかつぐ》が城主であった大津城天守は、関ヶ原合戦の前哨《ぜんしょう》戦である大津城攻防戦においても落城しなかった。そのため、家康が「目出たい天守」として移築を命じ、大工棟梁《とうりょう》浜野喜兵衛に見栄え良く仕立て直させたと伝わる。彦根築城を、家康がいかに重要視していたかが解る逸話であろう。

　鐘の丸と太鼓丸の間、西の丸と出曲輪との間には巨大な堀切が配され、中枢部への侵入を阻んでいた。鐘の丸側は、堀切の左右を通路として使用し、堀底から鐘の丸へ上がって、廊下橋を渡り天秤《てんびん》櫓をくぐって太鼓丸へ至るという、ループ式の複雑な通路を形成している。ここに侵入した敵方は、両サイド頭上から挟撃され、高石垣に阻まれ、右往左往することになる。中枢部へ向かうためには、鐘の丸の虎口を突破するしか方法はないが、ここもまた枡形虎口となり、左右から挟撃されてしまう。仮に鐘の丸へと至ったとしても、天秤櫓に架かる木橋を切り落とせば、前進は不可能であった。西の丸側の堀切は、両側に竪堀を構え、斜面移動を規制している。こちらも西の丸と出曲輪から挟撃を受けてしまう。鐘の丸側と同様で、木橋を切り落とせば、周囲は一〇メートルの高石垣で、取り付くことは困難であった。鐘の丸と出曲輪は、主要部の前面に突出して構えられた馬出《うまだし》そのものである。井伊家には、武田遺臣も多く、武田氏の築城術を取り込んだ施設とも考えられないわけではない。

当初は、本丸「御広間」が城主の居所兼藩政の中心であった。これは、有事への対応で、関ヶ原合戦後の軍事的緊張関係を表す事象であろう。御広間には、台所や長局《ながつぼね》が付設しており、主だった家臣や侍女たちもここに詰めていたと思われる。豊臣家滅亡後の、元和年間（一六一五〜二四）には、すでに本丸東山麓に表御殿が造営され、機能が移転する。有事への対応から脱却したのである。

第一郭への虎口は、大手口、表門口、山崎口、裏門口、黒門口と都合五カ所が設けられていたが、いずれも木橋を設け、有事に際し切り落としを可能としていた。主要虎口の大手口と表門口は、厳重な枡形虎口であったが、他の三カ所は平入《ひらいり》である。そのため、埋門《うずみもん》形式とし、櫓門を構え防備強化が図られた。

山上の曲輪《くるわ》群と、山麓の内曲輪の間に設けられた、腰曲輪も注目される遺構である。内曲輪から山上に向かう敵に対応する施設として理解される。中でも、前面を城内一の高さ一九・四メートルを誇る高石垣で守られた井戸曲輪は、有事に際し黒門側から侵入する敵への備えであった。下から見上げると、井戸曲輪の高石垣、さらにその奥に一〇メートルを超える本丸の石垣がそそりたち圧巻だ。ここを突破するのは、非常に難しいと感じてしまう。

彦根山の山麓に注目したい。彦根山の山麓はいずれも岩盤が露頭している。これは山裾《やますそ》の全周をほぼ垂直に削りだした「切岸《きりぎし》」なのである。切岸とは、山の斜面を人工的に削って断崖《だんがい》状にしたもので、斜面からの敵の侵入を防ぐために山城などで用いられた施設になる。「御城内御絵図」（文化《ぶんか》十一年［一八一四］製作）では、茶色く着色され、「山切岸高サ□間」との記載が見られる。低い所で二間、高い所で九間、平均すれば四～五間程である。近世城郭で切岸を多用するのも珍しく、まさに軍事的側面を前面に押し出した城と言えよう。幕命で築かれた重要拠点となる城だけに、山上・山麓・城下の様々な箇所に工夫が凝らされていたことがよく解る。水陸両交通の要衝を押さえる強固な防御構造を持つ城で、徳川家にとっては極めて重要な地区を守備する城だったのである。

二　大坂入城から二条城築城

家康の大坂入城

豊臣秀吉の死後、秀頼の後見人として勢力を拡大した家康は、慶長四年（一五九九）九月九日、豊臣秀頼に重陽《ちょうよう》の節句のお祝いをするため、伏見から大坂城へと入城した。この時、西の丸は、秀吉の正妻北政所の居所であった。家康が大坂城に入城すると、北政所は西の丸を明け渡して、京都三本木《さんぼんぎ》の邸に隠遁《いんとん》したのである。

家康は、節句が終わっても伏見に帰ることなく、西の丸に居座った。慶長五年二月から三月にかけて、西の丸に新たな天守の造営工事を開始、大坂城に二つの天守が立ち並ぶことになった。この天守の詳しい形状は、はっきりしないが、「大坂夏の陣図屏風《びょうぶ》」に描かれている四重天守がこれにあたるとされる。家康は、大坂城内に新たな天守を築き上げることで、豊臣政権内で最高権力を保持し、豊臣秀頼と同様の力を持つことを諸大名に知らしめようとしたのではないだろうか。

関ヶ原合戦に勝利した同年十二月十九日、文禄四年（一五九五）に豊臣秀次《ひでつぐ》が解任されて以来空いたままになっていた関白に、九条兼孝《くじょうかねたか》が家康の奏上により任じられた。だからといって、秀頼が関白になれなくなったというわけではない。豊臣氏による関白職世襲が終わり、旧来の五摂家に関白職が戻っただけで、秀頼も関白候補の一人の中に名を連ねていることに変わりはなかった。

翌慶長六年も、家康は引き続き大坂城西の丸を居所としていた。二月に、譜代の加増・転封を実施すると、再び伏見城へと入城した。十月になると、やっと江戸城へと戻ることになるが、十二月には関西の諸大名に二条城築城を命じている。この時点で、関ヶ原の前哨戦で被害を受けた伏見城の再建にもとりかかっている。また、京都の宿所として内野《うちの》に邸も設けていた。このように都の城と宿所があるにもかかわらず、あえて新城の構築命令を出したのは、おおきな目的があったからに他ならない。

城は、上京《かみぎょう》と下京《しもぎょう》の境、堀川《ほりかわ》通に面した場所が選ばれた。かつての豊臣政権の象徴「聚楽《じゅらく》第《だい》」（京都府京都市）の南側にあたる。造営奉行は、京都所司代板倉勝重《いたくらかつしげ》、担当大工は中井正清等三名であった。豊臣家から徳川家へと天下の支配者が継承されたことを示す城であり、都に拠点城郭を築き上げることで、朝廷はもとより諸大名に徳川家の権勢を見せ付ける行為も必要だったのであろう。当然、豊臣家の「政《まつりごと》の城」聚楽第を凌駕《りょうが》する豪華絢爛《けんらん》さも求められたことは想像に難くない。この時点で、家康はすでに将軍宣下《せんげ》の内勅を受けていた。改修が終了し、徳川氏の都の拠点となっていた伏見城で、征夷《せいい》大将軍参賀の礼を執り行っても、まったく問題はなかったはずだ。

将軍宣下と二条城

慶長八年（一六〇三）、伏見城で征夷大将軍補佐の宣旨《せんじ》を受けた家康は、竣工《しゅんこう》したばかりの二条城に入城した。将軍拝賀の礼は、足利《あしかが》幕府以来の古式にのっとり執り行われることになった。家康は、衣冠束帯《いかんそくたい》姿で二条城から牛車《ぎっしゃ》に乗り参内、将軍拝賀の礼を行ったのである。さらに、二条城で朝廷からの勅使を迎え、将軍宣下の賀儀が済むと、親王、公家《くげ》衆、諸門跡《もんぜき》が表敬訪問、祝いを表している。この後、家康主催の宴《うたげ》が三日間にわたって、二条城で催されることになる。招待されたのは、公家衆や有力諸大名で、能楽会も開催されている。ここに二条城は、将軍家の都での儀式典礼の舞台となり、名実共に幕府の「政の城」となったのである。

二年後、将軍職を辞した家康は、息子秀忠へと世襲を実施する。秀忠は、将軍家の権威と威勢を天下に示すかのように一〇万余の大軍を率いて上洛、武家の棟梁らしく鉄砲や弓・槍《やり》隊などを備えた行列であった。秀忠は、家康の例に倣い伏見城で将軍宣下を受け、二条城から将軍拝賀の礼に赴くことになる。その後、朝廷からの勅使を迎え、将軍宣下の賀儀が済むと、再び饗応《きょうおう》の舞台となっている。二条城は、親子二代にわたる将軍職世襲の城となり、京洛を統べる徳川の「政の城」としての地位を不動にしたのだ。

徳川政権は、伏見城に都における「武家の棟梁」の居城としての機能を持たせていた。二条城は、朝廷との儀式典礼の場として、御所にほど近い場所を選び築かれた城であった。前政権の豊臣政権に倣い「聚楽第」と同じ機能を持つ施設として築城を命じたのである。後に徳川幕府は江戸幕府と呼ばれることになるが、当初期というより家康が将軍職であった二年間は、むしろ伏見幕府と呼んだほうがふさわしい程であった。

慶長期二条城の姿

家康の築いた二条城は、後水尾《ごみずのお》天皇の行幸を迎えるために、寛永元年（一六二四）から大改修が実施されたため、その姿かたちが大きく変わってしまった。平成二十一年（二〇〇九）、現在の二条城内で発掘調査が実施された。この調査で、慶長段階に家康によって築造された初期二条城（慶長期二条城）の石垣の一部が検出されたのである。

図18 「洛中洛外図屏風」二条城　左隻（堺市博物館蔵）

家康の二条城は、現在の東半分（二の丸付近）にあったとされていた。しかし、寛永期二条城の真下に埋没しているため、その実態はほとんど解っていなかった。今回の調査で石垣が検出されたことにより、家康の二条城が現在の城の東半分にあったことがほぼ確実となった。家康が築いた二条城の姿かたちは、「洛中洛外図屏風」（堺市博物館蔵）に描かれている。この屏風には、徳川方の象徴である二条城、豊臣方の象徴である大仏殿が描かれているだけでなく、同時期の洛中洛外図ではあまり見られない、伏見城までもが描かれた、特異な作品である。

この屏風によれば、城は方形の単郭という極めて単純な構造で、周囲を石垣と水堀が取り囲む姿である。大手門は、巨大な薬医門か四脚門のようではあるが、入母屋屋根でかなり変則的だ。東側堀川に面しているのは、御所との位置関係によるもので、そのため櫓門ではない、変則的な門になったと思われる。天守は北西隅に独立して建ち、一際目立つ端正な真壁造の望楼型五重天守として描かれている。最上階下の板葺屋根が極めて特徴的だ。

発掘調査で確認された石垣の石材は、天正後半から文禄期に見られるような粗割《あらわり》石と自然石が多く用いられていた。慶長段階では、石材の加工技術も進歩していたため、破却された聚楽第の旧材の再利用によって工期短縮が図られたのではないだろうか。天守も新築ではなく、大和郡山城《やまとこおりやま》（奈良県大和郡山市）から移設し再利用されている。

家康は、一日でも早く城を完成させるためにリサイクルした可能性が高い。あるいは意図的に豊臣政権のシンボルであった聚楽第と大和郡山城の部材を用いて、政権継承を訴えようとしたのかもしれない。

屏風には、御殿も描かれている。曲輪内部をさらに築地塀《ついじべい》で方形に囲い込み、東に通用門（台所門か）、南に御殿の正門となる唐門が見られる。御殿は、遠侍《とおさぶらい》、表御殿、奥向御殿、大台所が連続し、別棟として一棟の建物が東寄りに見える。庭園は西側に配されているため、西に奥向御殿があったと考えられている。屋根は、一棟のみ瓦葺《かわらぶ》きで、他は檜皮葺《ひわだ》きであった。秀吉・家康との関係、当時の社会の動きを記録した醍醐寺座主義演《だいごじざすぎえん》の日記『義演准后日記《じゅごうにっき》』には、表から順に広間（南殿）・書院（前殿）・奥御座間（奥ノ間、常御所《つねのごしょ》）などの建物があったとされ、現在の二の丸御殿とほぼ同様であったことが判明する。

この御殿の配置は、室町《むろまち》将軍邸（花の御所）をモデルにした書院造りであった。将軍宣下の儀式等は広間で、対面は書院で、家康との対面や歓談が奥御座間でとり行われていたことも解っている。文献・絵図は細部の違いはあるものの、大きくはずれていない。従って、「洛中洛外図屏風」は、かなり正確な描写として問題はないのである。

屏風に描かれた天守は、白漆喰で塗籠《ぬりこ》められてはいるが、柱を見せる真壁《しんかべ》造りで、屋根は瓦葺き、軒瓦に金箔《きんぱく》は見られない。二、三、四重目屋根に入母屋破風があることから、本来は巨大な二重櫓の上に、三階建ての望楼部を載せた姿であったと想定される。最上階の下に裳階状の板葺屋根を設けているため、六重にも見えるが、本来は廻り縁と高欄とのセット関係の意匠であろう。天守は、西北隅に位置しているが、ここが城内で最も御所に近い位置になるため、内裏を意識した配置と考えざるを得ない。外郭ラインは、白亜の多門櫓が囲い込み構えを厳重とし、内側は格式の高い築地塀であった。秀吉の聚楽第と比較し、豪華さでは劣るものの、質実剛健な武家政権の象徴として完成を見た。人々は、秀吉に替わる天下人が誕生したことを実感したと思われる。

三　徳川幕府の伏見城

伏見城の改修

慶長五年（一六〇〇）八月一日、関ヶ原合戦の前哨戦で西軍に攻められた伏見城は、守将の鳥居元忠・松平家忠等が戦死し、落城した。徳川の公儀の城であると共に、都の拠点としての機能を果たす城であったため、直ちに再建工事が命じられることになった。翌六年三月二十三日に家康が、大坂城より伏見城へと移っていることから、わずか七カ月で城が復旧したことが解る。このことから、家康が築いた伏見城（第四期伏見城）は、秀吉の築いた伏見城の構造をそのまま踏襲し、前哨戦で失った建物を復旧し使用したと考えられる。

これ以降、上京した家康は必ず伏見城へと入城することになり、ここを拠点に京都や大坂へ出かけることになる。慶長八年、諸大名の正月参賀は伏見城で行われている。同年の、征夷大将軍の宣旨を受けたのも伏見城だ。また、孫娘千姫《せんひめ》の輿入《こしい》れは、伏見城からである。家康は、二年間の将軍在任期間の大部分を伏見で過ごし、ここから諸将に様々な命令を発している。前述のように、やはり初期徳川政権は「伏見幕府」だったと言わざるを得ない。

現在残る徳川伏見城跡は、明治天皇の桃山《ももやま》陵を中心とする桃山御陵地となっているため、立ち入ることが禁止されてきた。近年、宮内庁の許可を得た研究者による立ち入りが認められ、遺構の現状が調査されている。これによって、加藤次郎《かとうじろう》氏が現地踏査して製作したとされる「木幡山《こはたやま》伏見城縄張図」（加藤次郎　一九五三『伏見桃山の文化史』）が、概《おおむ》ね正確であったことが確認されている。

従って、城は木幡山上の本丸を中心に西側に西の丸、東側に名護屋丸・松の丸、その周囲に下曲輪や帯曲輪、山里などの諸曲輪を配した姿だったことになる。基本的には、豊臣伏見城を踏襲したようだが、発掘調査により徳川期と推定される石垣も確認されているので、石垣の増改築があったことは確実だ。

郭の名称については、慶長十年九月十五日付「伏見御城番所之覚」（『譜牒余録《ふちようよろく》』）に記録されている。そこには、御本丸・松丸・西丸・村越茂助曲輪・名護屋丸・御本丸下曲輪・戸田又兵衛曲輪・小笠原次右衛門曲輪などの諸郭の名称が見える。ここに名前が出てくる三人は、今でいうなら官僚にあたる。「浅野文庫諸国古城之図」（広島市立中央図書館蔵）に、北側の御花畑山荘や長束大蔵郭が描かれていないのは、この時期の伏見城では内郭北部が放棄されていたためと言われたりもしている。

家康の伏見城のおおまかな姿については、江戸時代初期の「洛中洛外図屏風」に描かれている。数種の屏風が知られているが、いずれも天守を中心に、内郭部を西方向から望んだ姿になっている。堺市博物館、出光《いでみつ》美術館所蔵の屏風では、松の丸の西側の城門とそれに架かる木橋が大きく描かれている。天守・隅櫓《すみやぐら》・土塀などは瓦葺きだが、御殿建築は檜皮葺きである。

天守脇に二階建ての御殿が描かれ異彩をはなっている。

天守の姿

天守の位置に注目してほしい。明らかに、豊臣期と違った場所にあったことが解る。豊臣期は本丸の北西隅に位置していた。大坂城や聚楽第も同様に、本丸の角地を選んで建てられている。ところが、徳川伏見城の天守は角地や塁線上から離れ、本丸内に単独で建っているのだ。関ヶ原の前哨戦で失われた建物のみを改修し、構造そのものは踏襲しているにもかかわらず、天守のみは移動させている。これは、シンボルとなる天守を移動することで、豊臣の城ではなく、徳川の城へと変わったことを訴えようとした行為と理解される。この時期に、天守こそが城を代表するシンボルとなっていたことを示す事例である。

中井家文書『二条御城御造立之事』には「（前略）……御天守之儀大和大納言殿和州郡山之城ニ七重之天守在之、是を伏見之御天守へ被為引、其以後五重ニ被仰付二条御城へ被為引候由承伝候、留書ニハ無御座候……（後略）」とあり、豊臣秀長の居城大和郡山城の天守を伏見城へ移したと伝えられている。この天守は、入母屋造りの建物の上に、物見のための望楼を載せた望楼型天守で寛永三年（一六二六）までに二条城に移されている。寛永度二条城天守は、一〇間×九間（一間は、通常より一尺長い［七尺（約二・一メートル）］を使用）、土台下からの高さ一二間（約二五メートル）だが、一階から同じ形の建物を規則的に小さくしながら積み上げた層塔型の天守なので、移築にあたって部材は再利用したものの、外観意匠や構造は、大きく変

図19 「洛中洛外図屏風」伏見城　右隻（堺市博物館蔵）

えたとするのが妥当であろう。

それでは、伏見城の天守はどのような姿をしていたのだろうか。「洛中洛外図屏風」（堺市博物館）を見ておきたい。

洛中洛外全体を描いた屏風なので、どこまで正確かははっきりしない。外観は五重で、二階櫓の上に一階建ての櫓を、向きを逆にして載せている。さらにその上に二重の望楼を、また向きを逆にして載せる姿だ。破風は入母屋破風のみで、その他の破風は見られない。極めて古風な望楼型天守であるため、記録通り大和郡山城からの移築の可能性が高いと思われる。最上階に朱漆塗りの廻縁が採用され、外壁は白漆喰で塗籠められているが、柱を木部の状態で見せる真壁造りとなっている。格式をあげる効果をねらったのであろう。六カ所に見られる入母屋破風の妻壁はいずれも縦横の桟を細かく正方形に組んだ「木連格子《きつれごうし》（狐格子）」が採用されている。これも格式を重んじたためと理解されよう。

その他の建物を見ると、土塀や築地塀、隅櫓や城門が描かれているが、統一性は見られず、寄せ集めのような感じを受ける。橋を渡った前面の土塀は、巨大化した華頭窓のような板材に覆われ、金箔のような物が塗られている。正面性を意識したデザインだったと考えられよう。前哨戦で焼失した建物のみ建て直したため、豊臣伏見城と徳川伏見城の建物が混在したとするのが妥当ではないだろうか。そこまでして家康は伏見城に入ることを優先したのだ。伏見城が、「政権の城」として広く認知されていたため、正当に豊臣政権を引き継いだことを内外にアピールすることを狙った結果として捉《とら》えられる。

四　名古屋築城

尾張の拠点・清須城

名古屋の地には、戦国期に「那古野城《なごや》」（現在の二の丸周辺域）と呼ばれる城があった。駿河今川氏の一族の、尾張今川氏が城を構えていたという。天文七年（一五三八）、織田信秀《のぶひで》が計略により、時の城主今川氏豊《うじとよ》から城を奪い、嫡男である信長を入れている。信長は、この地に十七年ほど在城することになるが、弘治《こうじ》元年（一五五五）に、一族の織田信友《のぶとも》を滅ぼすと、当時の尾張の中心であった清須《きよす》城（愛知県清須市）に移った。信長の後には、叔父《おじ》信光《のぶみつ》、家臣の林秀貞《はやしひでさだ》が入ったが、秀貞が追放されると、城も廃城となった。

清須に入った信長は、小牧山《こまきやま》城（愛知県小牧市）へ居城を移すことになるが、清須城は尾張の中心として、その後も存続することになる。天正十年（一五八二）の本能寺の変後には、次男信雄が入り、尾張一国と北伊勢五郡支配の拠点とした。天正十八年、小田原合戦後に、信雄が転封を辞退すると改易され、秀吉の甥《おい》秀次の居城となった。秀次が、高野山《こうやさん》で切腹した後は、福島正則が二四万石で城主となっている。

関ヶ原合戦の論功行賞で、福島正則は安芸《あき》広島城へ移り、替わって家康の四男松平忠吉が五二万石で入封、変わらず繁栄を極めた。ところが、慶長十二年（一六〇七）忠吉が病没、嗣子がなかったため、弟の五郎太《ごろうた》（義直《よしなお》）が継いだ。家康は、尾張を江戸防備の要《かなめ》と考えていたようで、譜代にも任せるわけにはいかないとの判断からである。だがわずか八歳の子どもを尾張にそのまま送り込むわけにもいかず、二年間は家康の手元駿府で養育している。この間は、附家老平岩親吉が国政を取り仕切っている。

慶長十四年尾張六十二万石を領することになった義直が、家康と共に入城を果たした。家康は、対豊臣に備えて尾張の地に新城を築く計画を練っており、候補地の視察も兼ねた行動であった。新城の候補地は、小牧山・古渡《ふるわたり》・那古野の三カ所で、見分の結果と、義直付の重臣山下氏勝《やましたうじかつ》の献言もあり、那古野の地を適地と判断し、ここに新城を計画することになる。清須の地は、城の中を五条川《ごじょう》が横切り、城域拡張に多大な労力を必要とすると判断したのである。それなら、初めから新城を築き、大坂に残る豊臣家に備える東海道の拠点としようとしたのだ。那古野の地は、台地の西北端で、北側と西側が高さ一〇メートルほどの崖《がけ》地形となっており、西からの侵攻を考慮すれば戦略上極めて守りやすい地形であった。さらに、交通の便が良く、平坦《へいたん》な地形が広がり、城下経営には最適であり、何より水害の心配がないという条件に恵まれていたのである。

清須越し

新城の築城工事の普請奉行に任命されたのは、牧助右衛門長勝《まきすけえもんながかつ》・滝川豊前守忠征《ぶぜんのかみただゆき》・佐久間《さくま》河内守政実《かわちのかみまさざね》・山城宮内少輔忠久・村田権右衛門の五人で、作事奉行には小堀《こぼり》遠江守（遠州《えんしゅう》）・村上三右衛門・大久保《おおくぼ》石見守《いわみのかみ》（長安《ながやす》）ら九名が任命された。

慶長十五年二月、加藤清正、黒田長政、細川忠興《ほそかわただおき》、前田利常《としつね》、蜂須賀至鎮《はちすかよししげ》ら豊臣恩顧の西国・北国大名十七家に助役を命じる天下普請で工事が開始された。篠山城《ささやま》（兵庫県丹波《たんば》篠山市）の天下普請が終了すると、これに、池田輝政、福島正則、浅野幸長《あさのよしなが》の三名が追加され、都合二〇家となっている。事前に石材・木材などが集められ、二〇万人にもおよぶ人夫が動員されたことで、工事は急ピッチで進んだ。同年八月には天守台が完成、九月頃には本丸・二の丸・御《お》深井《ふけ》丸の石垣もほぼ完成し、最も遅れた場所でも、暮れまでには出来上がったと言われる。通常なら、名古屋城ほどの大城郭の石垣工事は、二～三年を要すところだが、一年も待たずに完成したのは、驚異としか言いようがない。小天守台を含めた天守台は清正が、単独でわずか三カ月で築き上げ、作事奉行は小堀遠州、大工棟梁は中井正清、大工頭は熱田《あつた》の宮大工岡部《おかべ》又《また》右衛門《えもん》が担当した。天守は、我が国最大の延べ床面積を持つ巨大さで、同十七年末頃までかかっている。その後本丸御殿建設に着工し、完成は元和元年（一六一五）一月のことであった。

家康は、清須からの居城移転に合わせ、城下町のまるごと移転を計画。城地の南には、東西四・三×南北四・六キロの広大な逆三角形の平地が広がっていた。実に、清須城下の二倍の面積だったのである。白紙からの城下町建設によって、理想的な配置が可能となった。城を取り巻く三方に武家地、南側郭内の三の丸に重臣屋敷、東部と北西部、町人地の周囲に一般武家地が配された。武家地は、身分によって居住域と敷地面積が決まっていたのである。町人地は、碁盤割とし、南側重臣屋敷の南部に広がる二キロ四方の地域があてられた。町人地の外側には寺町が置かれた。慶長十五年、清須の町をまるごと那古野へ引っ越す「清須越し」が始まった。

築城関係者、武士、職人集団、さらに寺社、町人、商家など、約六万人で、寺社は約百カ所、町は六七あったすべてが那古野に移されたのである。

徳川幕府を開き、秀吉亡き後の天下政権を確実にした家康であったが、大坂城に残る秀吉の遺児・秀頼の存在は大きな脅威であった。そのため、大坂城包囲網と称される天下普請の城を矢継ぎ早に構築し、大坂城の周囲を取り囲んでいった。その最後となったのが名古屋城で、この城こそが徳川本陣となるべき城だったのである。万が一、西国に割拠する旧豊臣恩顧の大名が、大坂城へと入城しようとした場合、姫路城《ひめじ》（兵庫県姫路市）、篠山城、丹波亀山城《かめやま》（京都府亀岡市）という京洛の西のラインで阻止すべく、播州《ばんしゆう》平野での一大決戦が想定された。万が一、秀頼との合流を許し江戸に向かったら……。その場合濃尾《のうび》平野で押し留《とど》め、時をかせぎ、関東に残る徳川直属軍を結集し、箱根《はこね》を越えさせない。そこで家康は、那古野の地に本拠となる最新鋭の巨大城郭の構築に踏み切ったのである。

清須の地は、尾張国のほぼ中央に位置し、鎌倉《かまくら》往還と伊勢街道が合流し、中山道《なかせんどう》にも連絡する交通上の要衝であった。だが、その城では、銃火器を中心とする戦には通用しない。これが、家康の下した結論であった。関ヶ原の前哨戦では、攻城側の火力の増大で、伏見城や大津城内の施設炎上によるあっけない落城があった。そのため、従来の火力に無かった破壊効果を持つ武器と数万を超える大軍勢に耐えうる大城郭の建設こそが、江戸幕府を守るために必要であることを痛切に感じ取ったのである。

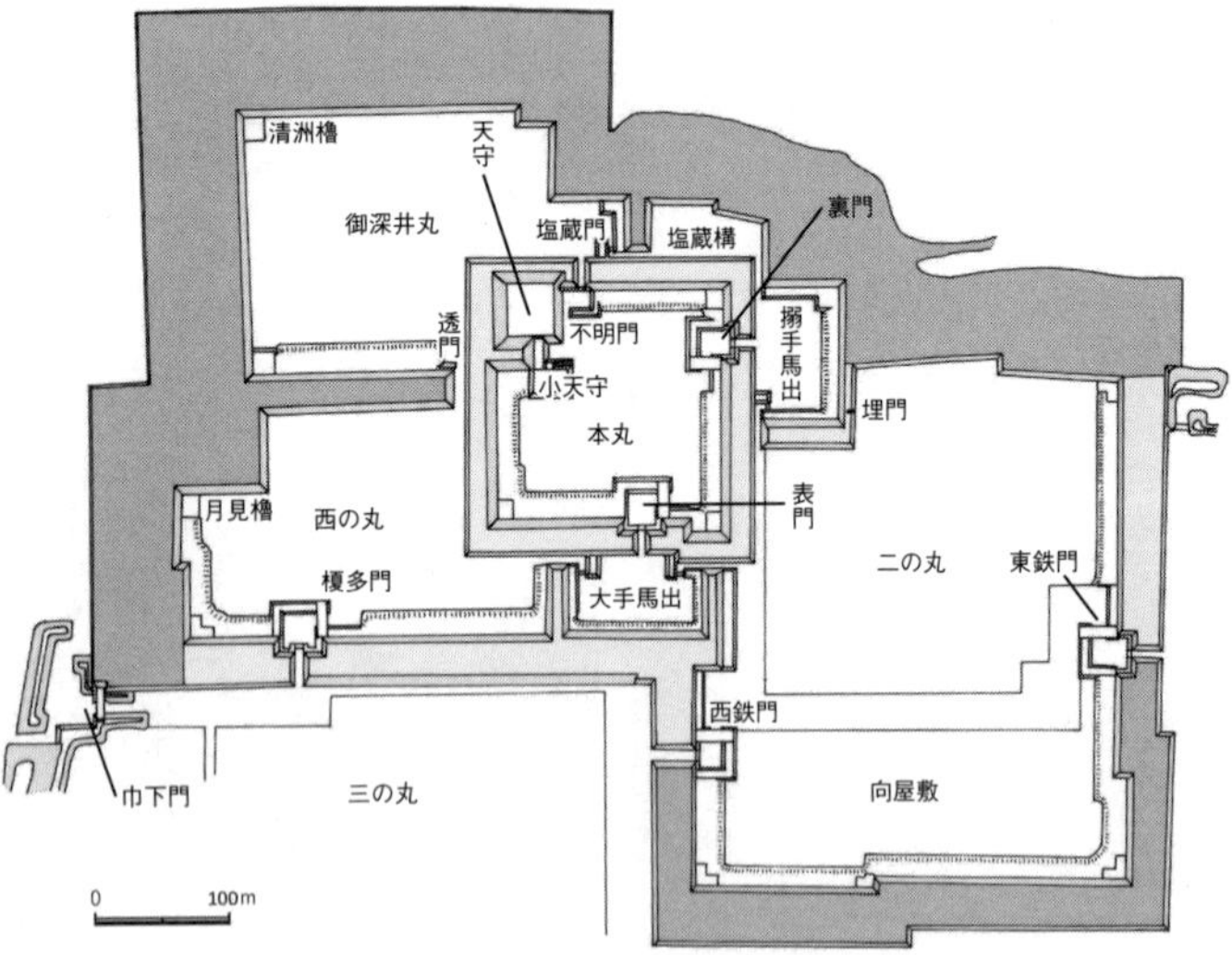

図20　名古屋城跡概要図（加藤理文作図）
本丸の南と東に馬出を設け、これらと本丸を囲む二の丸、西の丸、御深井丸は堀で仕切って独立させている。それぞれの間は、本丸内堀に接する幅の狭い土橋しかなく、大軍は進撃できなかった。

名古屋城の構造

　那古野の地は、北から西南に向かって流れる矢田川《やだ》・枇杷島川《びわじま》によって形成された広大な低湿地帯を背後に控える、平城を築くのに理想的な地形であった。重装備の大軍が侵入不能な広大な規模の低湿地が北側に広がり、北の防備はそれだけで十分な程である。この地形を生かすために、天守や中枢部を北に置き、南に広がる広い平野側に、二の丸、三の丸を配置する構造は、極めて合理的な構えであった。

　城は、直線と直角を基本とする、非常に単純な塁線によって構成され、曲輪は正方形を呈す極めて単純なものでしかなかった。だが、この単純明快な縄張りに、様々な工夫を施すことによって一大要塞としたのである。

　その最大の要因は、南の平野部を占拠した広大な三の丸の構築であった。南北六〇〇メートル、東西一四〇〇メートル、総面積一八万三〇〇〇坪の規模を誇る三の丸は、往時深さ一〇メートル・幅二〇メートルの堀で囲まれ、内側には高さ八メートルに及ぶ土塁が配されていた。虎口は五カ所、いずれも厳重な枡形虎口であった。これにより、大坂の陣で使用された大砲では、城郭中枢部が射程圏外となってしまう。さらに、極端に重層櫓を減らした広く平らな曲輪は、見通しが利かない。大砲による砲撃は、ほとんど不可能となったのである。北側は、低湿地帯で射程圏内にまで近づくことさえ困難であった。

　万が一、三の丸を突破された場合に備えたのが、方形曲輪のずれた配置で、本丸の南東に置かれた二の丸と、南西に置かれた西の丸が、互いに横矢を掛けている。仮に、西の丸大手口(榎多門《えのきだ》)に敵が迫れば、側面背後にあたる二の丸から出撃し挟撃が可能で、逆に二の丸大手口(西鉄門《くろがね》)に迫った敵に対しては、西の丸大手口から挟撃出来たのである。それだけではなく、両門の左右は、長大な多門櫓で固め、防備強化が図られていた。まさに鉄壁の守りだったのである。万が一、西の丸、二の丸への侵入を許したとしても、今度は本丸の東と南に設けられた巨大な馬出が控えていた。両馬出に侵入するには、狭い土橋が唯一の通路で、それを阻むように本丸二重櫓が横矢を掛けている。さらに、馬出の正面には、多門櫓が連結した鉄壁の枡形虎口が待ち受けていた。二重、三重の厳重この上ない構えで守られていたのである。

本丸西北に位置する御深井丸は、外部とは直接通じず、西の丸と塩蔵構と狭い橋台でのみ連絡する極めて閉鎖的な曲輪であった。本丸とは、不明門《ふめい》で通じていたが、普段この門が開けられることはなかった。御深井丸西北隅には、隅櫓としては城内最大規模を誇る御深井丸戌亥《いぬい》隅櫓(清洲櫓《きよす》)が構えられていた。基本的に居住施設はなく、武器弾薬や兵糧などの備蓄基地であった。本丸を補完する曲輪であったことは間違いないが、有事に際しての兵の駐屯《ちゆうとん》、籠城《ろうじよう》用資材の保管など、様々な用途に使用可能な曲輪であった。広大な規模を持つ全能の曲輪を配していたことも、名古屋城の優れた一面である。

本丸を中心に置き、位置をずらして方形の二の丸・西の丸・御深井丸・塩蔵構・大手馬出・搦手馬出《からめて》を配置する構造だが、これらの曲輪は、いずれも狭い橋台でのみ接続していた。これらの曲輪のいずれか一つに敵が侵入した場合でも、各曲輪は独立しているので、隣接する曲輪から攻撃可能な構造であり、その曲輪のみで、それ以上の侵入を防ぐことも可能であった。城の周囲を取り囲む外堀は、広大な規模の水堀であったが、本丸を取り囲む内堀には、より強固な空堀が採用された。これも、名古屋城の大きな特徴と言えよう。

さらに鉄壁の守備とするため、当初城と町を包み込む惣構《そうがまえ》が計画されていた。惣構は、南は古渡、東は矢田川、西は枇杷島川までが計画されていたようだが、途中で築造が中止となった。その理由は、大坂の陣が終わったためである。名古屋城が何を意図し築かれたかを雄弁に物語る工事中止であった。

作事の工夫

本丸北西隅の天守は小天守と連結しており、他の三カ所の隅に二重三階の隅櫓、門は櫓門とし、これらを長大な多門櫓で接続していた。本丸以外に三重櫓一基（清洲櫓）、二重櫓七基と、大城郭としてはきわめて隅櫓の数は少ない。これは、重要部に多門櫓を配すことで壁となし、面で主要部を守備するという完成領域に近づいた城であったがためである。

豊臣氏滅亡により、重要拠点のみ多門櫓を採用したが、本来は多門櫓を多用する極めて厳重な構造を持つ城とする予定であった。そのため、主要虎口も、多門櫓で囲まれた枡形虎口となっている。多門櫓は、本丸四周と、西の丸南側に配置されただけであるが、築城途上に豊臣家の滅亡がなかったら、各曲輪の主要部塁線上に多門櫓が構えられたはずである。多門櫓により、守城側は完全に身を守りつつ相手に知られることのない移動が可能となる。これこそが面的防御の最たるものであった。要所に配された超巨大重層櫓は、頭上からの重層的攻撃を可能とするもので、これらの組み合わせで鉄壁な守りを持つ城となったのである。

もう一つの大きな特徴は、巨大な天守の存在である。天守は、五重五階、地下一階であった。それまでの天守の主流は、二重の入母屋造りの建物の上に物見台となる望楼を載せた望楼型天守で、姫路城や松江城などがこれにあたる。

名古屋城天守は、慶長九〜十三年（一六〇四〜〇八）に藤堂高虎が建てた今治城《いまばり》（愛媛県今治市）天守と同様の一階から最上階まで、上階を下階より規則的に逓減させて順番に積み上げた新式の層塔型天守であった。名古屋城に層塔型天守を導入出来たのは、天守台がゆがみのない正確な長方形となり、しかも正方形に近いからであった。石垣構築技術の高さがこの天守構築を可能にしたのである。この単純明快な構造によって、一階部分の面積が三七・〇×三二・八メートルで、高さ三六・一メートル（石垣を含めた総高五五・六メートル）、総延床面積四四二四・五平方メートル（約一三三九坪）の超弩級《どきゅう》天守が可能となったのである。もう一つの利点は、用材の規格化が容易であり、加工用材を組み上げることで、大幅な工期短縮が可能となったことであろう。姫路城天守のほぼ倍の大きさにもかかわらず、わずか二年十カ月で完成を見た。

外観意匠も凝っており、平側（長辺側）の二重目に千鳥破風を並べた比翼《ひよく》千鳥破風、三重目に巨大な千鳥破風、その上の屋根に軒唐破風を設け、格式をあげている。対して、妻側（短辺側）は、二重目に二つ出窓を設けその上に軒唐破風、その間に千鳥破風、三重目に比翼千鳥破

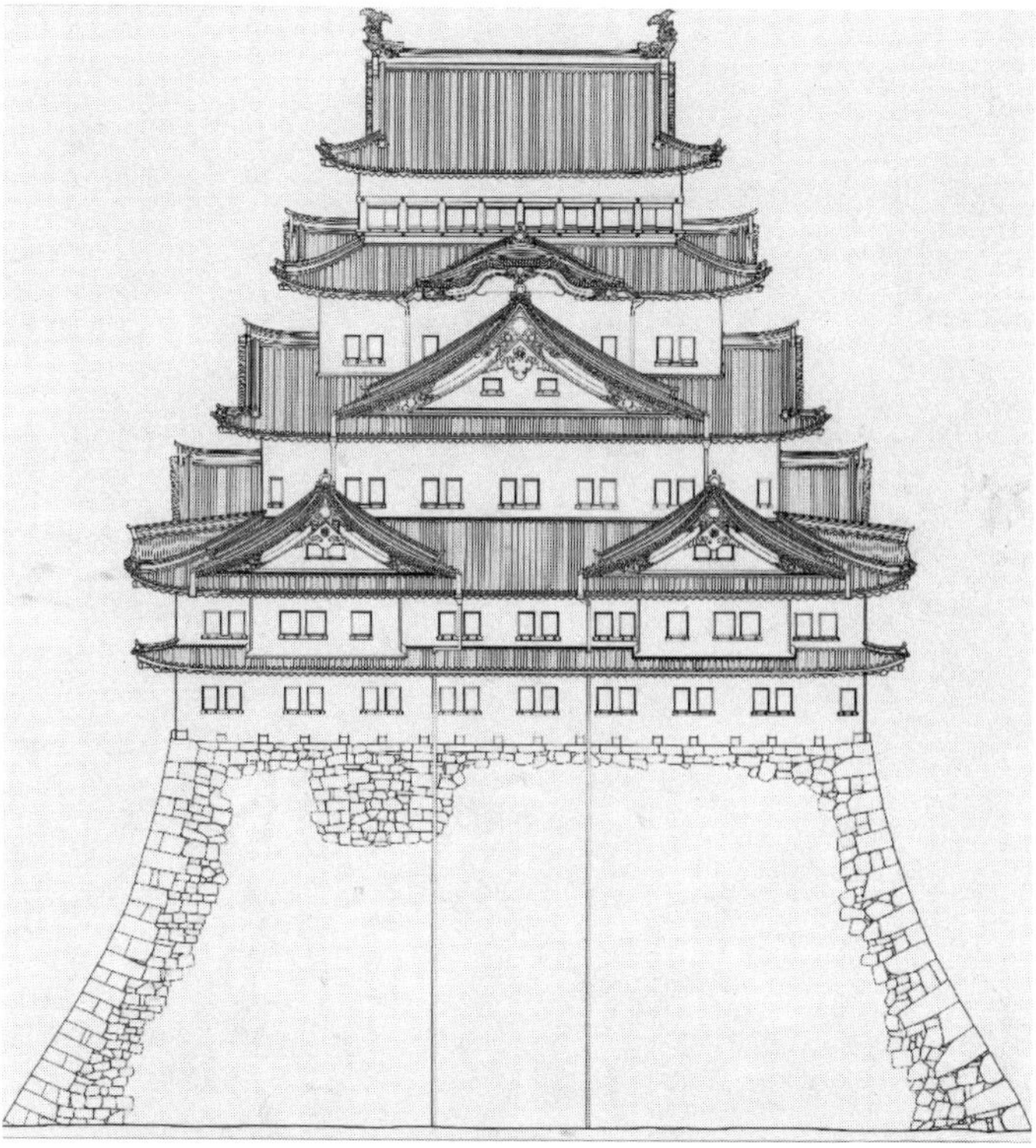

図21　名古屋城天守西側立面図（名古屋城総合事務所蔵）

風、さらに四重目にも千鳥破風、五重目に入母屋破風と破風尽くしであった。破風の総数は二十二となり、史上最多の破風に飾られた巨大天守となったのである。

軍事的にも強固であった小天守と大天守の地階には、四カ所の門扉が待ち構え、小天守内は暗闇となり折れをもたせ、大天守は内部が枡形構造となる工夫が施されていた。小天守入口は、石段を直角に折れた場所に位置する口御門で、門扉は総鉄板張、頭上に石落しが開口する。当然、背後に大天守があるため背面からの一斉射撃にさらされる。口御門の内側は、窓のない暗闇で通路はコの字に折れ曲がり、奥御門へと通じる。奥御門を抜けると左右を土塀に囲まれた橋台で、前面大天守と背面小天守二階から挟撃を受けてしまう。大天守口御門も、総鉄板張で頭上に石落しが開口する。口御門を入ると横八間×縦七間の枡形構造となり、左に総鉄板張の奥御門が設けられていた。大天守一階にたどり着くまでに、実に五度の直角の折れと、四カ所の門を設け、至る所から射撃可能な鉄壁の堅固さを誇っていた。

天守の壁も工夫が凝らされ、実に三〇センチの厚さを持ち、内部に斜めに厚さ一二センチの欅《けやき》板を入れたり、中に小石や瓦を詰めたりした太鼓壁となっていた。これにより銃火器の攻撃にも耐えうる壁構造が生まれた。

五　藤堂高虎と天下普請

築城名人

世に築城名人と呼ばれる人物は、数多く知られている。武田流と総称される城を築き上げた山本勘助《やまもとかんすけ》・馬場信春《ばばのぶはる》、江戸城を築いた太田道灌、多聞城《たもん》（奈良県奈良市）の松永久秀《まつながひさひで》も、名人と呼ばれる武将であった。そんな中、最も築城術に長《た》けた人物はと問われたら、おそらく二人に絞られるであろう。一人は、西南《せいなん》戦争の近代戦にも通用する熊本城（熊本県熊本市）を築き上げた加藤清正、もう一人は史上最強とも称される名古屋城の設計者・藤堂高虎である。二人の優劣はつけ難く、前者は豊臣系城郭の代表、後者は幕府系城郭の代表として並び称すしかあるまい。

家康の命を受け次々と天下普請の城を築いた藤堂高虎は、生涯十七もの城を手掛けている。高虎と言えば、何度も主君を替え二股膏薬《ふたまたこうやく》とも批判されるが「武士たるもの七度主君を替えねば武士とは言えぬ」と嘯《うそぶ》いた程の気概の持ち主でもあった。

幼名は与吉《よきち》、弘治二年（一五五六）近江犬上《いぬかみ》郡藤堂村の土豪・藤堂虎高《とらたか》の次男として誕生。十三歳で浅井長政《あざいながまさ》に仕官、浅井家滅亡後は阿閉貞征《あつじさだゆき》・磯野員昌《いそのかずまさ》・織田信澄《おだのぶすみ》に仕えるが長続きはしていない。天正四年（一五七六）、羽柴秀長に仕えると頭角を現し、播州三木《みき》城（兵庫県三木市）攻め、賤ケ岳《しずがたけ》合戦で活躍。さらに紀州雑賀《きしゆうさいか》攻め・四国攻めでの功績を評価され、一万石の大名となった。この頃から、故郷の甲良《こうら》大工を集め、築城・造営に携わるようになったという。同十四年、秀長は徳川家康上洛の接待役となり、家康の聚楽屋敷造営も普請奉行として担当することとなる。これをきっかけに高虎と家康は知り合い、ここで普請の才能を見込まれ、後に幕府天下普請の縄張りを一手に引き受けることになるのであった。

写真11　北から見た今治城の本丸と水堀

その後、九州攻めに従軍し二万石へと加増、秀長が死去すると、その養子秀保《ひでやす》に仕え、代理として朝鮮にまで出兵し活躍する。秀保が早世すると出家し、高野山へ隠遁してしまう。だが、才を惜しんだ秀吉が還俗《げんぞく》させ、伊予《いよ》板島《いたじま》（宇和島《うわじま》）七万石を与えた。慶長二年（一五九七）、再び朝鮮へ出兵。明《みん》・朝鮮軍が、陸海から攻撃してもびくともしない順天倭城《じゅんてんわじょう》（韓国全羅南道順天市）を築城し、諸大名に築城の名手として大いに認知されることとなる。

帰国後、板島丸串《まるぐし》城（愛媛県宇和島市）の改修を実施しつつ、大洲《おおず》城（愛媛県大洲市）の改修をも手掛けた。この両城に天守を築き上げ、近世城郭としての体裁を整えたのである。この頃から、急速に徳川家康に接近。秀吉が死去すると弟・

正高《まさたか》を人質として江戸に送り込み、際立った忠誠ぶりを示すことになる。あまりに露骨な行動からか、黒田長政や加藤嘉明《かとうよしあき》との確執もあったという。慶長五年、会津攻めに従軍し、関ヶ原合戦では、大谷吉継《おおたによしつぐ》隊と死闘を演じたことが世に名高い。脇坂《わきざか》、朽木《くつき》らの調略工作も評価され、戦後伊予今治二十万石に加増移封された。

新領を得た高虎は、直ちに新城築城を開始する。この城こそが、後の徳川系城郭の祖形を成す城で、方形の本丸を中心とし、三重の堀に囲まれた城として完成を見た。堀には海水を引き込み、海から直接船着場への接岸が可能な城でもあった。また、大三島《おおみしま》の沖合に浮かぶ周囲約六〇〇メートルの古城《ふるしろ》島を利用し、全島を石垣で囲い込んだ海の要塞・甘崎《あまざき》城（愛媛県今治市）を築城。このように、まったく異なる城を自在に造り上げる才能を発揮する。高虎の築城術の大きな変化は、朝鮮出兵における極限状態の中で生まれたのであろうか。大洲城や板島城において、すでに直線や多門櫓を多用する独特な構造の萌芽《ほうが》が見られる。実戦経験の中で、より強固な防衛ライン構築のノウハウを会得し、実践したのが今治城だったのである。その後の高虎が関与した城は、全てがこの今治城に通ずる構造となっていく。

天下普請

今治築城と時を同じくして、家康から膳所城の縄張りを命じられる。膳所城は、諸国の大名を動員する初の天下普請の城となった。この、京都を押さえる拠点確保のための城を、外様《とざま》の高虎に命じた理由こそが、重要である。築城技術者として家康に見込まれたからに他ならないが、親藩・譜代ではない高虎が、敵方となるという想定はなかったのだろうか。重要拠点の構造が筒抜けという最悪のケースすら考えられよう。それにもかかわらず高虎に命じたということは、この時点で家康から相当の信任を得ていたことになる。

それは、秀吉死後の混沌《こんとん》とした情勢の中、諜報《ちょうほう》役として逐一家康に豊臣方の情報を伝えたり、家康の危急の度にいち早く駆けつけたりしたことが評価されたとみたい。高虎は、以後続く伏見城、二条城、彦根城という天下普請でも重要な役割を担い、徳川家の総普請方とも呼べる地位を確固たるものとしていった。

この間、二代将軍となる秀忠にも接近、二条城の縄張りを命じられると、誰の目にも明らかな差が判断できる二枚の図面を差し出したという。当然、秀忠は出来の良い図面を選ぶわけだが、この後誰はばからず「将軍家が縄張りされた」と持ち上げてまわったとも伝わる。真偽の程は定かではないが、周囲の高虎評を知るにはおもしろいエピソードと言えよう。

慶長十三年（一六〇八）、高虎は伊予今治二十万石から、四万石を加増され伊勢津《つ》に移封される。関ヶ原合戦後に遠国配置された外様大名が、江戸に近づく東へ移されることは極めて異例と言わざるを得ない。これは、大坂城包囲網の一環として、伊賀越《いが》えルートを押さえる伊賀上野《うえの》城（三重県伊賀市）を築くためと、家康との連絡を密にするためとも言われる。家康は、外様ながら譜代大名格（別格譜代）として高虎を遇し、重用したのである。

家康の期待を背負い、伊賀上野城と津城（三重県津市）の二城同時の大改修が始まった。共に、高石垣と幅広の堀を持つ、高虎得意の構造の城となる。高虎は、自らの新城築城と併行し

図22　丹波亀山城天守立面図（復元：松田克仁）

て、都への街道の要衝を押さえる篠山城、山陰道の京の入口にあたる丹波亀山城の天下普請にも大きく関わっていく。天下普請で築かれた篠山城最大の特徴は、高虎の真骨頂である高石垣と四周を廻る多門櫓による面的防御構造を持つ城として完成。丹波亀山城も戦闘正面には、高石垣と多門櫓、深い水堀を配し、完全な面的防御構造を呈していた。この丹波亀山城に、特筆される天守が建てられることになる。最上階以外には、望楼型天守の構造基本をなしていた入母屋破風がなく、飾りの千鳥破風すら一つもない外観であった。これが層塔型と呼ばれる天守の誕生である。天下普請でこの城に携わっていた諸大名の度肝を抜く天守であったことに間違いあるまい。以後、天守は層塔型が主流となるのである。この天守完成にも、高虎のエピソードがついて回る。今治から、伊勢へと国替えになった高虎は、今治城天守を解体し、その用材を大坂屋敷に運び込んでおいた。その高虎に丹波亀山城普請が命じられると、直ちに家康に五重天守の献上を申し出るのであった。家康は、大いに喜び、いっそうの信頼を勝ち取ったという内容である。丹波に築かれた両城は、西国大名の壁となるために築かれた徳川の要塞で、畿《き》内《ない》を守る防壁であった。高虎に、その両城の縄張りを命じたことからも、厚い家康の信頼が判明する。

高虎の築き上げた城は、清正の城に見られる縄張りの妙（多角形構造の曲輪の連結や屈曲横矢の城壁等）や、複雑に凝った防備施設は存在しない。ひたすら単純に、直角と直線を生かすために長大な多門櫓や長大な雁木を設けただけである。この単純明快さこそが、実は大兵力に対して最も効果的な、「面」での防備と攻撃を可能にしたのであった。明確に無駄を省く。これが高虎の築城術の根本であった。層塔型天守も、上階を下階から規則的に逓減させて順番に積み上げる単純な構造原理となっており、用材の規格化が容易であった。高虎は、飾りや見た目という無駄をそぎ落とし、短期間で工事を完成させることを最優先し、城郭建設の規格化をめざしたのである。それは、短期間に複数の城を築く必要から生まれたといっても過言ではない。西国大名に対する城郭網を一刻も早く完成させ、江戸防備を完璧《かんぺき》にすることを求めた家康の期待に答える高虎の回答なのであった。

六　大坂築城

徳川大坂城の築城

大坂夏の陣（元和元年［一六一五］）によって、豊臣家は滅亡し、太閤《たいこう》秀吉が全勢力を傾注して築いた豪華絢爛《けんらん》な城も、世継秀頼・側室淀《よど》の方《かた》と共に灰燼《かいじん》に帰した。徳川幕府は、戦後直ちに松平忠明《ただあきら》に十万石を与え大坂城主とし、城跡の整理改修にあたらせた。忠明は、幕命によって大坂に逗留《とうりゅう》する西国の軍勢を指揮し、焼け跡整理に奔走したのである。城郭中心部は、応急処置を施し、本格的改修は実施されなかった。忠明は、城の改修よりも、城下町の整理と復興に全力を傾けたのである。南堀川（道頓《どうとん》堀川）の竣工工事や、寺院の統廃合、町割の実施等によって、離散した住民が徐々に帰住してきた。

元和五年、城下町復興の目処《めど》がたった大坂の地は、幕府直轄領となり、内藤信正《ないとうのぶまさ》が初代大坂城代となった。直轄領となったことで、幕府は大坂城が持つ「太閤秀吉」のイメージを払拭《ふっしょく》し、幕府の威信を示すためと、西国大名の押さえとするため、本格的な再建計画をスタートさせる。再建計画は、二代将軍秀忠と築城の名手藤堂高虎の手によって実施されることとなった。幕府が築く大坂城は、豊臣大坂城を大きく凌駕し、徳川幕府の力を天下にあまねく見せ付ける姿としなければならなかった。

元和六年、秀忠は西国・北陸の諸大名四七家に大坂築城の助役を命じた。ここに、天下普請による徳川大坂城の再築工事が開始されたのである。秀忠は、再築にあたって、総奉行藤堂高虎に、「石垣を旧城の二倍に、堀の深さも二倍にせよ」と指示したと伝えられる。工事は、第一期から第三期までの十年間にわたり、完成したのは、寛永七年(一六三〇)であった。

第一期工事は、三十一カ国四七大名を動員し、二の丸西・北・東三面の石垣と、北外曲輪の石垣普請が中心であった。普請と同時に、小堀遠州と山岡景以《やまおかかげもち》を作事奉行に任命。櫓や多聞の建築も進められた。現存する千貫櫓と乾櫓《いぬい》は、この工事で完成したという。元和八年、二年三カ月を要して、第一期工事は終了した。

第二期工事は、寛永元年より、五八大名が動員され開始。本丸及び天守台を築造する工事であったが、豊臣大坂城本丸を盛土によって完全に埋没させた後、石垣や堀を新造する大工事となった。普請は、年度中に一応の完成を見たが、天守以下本丸建築群の完成は寛永三年を待たなければならなかった。第二期工事によって、ほぼ本丸が完成し、徳川大坂城の中枢部が姿を現した。

写真12　大坂城本丸を取り囲む高石垣と空堀、水堀

第三期工事は、寛永五年から、三十二カ国五七大名に命じて着工。二の丸南面の整備が実施され、広大な規模を誇る南外堀と、高さ三〇メートルにも及ぶ高石垣が完成した。元和六年に開始された工事は、三期にわたる天下普請によって、寛永七年、ほぼ完成を見たのである。

完成した城は、豊臣天守より約二〇メートル高い白亜の天守を擁し、石垣は、豊臣期の二倍に達し、城内の至る所に見る者を圧倒する巨石が使用されていた。二重に廻る内堀・外堀も、幅・深さ共に、広大な規模となり、すべてにわたって豊臣大坂城をはるかに凌駕する城となった。幕府のねらった豊臣色払拭と、徳川政権の絶対性の誇示は、見事に成功したのである。

幕府の威信を示した大坂城天守であったが、寛文《かんぶん》五年（一六六五）正月二日、天守北側鯱《しゃちほこ》に落雷。最上階から出火し、しだいに下層へと燃え広がり、翌朝までに全焼した。以後再建されることなく、天守台を整備して周囲を板塀で囲むのみとなった。寛永三年に完成した本丸御殿は、江戸時代を通じて存続し続けた。御殿等の大型建築は、火災の被害を受け焼失する例がほとんどで、創築から江戸時代を通じて残ったのは稀有《けう》な出来事であった。しかし、残念なことに明治維新の大火により焼失してしまった。

大坂の城は、幕府直轄領であるため、当然城主は徳川将軍家であった。しかし、実際に城へ入った将軍は、ほとんどいない。寛永十一年に三代家光が三日間滞在した後、次に訪れたのは十四代将軍家茂《いえもち》で、実に二百三十年ぶりの出来事であった。

将軍に代わって大坂城に入ったのは、大坂城代で、五万石から十万石程度の譜代有力大名が任命された。明治維新に至るまで、実に七十代の城代が任命されており、任期は二年から三年が通常であったが、実に二十一年間もその任にあたった城代も存在する。

城の構造

徳川大坂城は、元和六年（一六二〇）より工事を起こし、寛永六年（一六二九）にほぼ完成を見た。足かけ九年に亘る築城は、豊臣大坂城のすべてを完全に地下に埋め、その上に盛土を施す大工事であった。石垣を含めすべてが新造で、豊臣期の再利用はまったく見られない。築城工事は、西国・北陸の諸大名四十七家に助役を命じる天下普請で開始され、城全体の規模そのものは、豊臣期とほとんど変化は見られない。本丸・二の丸の位置も、ほぼ同じ場所で重な

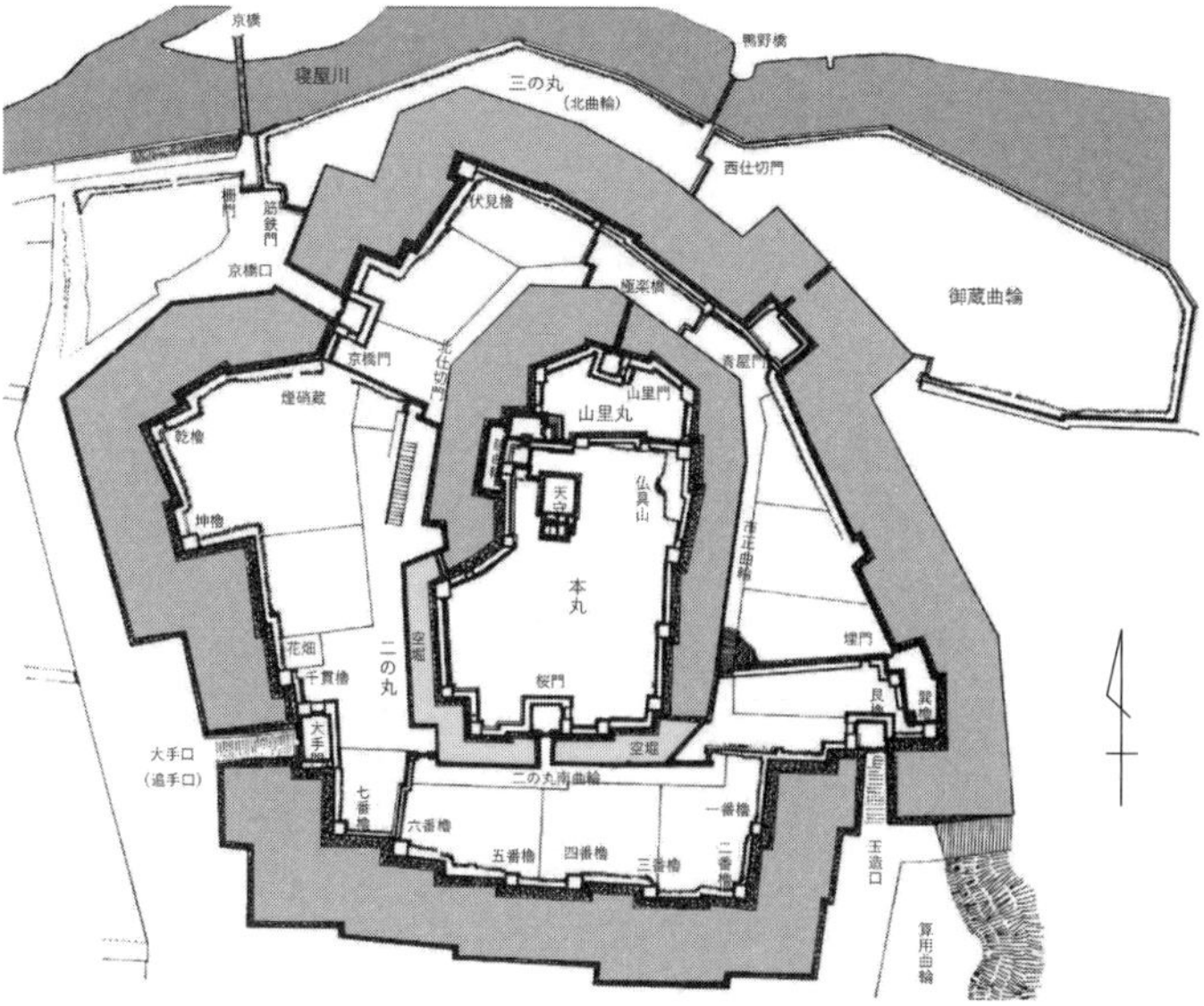

図23　徳川時代の大坂城概略図

３期にわたる天下普請の結果、城郭の面積は豊臣時代の４分の１の規模に縮小されたものの、石垣構築技術の進展によって、最大で幅約90mに達する外堀、堀底より約32mの高さの石垣、そして入り組んだ塁線と、日本城郭史上最多となる12基の３重櫓が構えられた。

るが、構造上はまったく異なる城として完成を見ている。

徳川大坂城の最大の特徴は、完成域に近づいた石垣構築技術をフルに利用したため、豊臣期に比較し、その高さが倍近い規模となったことである。また、二重に廻る内堀・外堀も堀幅を広げ、深さも倍近くとなった。この石垣、堀の規模こそが、徳川大坂城の堅牢《けんろう》な防備の象徴であった。石垣の高さは、内堀東側が最高で、水面から約二四メートル、水深約六メートルの合計三〇メートルにも及ぶ。また、城内には十四畳敷以上の巨石が十個も確認されている。これらは、石垣構築技術の急激な進展によって可能となったのである。

また、外堀、内堀の石垣に幾重にも折れを設け、その角地に重層櫓を配したことで、より強固な石垣と防備が完成した。本丸には、五重天守を始め、三重櫓十一基、二重櫓二基が建てられた。三重櫓の高さは、一八メートルを超え、現存する高知《こうち》城（高知県高知市）天守とほぼ同一規模である。従って、本丸には高知城天守が実に十一基も建ち並んでいたことになる。二の丸には、伏見三重櫓と二重櫓十三基が配されていた。本丸は、これら櫓群を多門櫓で連結し、二の丸は土塀によって結ぶ構造であった。二〇メートルを超える高石垣の上に、多門櫓・土塀が巡り、要所に重層櫓を配する難攻不落の城となった。

出入口は、いずれも厳重な枡形虎口で、内側一の門に櫓門、手前二の門に高麗《こうらい》門が配され、それらを多門櫓で接続する厳重なものであった。二の丸入口は、南側の大手口、玉造口、北側の京橋口、青屋口の四カ所で、本丸入口は、南の桜門と北の山里門の二カ所であった。二の丸青屋門と本丸山里門は、木橋によって結ばれる構造となっているため、有事の際は切り落とす

図24　徳川大坂城天守（復元：松島悠）

ことを想定したのである。正面となる大手口、玉造口の防備は特に厳重で、それぞれ千貫櫓、巽《たつみ》櫓を門横に配し、土橋を渡る敵に備えていた。

徳川大坂城の天守

天正十三年（一五八五）、豊臣秀吉の手によって漆黒の豪華絢爛な天守が完成。秀吉は、織田信長の安土城を凌駕する天守を築き、名実共に織田政権の後継者であることを誇示し、豊臣政権の絶対性と安定性を天下に示したのである。大坂夏の陣（元和元年［一六一五］）によって、豊臣大坂城が灰燼に帰すと、江戸幕府による再築工事が天下普請によって開始される。幕府は太閤のイメージを払拭し、より豪壮で広大な城を目指したのは、前述の通りである。

太閤色を払拭する近道は、その象徴となる天守を大幅に変更し、全てにおいて凌駕することであった。寛永三年、まさに幕府が目指す通りの姿で、天守は完成を見た。まず天守の位置を北東隅から北西寄りに変え、外観も漆黒の望楼型から、際立って対照的な層塔型の白亜の姿に変化させた。その高さは、石垣を含め約五八メートルにも達し、豊臣天守を二〇メートルほども上回る巨大な規模となった。初重平面規模は、東西に四間、南北に七間（一間は約二メートル）広がり、約二七坪も大きくなっている。豊臣大坂城の上に盛土して、さらに曲輪石垣高も倍する規模となったため、城下から眺めれば、豊臣天守を遥《はる》かに凌《しの》ぐ超巨大天守に感じたはずである。

天守外観の特徴は、江戸城・名古屋城・二条城などの幕府城郭の延長線上に位置する姿であった。平側（長辺）二重目と妻側（短辺）三重目に比翼千鳥破風、平側三重目と妻側四重目に千鳥破風を配し、唐破風造りの出窓を平側四重目と妻側二重目に配している。比翼千鳥破風の上重中央に千鳥破風を配するのは、幕府天守の定番で、秀忠の江戸城、名古屋城にも採用されている。壁面は、白漆喰の総塗籠で、各階の窓上下に長押《なげし》形が設けられた。屋根は最上階のみ銅瓦葺きで、他は本瓦葺きとなり、鯱及び平側四重目の唐破風の破風板に金の装飾が施されていた。最上階のみ銅瓦葺きとしたのは、秀忠の江戸城、創建時の名古屋城と同様である。

徳川の城を補う築城

豊臣配下の武将たちは、天下統一戦の過程で、全国を転戦し実戦を積み、さらに朝鮮出兵による消耗戦を潜り抜けてきた。だが、この戦を対岸の火事として、兵力温存を図ってきた徳川軍は、最強とは呼ばれるものの、実戦経験の少なさは誰の目にも明らかであった。それを最も危惧《きぐ》していたのは、家康自身であろう。関ヶ原の勝利にも徳川軍はほとんど貢献していない。家康の勝利を決定付けたのは、豊臣恩顧の大名たちの力に他ならない。論功行賞によって、豊臣系大名の大幅加増をせざるを得なかった家康は、配置先を遠国にすることで、畿内・東海の地を何とか確保することになる。この時点で、家康は対西国戦線の構築が最重要課題となった。

さらに、徳川家臣団に欠けていたのは、実践的な近世城郭の築城技術であった。朝鮮出兵における現地での築城は、渡海武将間の協力体制を生み、渡海した武将たちは最新の石垣構築技術を会得したのである。国内においても、石垣や瓦葺き建物等を構築する技術者の掌握は、旧豊臣家臣のほぼ独占状態であった。そこで家康が考えたのが、各地の諸大名、特に技術を有する西国外様大名に分担して築城を命じる、手伝い普請（天下普請）というシステムだったのである。これによって、外様大名の財力を奪うことに加え、徳川家臣団も参加させることで、築城技術を共有させ、その技術を取り込もうという戦略だったのである。

以下、天下普請（大きく二期に分類される）で建てられたといわれる城を挙げておく。

第一期（慶長五年［一六〇〇］～十年頃）

膳所城（滋賀県大津市）慶長五年～

二条城（京都府京都市）慶長六年～

伏見城（京都府京都市）慶長六年～

福井《ふくい》城（福井県福井市）慶長六年～

加納《かのう》城（岐阜県岐阜市）慶長七年～

彦根城（滋賀県彦根市）慶長八年～

江戸城（東京都千代田区）慶長八年～

第二期（慶長十一年～二十年頃）

駿府城（静岡県静岡市）慶長十二年～

篠山城（兵庫県篠山市）慶長十四年～

名古屋城（愛知県名古屋市）慶長十四年～

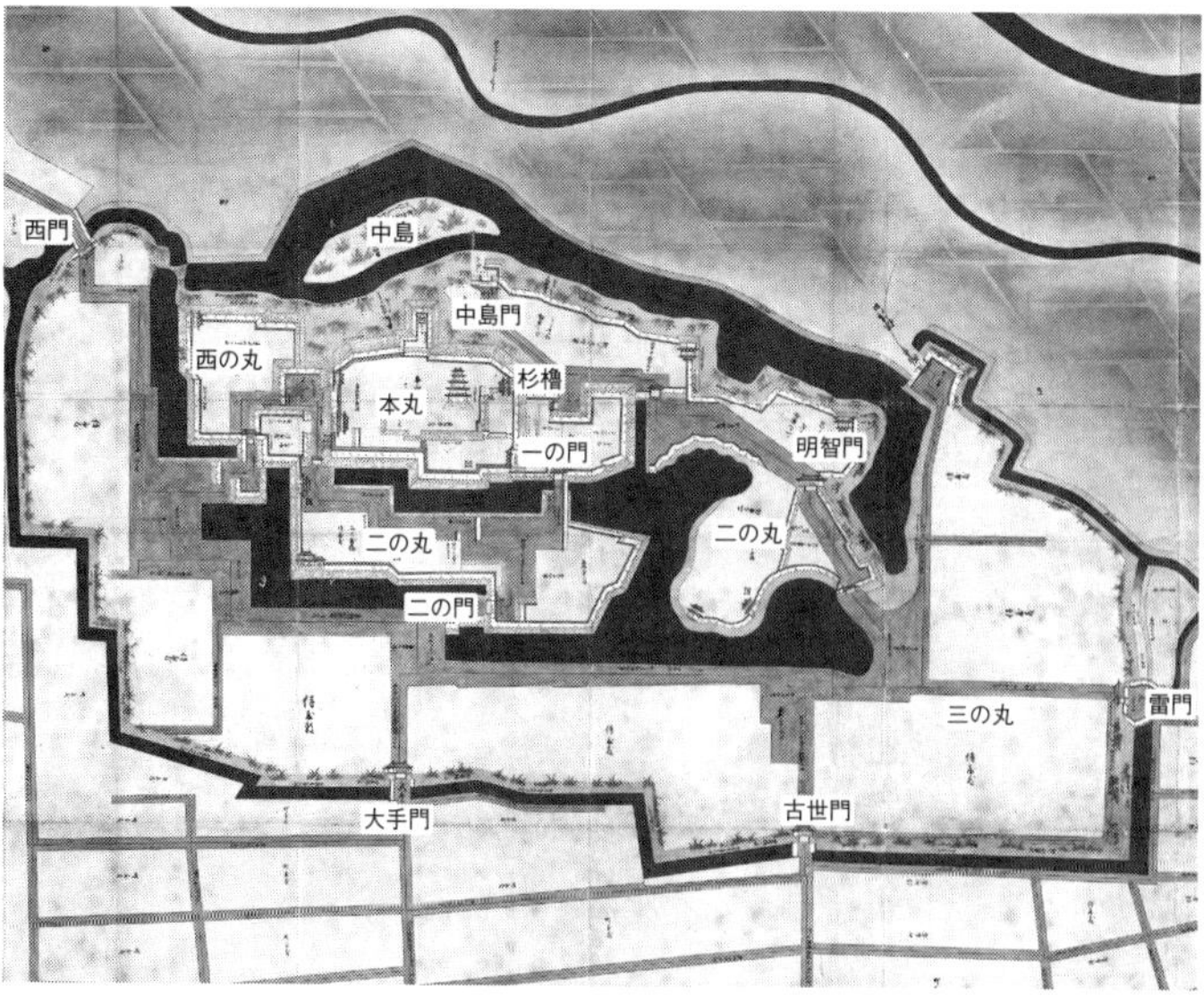

図25 「丹波国亀山城絵図」部分（国立公文書館蔵）
河岸段丘を利用し築かれた城で、北側の段丘崖に配された本丸・二の丸を内堀で囲み、その南側に設けられた三の丸を外堀で囲む姿であった。さらに東〜南〜西側に外郭を置き、惣構が取り囲んでいた。

丹波亀山城（京都府亀岡市）慶長十四年〜
伊賀上野城（三重県伊賀市）慶長十六年〜
高田《たかだ》城（新潟県上越《じょうえつ》市）慶長十八年〜
第三期（慶長二十年以降）
大坂城（大阪府大阪市）元和六年（一六二〇）〜

天下普請の目的

関ヶ原合戦で、天下をほぼ掌握した家康は、慶長六年（一六〇一）、初の天下普請として、膳所築城を開始。京都の背後を押さえ、万が一の出撃拠点とする目的があった。続いて、二条城、伏見城と、都における徳川家の政治の中心と居所とするための城が築かれた。さらに、西国に配置した旧豊臣恩顧の大名が、江戸へと向かう不測の事態に備え、街道を押さえる目的の天下普請が実施された。北国街道の押さえとしての福井城と、東山道を押さえる加納城、彦根城であった。彦根城には、都の守備という狙いもあった。また、これらの城には、東海道、美濃街道、東山道、北陸道を使用して西上する徳川軍の主力部隊を掩護する目的もあった。

家康は、天下普請により畿内に続々と城を築きあげ、さらに外様大名と縁戚《えんせき》関係を結び西国境の拠点城郭掌握に乗り出している。第一期の築城は、前述のように、実践的な近世城郭の築城技術を持たない幕府が、西国外様大名から京洛を守備するために必要な城の構築であった。

第二期の築城は、仮想敵国である大坂城の豊臣氏に備えた天下普請に他ならない。まず、家

写真13　大坂城桜門枡形正面に位置する城内一の巨石「蛸石」

康は、隠居城という名目で駿府城を完成させる。駿府城は、大坂攻めの際の江戸の前線基地としての役割と、西国大名が江戸へ向かった時の最終防衛という役割を担う重要な城となった。さらに、西国から都へ入る西側に、山陰道の要衝・篠山城を完成させ、翌年、山陰道の京の入口にあたる丹波亀山城も天下普請で構築。こうして、豊臣恩顧の西国外様大名に対する京都前線の防衛ラインが完成を見た。いずれも、西国外様大名の壁となるために築かれた要塞で、関ヶ原合戦以降、天下普請によって築かせた他の城と併せ都周辺域の防衛ライン構築がほぼ完成を見たのである。

豊臣氏滅亡後の、大坂築城は、明らかに幕府の威信を示すための築城に他ならない。その位置も、豊臣大坂城と重なるように盛土させ、同じ場所にこだわった。太閤の城を払拭するために、より豪壮で堅固な城が目指された。本丸の五重天守は、約二〇メートルも高くなり、他城の天守に匹敵する三重櫓を十一基も構え、周囲を多門櫓が連続して取り巻いていた。一段低い山里丸に二重櫓を二基、二の丸には伏見三重櫓および二重櫓一三基を配し、ここも多門櫓・土塀で囲い込んだ。虎口は、大手、京橋、玉造、青屋と我が国最大級の枡形門とし、門の周囲には十四〜三六畳敷程の大きさを持つ巨石が配された。他城を圧倒する規模の高石垣、幅広で深い二重の水堀など、豊臣大坂城を遥かに凌駕し、幕府の威光を誇示することに成功したのである。豊臣氏を滅亡させ、徳川政権を盤石化した時点で、天下普請もその使命を終えることになった。

第四章　徳川家臣団の城

一　箕輪城と井伊直政

箕輪城の歴史

箕輪城《みのわ》（群馬県高崎市《たかさき》）は榛名山《はるなさん》東南麓《ろく》の丘陵上を中心に、北東と南西の平地部を含んだ城域を持ち、東西約五〇〇メートル、南北約一一〇〇メートル、面積約三六ヘクタールにおよぶ西上野《こうずけ》の中核的な城郭である。

戦国時代中期まで上野国は関東管領《かんれい》の山内《やまのうち》上杉氏の領国で、守護代の長尾《ながお》氏（白井《しろい》長尾家、総社《そうじゃ》長尾家）の本拠地も上野に存在していた。そのため、長野《ながの》氏はその上杉氏の下で上野国西部の豪族を取りまとめて「箕輪衆」を結成し、上杉氏・長尾氏に仕えていたとされる。箕輪城は、この長野氏によって創築されたとされるが、永正《えいしょう》九年（一五一二）長野業尚《なりなお》によったとする説と、大永六年（一五二六）業尚の息子の憲業《のりなり》によったとする二説がある。近年の研究では、この業尚・憲業は鷹留《たかとめ》城（群馬県高崎市）を築城した長野氏の一族ではないかとの指摘もなされている。

関東の政局を決定したと言われる天文十五年（一五四六）の「河越夜戦」は、北条氏康軍と上杉憲政《のりまさ》・上杉朝定《ともさだ》・足利晴氏《はるうじ》の三者連合軍が武蔵国の河越城の付近で戦闘し、北条軍が勝利を収めた戦いである。長野方業《かたなり》の後継の業正《なりまさ》（業政）は、上杉憲政の軍としてこれに参戦、この戦いで嫡男吉業《よしなり》が傷を負い、その後その傷が因《もと》で病没したという。戦いに敗れた上杉憲政は、越後《えちご》の上杉氏を頼り亡命、国境に位置する箕輪城は北条氏康、武田信玄、上杉政虎《まさとら》（謙信《けんしん》）が相争う地となったのである。

上杉謙信に仕えた業正は、箕輪衆と呼ばれる在地武士団をまとめ武田信玄の侵攻から守り抜いたという。永禄四年（一五六一）業正が病死すると、三男業盛《なりもり》（氏業《うじなり》）が家督を継ぐことになる。業正の死を知った武田信玄は、永禄八年、西上野へと侵攻を開始し箕輪城に迫ったが、何とか撃退している。だが翌年、再び二万の大軍で信玄が攻め寄せると、奮戦むなしく落城、業盛は一族郎党と共に自害した。

箕輪城を奪った武田信玄は、西上野侵攻の中心的役割を担った譜代家老の甘利《あまり》昌忠《まさただ》（信忠）等を残し、戦後処理に当たらせたと考えられる。この後、一時春日《かすが》虎綱《とらつな》（高坂昌信《こうさかまさのぶ》）が海津《かいづ》城（長野県長野市）兼任箕輪城代となっているが、永禄十年、白井城（群馬県渋川《しぶかわ》市）攻めの功により真田《さなだ》幸隆《ゆきたか》が箕輪城の普請と知行割を行うよう信玄から指示を受けた。真田氏以後、浅利《あさり》信《のぶ》種《たね》、内藤昌豊《ないとうまさとよ》、内藤昌月《まさあき》が城代となり、その後は城番衆と番手衆が配置されている。

天正十年（一五八二）武田氏が滅亡すると、織田信長配下の滝川一益《かずます》が箕輪城に入城し、仕置きを実行するが、本能寺の変で信長が横死すると、五万を超える北条勢が上野国に侵攻を始めた。神流《かんな》川、金窪《かなくぼ》原の戦に敗れた一益は、小諸から美濃を越え、伊勢長島《ながしま》へと帰還した。箕輪城には、北条氏邦《うじくに》（氏政の弟）が入城、その後猪俣邦憲《いのまたくにのり》、多米《ため》長定《ながさだ》、垪和《はが》信濃守が箕輪城代となっている。天正十八年、豊臣方の北国軍（前田利家・上杉景勝・真田昌幸《まさゆき》）が攻め寄せると、戦うことなく降伏開城した。城へは、真田昌幸が入城したという。

小田原攻めにより北条氏が滅亡すると、その遺領は徳川家康に与えられた。家康は、三河・遠江・駿河・甲斐・信濃の五カ国に代わり、関東六カ国二四〇万石の大大名となり、天正十八年江戸城へと入城する。関東入国を果たした家康は、譜代の重臣に万石以上の石高を与え、家康配下の大名としてその地位を確固たるものとした。この時点で、徳川家臣団中、一門衆を除いては最高の官位・官職を得ていた井伊直政は、家中最高の一二万石を与えられ上野国箕輪城へ、関東総奉行兼勘定方支配に任じられた榊原康政は一〇万石で上野国　館林《たてばやし》城（群馬県館林市）へ、年寄（後の老中）に任じられた本多忠勝《ただかつ》が一〇万石で上総大多喜《おおたき》城（千葉県夷隅《いすみ》郡大多喜町）へと配置された。酒井忠次は、すでに隠居しており、嫡男家次《いえつぐ》は三万七千石で下総臼井《うすい》（碓井）城に入っている。徳川四天王と呼ばれた四名の中で、酒井家のみ石高が極端に低いのは、本多・榊原・井伊の三名の所領の配置と石高を決定したのが豊臣秀吉（政権）であったためとされる。

箕輪城に入城した直政は、当時持っていた最新の技術を用いて、箕輪城をまったく新しい城に変化させた。石垣を用い、堀幅を広げ、馬出《うまだし》を採用している。それと共に、増封された石高に伴い増加した家臣の居住域や、城下町の整備拡張を実施した。しかし、慶長三年（一五九八）その居城を高崎城（群馬県高崎市）へと移すことになり、箕輪城はその使命を終えたのである。これは、箕輪の地に比較し、高崎が交通の要衝の地として発展性が望めるということにより、より発展した城下町経営が可能であったためであろう。事実、高崎は、後に中山道・三国《みくに》街道・例幣使《れいへいし》街道・姫《ひめ》街道という街道と利根川水運を利用し発展していく。江戸城から見れ

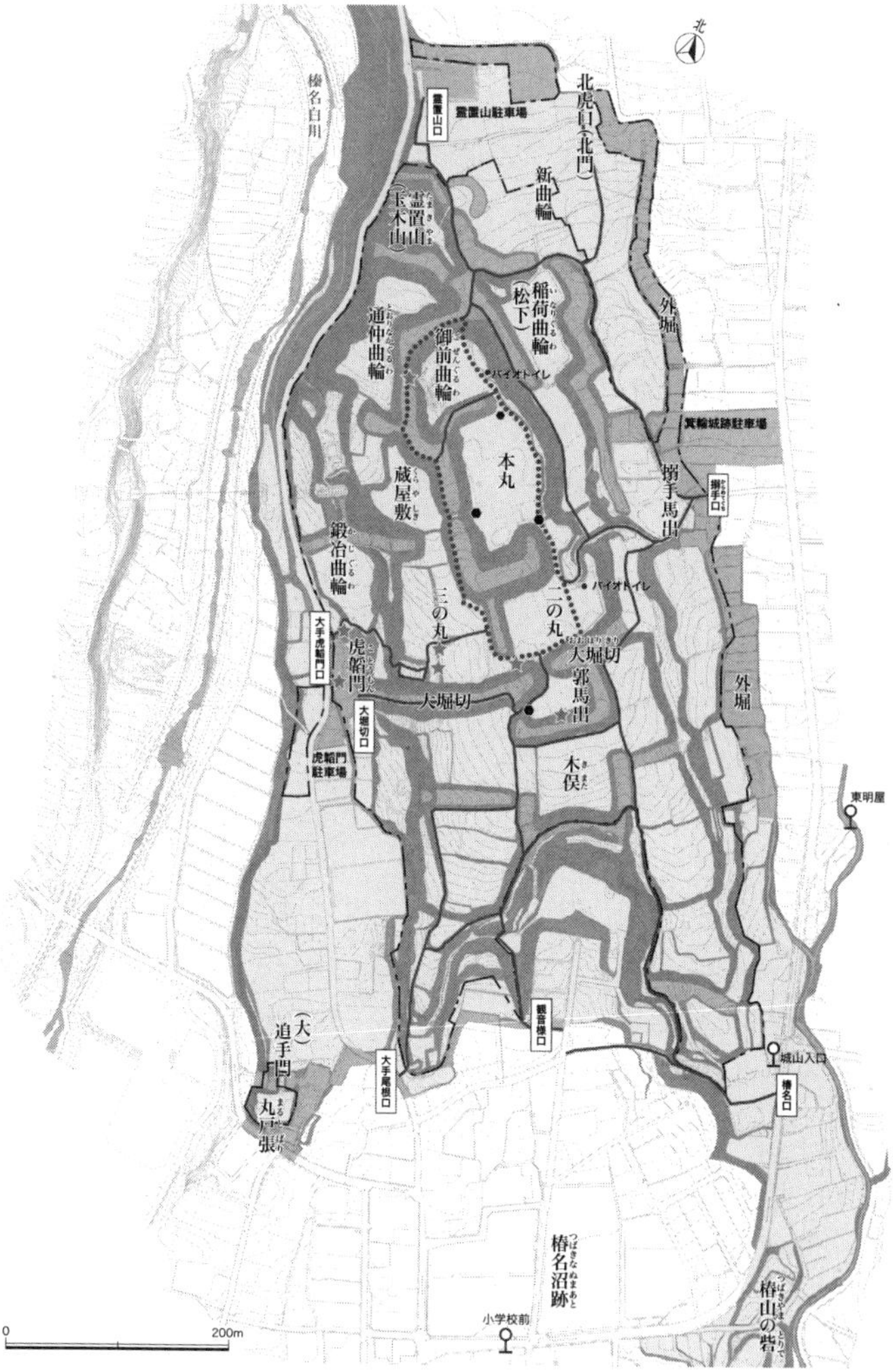

図26　箕輪城跡縄張図（高崎市教育委員会提供）

ば、信州と越後からの守りの要の地になる。

箕輪城の構造

城は、榛名山の東南山麓に広がる舌状の独立丘陵と北東と南西の平地部を利用して築かれている。城が築かれた丘陵は比高約二〇メートルで、西側を榛名白川《しらかわ》が、東側を井野川《いの》が流れ、南側は椿名沼《つばきな》と呼ばれる湿地帯が広がる地であった。周囲の自然地形を巧みに取り込み、曲輪《くるわ》を配置し、巨大な空堀で防御を固めていた。

城は、本丸（東西約七〇×南北約一〇〇メートル）を中心に、北の御前曲輪（東西約七〇×南北約五〇メートル）、南の二の丸（東西約八〇×南北約七〇メートル）までが中枢部で、最大幅約三〇メートルの空堀で仕切られていた。この中枢部を取り囲むように、北東に稲荷《いなり》曲輪、北西に通仲《とおりなか》曲輪、西に蔵屋敷、南西に三の丸、東下に帯曲輪が配されている。さらに、その外側の北東に新曲輪、東に搦手《からめて》馬出、南に郭馬出《かくうまだし》、西に鍛冶《かじ》曲輪が置かれ、防御を強固にしていた。

主要部の南側に設けられた大堀切は、幅約二〇～三〇メートル、深さ七～八メートル、長さは約二〇〇メートルで、尾根筋を遮断し、南北を分断している。各曲輪は、空堀や段差で仕切られ、斜面は険しい切岸《きりぎし》となり、接続は土橋、あるいは架橋であった。南側大堀切で分断された南側にも広く曲輪群が広がるが、郭馬出南側の凸形に突出した木俣《きまた》とその南側に空堀を配置することで、出丸《でまる》的役割を持たせたと思われる。この空堀より南側に段差で区画された曲輪群が見られる。いずれも、南側から侵入しようとする敵への備えであろう。城域西側は、榛名白川が形成した河岸《がん》段丘の急斜面で守られ、東側には巨大な外堀が南北に配されていた。

本丸には、北・西・南の三カ所に虎口《こぐち》が見られるが、南虎口が正面口であった。従って、本丸へのルートは、西側山麓の虎韜《ことう》門から鍛冶曲輪、三の丸を経て二の丸へ入るルート、南側山麓から木俣へ入り、郭馬出を経て二の丸へ入るルート、搦手馬出から二の丸へ至るルートの、三本が推定される。中でも、西側山麓の虎韜門は石垣が使用され、鍛冶曲輪から三の丸へ至るルートにも、石垣が多用される。特に三の丸西面では、城内で最も高い四・一メートルの石垣が確認されている。ここが、井伊氏時代の大手と考えられよう。全体的に見るなら、幅三〇～四〇メートルにも及ぶ横堀、堀切による防御ラインの構築、主要部前面に設けられた馬出、さらに主要部外に構えられた出丸状の曲輪など、五カ国領有時代の徳川の城に見られる特徴を示す。それをさらに巨大化しつつ、石垣を導入するなど、技術的進歩が見られ、天正末～文禄期（一五九〇頃～九六）にかけて、徳川配下の武将たちも、石垣を積極的に取り入れようとしたことが判明する。

箕輪城の発掘調査

平成十～十八年（一九九八～二〇〇六）度まで、本丸・二の丸・三の丸・郭馬出など箕輪城の中枢となる曲輪群を中心に、約七〇〇〇平方メートルの発掘調査が実施されている。これは、国の史跡として保護活用するための基礎資料を収集することが目的であった。発掘調査によって、井伊直政時代の門跡、石垣、石組の排水溝、土塁、堀、掘立柱建物跡等が検出された。

本丸周辺で時代の変遷を追える堀が検出されている。長野氏・武田氏時代の二条の堀が、現在の本丸の南東側と北西側で確認されており、北条氏時代になると、現在本丸堀と呼ばれる本丸の南東側から西側を巡る堀が新たに掘られ、武田氏時代の北西側の堀が埋め立てられ、新たにその南側に堀が掘られていた。井伊期になると、北西側の堀が再び埋め立てられ、本丸と御前曲輪間の堀が掘られることになる。こうした変遷から、前時代の堀を踏襲する部分もあるが、ほとんどが新設され、全体構造を大きく変えたことが判明する。

主な発掘成果を見ておきたい。まず石垣だが、城内で最も高い石垣は、三の丸西面の石垣で、高さは四・一メートル、石材は榛名白川で採取可能な輝石《きせき》安山岩と、少量の角閃石《かくせんせき》安山岩を、未加工の状態で積み上げた野面積《のづらづみ》である。石材の大きさは、二五～五〇センチ程が大部分で、長辺側を横位置に置いて積み上げ、間詰石を用いている箇所も見られる。特徴的なのは、表面積の大きい一メートル大の石材を立てて積む箇所が存在することである。この石垣の下層では、大堀切に平行して積まれた北条期と推定される石垣も検出されている。高さは最高一・三メートル程で、階段状に四段に積まれ、石材も一人で運べる程度の大きさでしかなかった。この最も高い石垣脇が虎韜門から鍛冶曲輪を経て本丸へと至るルートの途中にあたり、両側に石垣を伴う幅五・七メートルの通路跡も確認されている。

大堀切内で検出された石垣は、堀底付近で大堀切に直交するように積まれていた。石垣の規模は、上幅三・九メートル、下幅二・九メートル、高さ二・五メートル以上で、堀底を利用し侵入しようとする敵に備える防御壁の役目を持ち、併せて堀切内の土砂の流失を抑える砂防ダムの役割も果たしていたとも考えられている。石材は、二五〜七〇センチ程の大きめの石の最も平らな面を表面に出し、かつ長辺側を横にして積み上げていた。すべて自然石を用いた野面積であるため、隙間には小型石材を間詰石として用いている。また、大堀切を渡るための唯一の土橋（郭馬出〜二の丸）基底部で、土留めのための石垣を検出している。石垣の規模は、高さ約一・五メートル、幅一・六メートル以上で、使用石材は三〇〜四〇センチ、堀底付近の石垣と同様で、すべて自然石を用いた野面積であるため、隙間には小型石材を間詰石に用いている。ここでは二〜五メートルの裏込石の存在を確認している。

次に、検出された建物だが、いずれも城門である。まず本丸西虎口の城門は、蔵屋敷から本丸に架かっていたと推定される木橋を渡った場所で検出されている。礎石は四石で、その配置から高麗《こうらい》門と推定され、幅約二・九メートル、奥行一・五四メートルの規模となる。本丸の三カ所の門のうち、間口は最大である。

大堀切にある唯一の土橋を二の丸側から南に渡った場所に位置する郭馬出（五二×二七メートル）は、南側防御の拠点であった。南側木俣から続く土橋を渡った場所で城門が検出されている。門の柱を支える礎石は八石で、屋根から落ちる雨水を受けるための石敷きの排水溝も良好な形で残存していた。礎石配置から、二階建ての櫓《やぐら》門が推定されている。規模は、幅五・七三メートル、奥行三・四八メートルで、関ヶ原合戦以前としては、確認されている中で関東地方最大規模を誇る門で、箕輪城を象徴する門と考えられている。なお、この門は平成二十六年（二〇一四）から二カ年をかけ、伝統的工法によって復元された。

本丸の北側に位置し、北側防御の要《かなめ》である御前曲輪の西虎口で城門を検出した。門は、西側通仲曲輪から木橋によって西側空堀を渡って御前曲輪へ入る場所に位置する。礎石は全部で六石あり、その配置から主柱二本を前後四本の控柱で支える四脚門《しきやく》と推定される。その規模は、幅三・一メートル、奥行三・一メートルであった。特筆すべきは、門の屋根から落ちる雨水を受ける雨落溝が、一五六個の石塔の部材を用い、整然と並べてあったことだ。

出土遺物の大半は、生活のために使用された土器になる。中でも、使い捨ての器として主に宴会等の場で使用された素焼きの皿である「かわらけ」が最も多く出土している。このかわらけの中には、小田原からもたらされたと考えられる、ろくろを使用しないで、手で土をこねて形を作り、ヘラで削って成形した「手づくねかわらけ」六点が含まれており、北条氏段階の小田原との繋《つな》がりが判明する。その他、染付などの中国製の貿易陶磁器や瀬戸《せと》美濃産の陶磁類などは、群馬県の城館の中で最大の出土量を誇っている。関ヶ原合戦以前の関東地方の城郭初出土の楽茶碗《らくちゃわん》（楽焼）も確認。京都で焼かれた楽焼は、千利休《せんのりきゅう》のわび茶の思想・美意識に影響を受けた軟質施釉《せゆう》陶器で、茶会の開催が推定される。武具・武器としては、鉄鏃《てつぞく》や鉄砲玉、刀の鍔《つば》、鉄砲の部品等が、その他、硯《すずり》、石塔、銭貨、コウガイなども出土している。

井伊直政と箕輪城

井伊直政は、三河以来の譜代ではなく、旧今川家の家臣の家系である。家康に臣従したのは、天正三年（一五七五）のことで、この時養子に出されていたため松下姓であったが、井伊氏に復することを許され、井伊万千代と改め、旧領の井伊谷《いいのや》の領有を認められ、小姓《こしょう》に取り立てられた。天正十四年、家康が上洛《じょうらく》し、豊臣秀吉に臣従すると、秀吉は直政を従五位下に叙位させ、豊臣姓を下賜したと言われている。直政の武勇・政治的手腕を評価したとされるが、小牧・長久手合戦時の、赤備《あかぞな》えを率いて武功を挙げ「井伊の赤鬼」と言われた活躍が、余りに印象的であったからとも思われる。同十六年の聚楽第行幸においても、筆頭家老酒井忠次や三河以来の重臣たちが諸大夫《しょだいぶ》に留《とど》まる中、直政のみ昇殿が許される侍従《じじゅう》に任官され、直政は徳川家中《かちゅう》最高格式を持つ武将となった。肩書だけでなく、小田原合戦では唯一夜襲をかけて小田原城内へと攻め込んだ武将であり、合戦後の奥州の九戸《くのへ》政実《まさざね》の乱でも先鋒《せんぽう》を務めるなど、新参ながら武芸にも一段秀でた活躍を見せている。

新参にもかかわらず、家康に仕えわずか十五年でトップに上り詰め徳川家臣団最高石高を持って箕輪城へ入った直政は、その地位に相応《ふさわ》しい城を造る必要性を強く感じたと思われる。徳川譜代の大名たちの築城は、いずれも自然地形を巧みに取り込み、そこに巨大な横堀を幾重にも廻《めぐ》らし防御を固めると共に、馬出を配することで虎口強化を図る特徴が認められる。また、関東ローム層における城では、石垣はなくとも高い土塁や切岸、広い堀を配置することで、石垣の城と同等の防御力を持たせることが可能であった。こうした中での石垣構築は、直政の技量を示すためであったとも理解される。

箕輪城は、本丸を中心に北に御前曲輪、南に二の丸を一列に配置し、周囲に土塁を設け、各曲輪には幅約二〇メートル（最大幅約四〇メートル）・深さ一〇メートルの空堀が廻っていた。

写真14　箕輪城三の丸西面石垣

本丸南に郭馬出、南東に搦手馬出、北東に稲荷曲輪を配置するが、いずれも馬出の機能を有している。周囲には、階段状に多数の曲輪が配される。南側には、尾根筋を遮断する幅約三〇メートル・深さ二〇メートルに達する大堀切を構え、堀は直交するように設けられた砂防を兼ねた石垣の壁で侵入を阻んでいた。さらに、大堀切南側には木俣と呼ばれる出丸が置かれている。本丸の三カ所の虎口はいずれも石垣造りで、大手登城路と推定される虎韜門から鍛冶曲輪、二の丸を経て本丸へと至るルートは、両側に石垣を伴う幅五・七メートルの通路もあり、途中には石垣を構え、見せるための巨石や高さ四メートルに及ぶ石垣も積まれていた。

関ヶ原合戦以前で、これ程石垣を多用した徳川配下の城は存在しない。直政は、徳川家臣団でかつて誰も築いたことのない石垣の城を築くことと、巨大な城門を設けることで、徳川家臣ナンバー1の地位を誇示したのであろう。だが、城そのものは中世的段階から抜けきることが出来ず、土塁と堀の巨大化で対応せざるを得なかったのである。徳川家臣団の武将たちが、本格的な石垣を採用するのは、関ヶ原合戦後のことになる。

二　本多忠勝の桑名城

桑名城の歴史

平安時代より、都及び畿内《きない》周辺の物資を東日本へ販売するためと、逆に東日本の物資を集積し近江を経由して畿内へ運ぶための中継拠点として繁栄した。この頃、平維衡《たいらのこれひら》が伊勢守に任ぜられ、伊勢平氏の祖となり、庶流の清綱《きよつな》が桑名《くわな》に移り、以後子孫が桑名氏を名乗った。鎌倉時代、桑名行綱《ゆきつな》が幕府から桑名の地を与えられ、構えた館が桑名で最初の城館とされる。

室町時代になると、商人たちによる自由都市が形成され、堺・博多《はかた》・大湊《おおみなと》と並ぶ我が国屈指の貿易拠点として「十楽の津」と呼ばれる程、繁栄することになる。大永六年（一五二六）、この地を訪れた連歌師宗長《そうちょう》は「此津南北美濃尾張の河ひとつ落ちて、みなとのひろさ五六町、寺寺家々数千軒云々」と当時の盛況を『宗長手記』に記している。戦国時代には、北伊勢地域に勢力をもった小規模の城主・豪族が乱立し北勢四十八家《ほくせいしじゅうはちけ》と呼ばれていた。こうした豪族たちが桑名の利権を狙って侵攻してきたが、樋口氏・矢部氏・伊藤《いとう》氏の三人の有力者が、西城・三《み》崎《さき》城・東城（いずれも三重県桑名市）という城館を構え、その下に三十六人衆を従え、共同して自治都市桑名を守っていたと考えられている。三城の内、永正十年（一五一三）に、伊藤武《ぶ》左衛門実房《ざえもんさねふさ》によって築かれた東城が、近世桑名城（三重県桑名市）の二の丸と朝日丸あたりに位置し、桑名城の起源とされる。

永禄十年（一五六七）、織田信長は、滝川一益を先陣として四千の兵で北伊勢に侵攻した。願証寺《がんしょうじ》を中心とする宗教勢力の一大拠点であった伊勢長島を迂回《うかい》し、桑名、員弁《いなべ》、朝明《あさけ》などを支配下としたのである。同年、稲葉山《いなばやま》城（岐阜県岐阜市）を落とし、美濃一国を手中にすると、すぐさま信長自身が兵三万を率い、桑名を本陣として伊勢攻略戦を開始するが、態勢整わず撤退、翌年兵四万を率い、再度伊勢に侵攻し、北勢四十八家を次々と攻略した。これを見た各地の武将も織田方に付き、伊勢平定が成ったのである。この時、北伊勢の神戸《かんべ》氏には三男信孝《のぶたか》を養子に出し、神戸家の名跡を引き継がせ、長野氏には弟の信包《のぶかね》を養子とし、南伊勢の北畠《きたばたけ》氏には二男信雄を送り込み、伊勢を支配下に置いたのである。

桑名から京都・近江に向かうには鈴鹿《すずか》山脈を越えなければならなかった。鈴鹿越えの峠道は、複数存在していたが、菰野《こもの》町千草《ちくさ》から根《ね》ノ平《ひら》峠を越えて、永源寺《えいげんじ》町の甲津畑《こうづはた》まで至る「千種越え」と、菰野町田光《たびか》から八風《はっぷう》峠を越えて、東近江市杠葉尾《ゆずりお》町までの「八風越え」のルートが多く利用されていた。伊勢を支配下に置き、やがて近江まで支配下に置いた信長は、このルートを完全に掌握したのである。

願証寺を中心に一向《いっこう》宗門徒の自治が行われていた長島は、やがて信長と対立し、元亀元年

写真15　桑名城、神戸櫓跡と二の丸跡

（一五七〇）長島一向一揆《いっき》を起こすが、天正二年（一五七四）一揆勢は鎮圧され、門徒による自治領は完全に崩壊した。長島を含めた伊勢五郡は滝川一益に与えられた。本能寺の変後、織田政権を引き継ぎ権力を掌握した秀吉政権下では、伊勢の支配者はめまぐるしく変わっている。天野《あまの》景俊《かげとし》、丹羽《にわ》氏次《うじつぐ》、服部一《はっとりかず》正《まさ》らが短期間桑名城主となっている。天正十九年に城主となった一柳直秀《ひとつやなぎなおひで》（可遊《かゆう》）の時に、本格的な近世城郭化が図られ、文禄四年（一五九五）に織田信孝の神戸城（三重県鈴鹿《すずか》市）天守が移築されたと伝わる。この年、秀次事件が勃発《ぼっぱつ》、直秀はこの事件に連座して徳川家康に預けられ切腹することになる。直秀に替わって二万二千石で氏家行広《うじいえゆきひろ》が城主となった。慶長五年（一六〇〇）会津征伐に向かう家康軍に合流するため進軍中に、石田三成挙兵の報に接すると、直ちに家康に断りを入れ伊勢に帰還した。豊臣秀頼が幼少であることを理由に、中立の立場をとったのである。だが、西軍勢力の力が桑名に及んできたため、中立を維持できず、やむなく西軍に与《くみ》し伊勢路を防衛することになってしまう。これによって、関ヶ原合戦後、改易されることになった。

関ヶ原合戦後の慶長六年、上総大多喜より徳川四天王の一人本多忠勝が桑名へ入部する。大坂城には、いまだ豊臣秀頼が健在で、伊勢国内にも豊臣家の蔵入地《くらいりち》が存在していた。また、豊臣恩顧の武将たちは、増封され西国に領地を与えられた。家康は、東西交通の接点たる桑名に、信頼のおける忠勝を配して、万が一西国大名たちが江戸を目指した時の防衛の任にあたらせたのであろう。現在見られる城の基礎は、忠勝入封によって整備されたもので、それ以前の城主は二万石前後の石高でしかない。忠勝が、一〇万石に相応しい体裁以上の城を築き上げたのは、家康からの信頼と期待を一身に受けたことが解っていたからであろう。

桑名城の構造

忠勝は、前時代の城をベースとして整備拡張を実施すると共に、城下の町割全体を整備している。これを「慶長の町割」と呼び、完成まで一〇年を費やす大工事となった。員弁川（町屋《まちや》川）・大山田川《おおやまだ》の流れを変えて外堀に利用する工事から始め、多くの町衆を移転させた。単なる城下町にするのではなく、水運で栄える湊町、商人町、宿場町としても発展させようとしたのである。忠勝は、武家地と町屋を区別し、同業者を集めた油町《あぶらまち》、鍛冶《かじ》町、魚《うお》町などを設け、寺は城下町の入口付近二カ所にまとめ、万が一の駐屯地《ちゅうとんち》として防備の役割を持たせた。

町割普請と並行して桑名城の大改修も実施された。関ヶ原合戦後の西日本の徳川諸大名の城は、ほぼ豊臣恩顧の城と遜色《そんしょく》のない総石垣、天守を持つ姿となった。桑名城は、その典型である。周囲を堀で囲まれた方形の本丸の南に土橋で結んだ二の丸を設け、馬出として利用する構造は、聚楽第、広島城と同様であった。揖斐《いび》川に面した東側には、堀を挟んで内朝日丸を構え、北に三の丸、さらに西側に堀で囲まれた南北長さ六五〇メートルにも及ぶ丸の内を設け、武家屋敷地としている。南は、最大幅七五メートルにも及ぶ堀を設け、防備強化が図られた。その外側に、L字に城を囲むように城下町が広がり、町屋はさらに南に広がっていたのである。

侍屋敷と城下町間の外堀沿いに東海道が走り、北端に船着場を設け、東海道唯一の海上交通である「七里《しちり》の渡し」があった。東海道は、ここから熱田までが海路となる。桑名城は、東を流れる揖斐川や城下を流れる大山田川の水を巧みに取り込み、広大な水堀が幾重にも取り囲む城として完成を見た。

本丸は、南北約一一〇×東西約五八メートルで、北東隅の四重天守の他、三重櫓三基が隅角に配され、南西隅に神戸城からの移築天守が櫓として利用されている。大手は、西側丸の内の北と南の二カ所に構えられ、いずれも厳重な枡形《ますがた》虎口であった。さらに、三の丸と丸の内の間には、揖斐川に面して舟入門が設けられている。主要部の二の丸、三の丸にも二重櫓や多門櫓、揖斐川に面しては平櫓《ひらやぐら》を要所に構え、合計五一基の櫓で固めていたと言われる。諸門の多くは、厳重な構えの枡形門で、各曲輪間も通路を折り曲げ横矢を掛け、さらに門で仕切る強固な形をとっていた。曲輪間の接続は土橋が多用されていたが、本丸と二の丸間は有事に備え切り落と

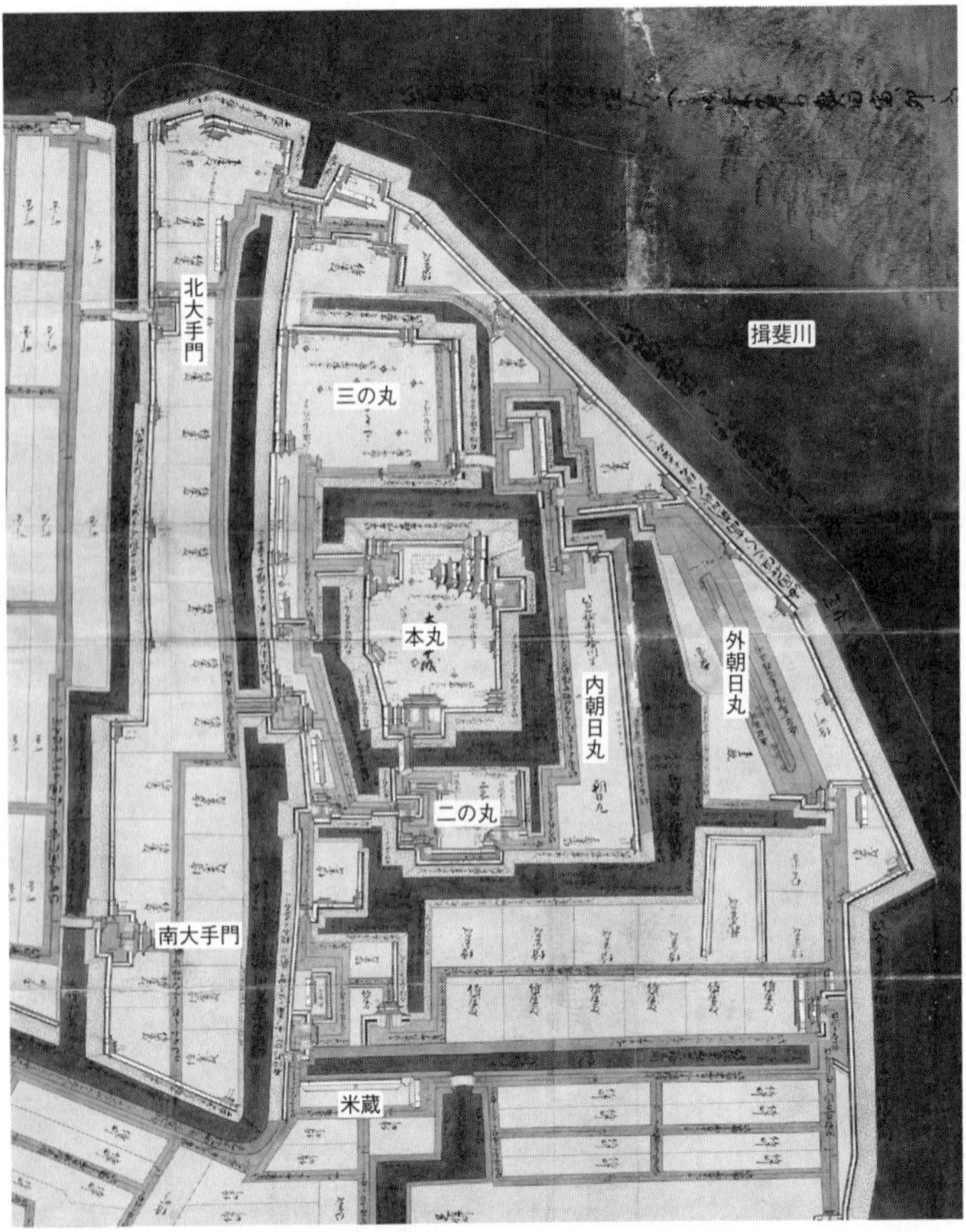

図27 「伊勢桑名城中之絵図」部分（国立公文書館蔵）
城の軍事性を幕府が把握するために、徳川家光の命によって制作された『正保城絵図』は、正保元年（1644）から４年間ほどで、全国から提出されている。

しが可能な廊下橋とし、三の丸と内朝日丸間も木橋が架けられていた。このように、城は戦闘本位で造られており、極めて厳重であった。

元和三年（一六一七）に本多家が姫路に移封になると、松平（久松《ひさまつ》）定勝《さだかつ》が十一万石で桑名城主となった。寛永十二年（一六三五）三代定綱《さだつな》の代に、再び大規模な改修が実施されることになる。南側の吉の丸、東側の外朝日丸は、この時の改修によって拡張されたものである。定綱は、本丸北東隅に新たな四重六階の天守を築き上げ、旧天守（本多天守）は隅櫓として残している。元禄《げんろく》十四年（一七〇一）桑名城下で大火災が起こり、一五〇〇軒が焼失し、城へも類焼し、天守以下、多くの建物が焼失した。その後、天守は再建されることはなかったが、その他の建物は宝永《ほうえい》七年（一七一〇）までに再建された。この時点で桑名城内の建物は、三重櫓三基、二重櫓二四基、付櫓二四基、多門櫓一二基、城門四六棟であったという。

本多忠勝と桑名城

三方ヶ原合戦の前哨《ぜんしよう》戦である一言《ひとこと》坂の戦いの後、「家康に過ぎたるものが二つあり　からのかしらに本多平八」と本多忠勝の武勇を称賛する狂歌・落書《らくしよ》を、小杉左近が書いたと言われている。しかし、実際は信其なる人物が日記で若き頃の忠勝を謳《うた》ったものである。いずれにしろ、徳川家中で、鹿角の兜《かぶと》をかぶり、名槍《めいそう》「蜻蛉《とんぼ》切《きり》」を引っ提げ、戦場を縦横無尽に駆け回り、数々の武功を挙げ、徳川四天王の一人に数えられる武将であった。永禄三年（一五六〇）、十三歳の時に、尾張に攻め入り大高《おおたか》城兵糧入れで初陣し、同時に元服している。以後、参加した合戦は大小合わせ五七回に及ぶが、どの戦においても傷一つ負うことはなかったと言われる。信長は、武田氏を滅亡させた後、「花も実も兼ね備えた武将である」と侍臣に紹介しており、秀吉からは「日本第一、古今独歩の勇士」と称された。

慶長五年（一六〇〇）の関ヶ原合戦では、本多本隊は嫡男忠政《ただまさ》にまかせ、忠勝は家康本陣で、井伊直政と共に、豊臣恩顧の武将の監視役にあたったと言われる。合戦当日は、忠勝自らも奮戦し、本多隊は、九〇余にも及ぶ首級をあげたと言う。戦後の論功行賞で、東海道の要衝伊勢桑名の地を任せられた。石高は一〇万石と変化はないものの、旧領・大多喜は、次男・忠朝《ただとも》に別家五万石で与えられたため、本多家からすれば、実質一五万石を得たことになろう。

この忠勝の移封については、江戸から遠く離れた地になるため、武功派を遠ざける目的があったとの見方もある。だが、家康が最も信頼した井伊直政もまた彦根の地へと移封されている。彦根、桑名共に、東西の接点にあたる交通の要衝で、極めて重要な地であった。西国の大名が大挙して江戸に向かうことを想定すれば、東山道を進む軍勢は彦根で、東海道を進む軍勢は桑名で、食い止めようとしたのである。その大役を家康は、直政と忠勝に託したのである。

慶長五年、家康は、会津の上杉景勝の征伐のため、諸将を率いて出兵することになった。家康は、徳川家の都の拠点・伏見城を、家康がまだ「松平竹千代《たけちよ》」と呼ばれて今川氏の人質だった頃からの側近の一人である鳥居元忠に預けたのである。伏見城は、西軍勢力圏の中にある東軍の橋頭堡《きょうとうほ》であった。必ず、最初に西軍方が攻め寄せることは、誰の目にも明らかであった。家康は、会津に向かう前に伏見城に宿泊して元忠と酒を酌み交わしたと言う。元忠は、多くの兵はいらない、この城は玉砕する城だから、兵が無駄になる、将来の徳川家のため一人でも多く連れ出し将来に備えてほしい、と言ったとされる。家康は、老臣の忠義に対し、深夜まで酒を酌んで別れを惜しんだと伝わる。

家康が会津に向かうと、石田三成が挙兵。伏見城は前哨戦の舞台となり、元忠は一八〇〇の兵で立て籠《こも》った。包囲軍は、宇喜多秀家、小早川秀秋ら約四万、短時間での落城が予想された。だが、最初から玉砕覚悟の元忠は、必死の覚悟で防戦、十三日にも亘《わた》って戦い続け、最後は自害し果てた。享年六十二歳であった。この元忠の忠節は、「三河武士の鑑《かがみ》」と称され、家康は嫡男・忠政《ただまさ》を磐城平《いわきだいら》藩十万石に遇し、最終的には山形藩二四万石にまで抜擢《ばってき》したのである。

家康は、この元忠の忠義同様、直政と忠勝なら、徳川家のために最前線で玉砕覚悟の戦いを展開すると信じていたのだ。城の構造も、完全に「背水の陣」で、後ろに長良《ながら》川を背負った城である。忠勝は、徳川家のために、最後まで戦い抜くことを、城の構造で示したのである。

桑名の地が、いかに重要であったかは、旧幕府軍と新政府軍の戦いで明らかだ。慶応《けいおう》四年（一八六八）の鳥羽《とば》・伏見の戦いで勝利した新政府軍は、桑名城へと迫った。藩主の松平定敬《さだあき》は、旧幕府軍と共に江戸に向かったため、藩主は不在であった。城では、抗戦か恭順かで激論となったが、上層部が抗戦と決定した。しかし、下級藩士の猛反発にあい、結局は無血開城したのである。これと同じように、家康は、旧豊臣恩顧の外様《とざま》諸将が、大軍を率いて江戸へと向かうことを想定していたのである。そのため、忠勝を桑名に配置し、江戸幕府の体制が整うまで、敵兵力を足止めさせようとしたのである。多くの合戦における忠勝の活躍は敵味方を問わずに賞賛され、家康は「まことに我が家の良将なり」と信頼していた。家康は、その武勇に旧豊臣恩顧の外様諸将の足止めを託したのである。

三　本多正純の宇都宮城

宇都宮城の歴史

城の創築ははっきりせず、平安時代後期に藤原宗円《そうえん》、あるいは藤原秀郷《ひでさと》が築いたと伝わるが定かではない。永承《えいしょう》六年（一〇五一）、朝廷側に従わない安倍頼良《あべのよりよし》と戦った陸奥守藤原登任《むつのかみふじわらのなりとう》らが戦いで敗れたため、朝廷側は、翌年源頼義《みなもとのよりよし》を陸奥守鎮守府将軍に任じた。この時、頼義に従ったのが石山寺《いしやまでら》（滋賀県大津市）の僧・藤原宗円で、二荒山《ふたあらやま》神社（宇都宮《うつのみや》大明神）で先勝祈願を行ったとされる。前九年の役（一〇五一～六二）が治まると、その功によって宇都宮二荒山神社の「社務職」と毛野《けぬ》川（鬼怒《きぬ》川）流域一帯の支配権を与えられた。以後、宇都宮氏を称し、この地の支配を確実にしたと思われるが、記録は残されていない。

記録上存在を確認できる最初の宇都宮城（栃木県宇都宮市）主は、三代城主とされる宇都宮朝綱《ともつな》で、源頼朝《よりとも》の奥州藤原氏攻めに参戦している。以後、鎌倉幕府の有力御家人として、この地を任されている。戦国時代に入った永正《えいしょう》九年（一五一二）、宇都宮成綱《しげつな》が、筆頭重臣の芳賀《はが》高勝《たかかつ》を殺害すると、芳賀氏が反乱を起こす内紛が勃発した。宇都宮錯乱《さくらん》と呼ばれた内紛をきっかけに、永正・大永・天文（一五一二～五五）まで家中は落ち着かず、宇都宮氏は衰退していく。戦国時代後期になると、小田原北条氏が台頭し、日光山《にっこうさん》の僧兵も侵攻してくるなど、宇都宮城の防御構造に不安を持つことになる。そこで、宇都宮国綱《くにつな》は、山城の多気城《たげ》（栃木県宇都宮市）を改修し拠点とした。

天正十八年（一五九〇）、小田原北条氏を滅亡させた豊臣秀吉は、東国及び奥州を完全に支配下に置くため、鎌倉から会津黒川《くろかわ》（福島県会津若松《わかまつ》市）へと兵を進める途中で、宇都宮へ立ち寄った。これは、文治《ぶんじ》五年（一一八九）鎌倉幕府を樹立した源頼朝が奥州へ兵を進めた際、宇都宮で宇都宮大明神に奉幣し奥州を平定したことに倣ったと言われる。

宇都宮城へと入った秀吉は、約十日間滞在し、関東・東北地方の諸大名の配置を決める「宇都宮仕置」を実施した。すでに秀吉は、小田原攻めにあたって奥羽《おうう》・関東の諸大名に参陣を命じており、伊達政宗、最上義光《もがみよしあき》、南部信直《なんぶのぶなお》などが参集している。彼らだけではなく、家康もあらためて秀吉と謁見し、本領安堵《あんど》や新領への転封、人質の差出など多くの指示を受けたのである。また、小田原に参集しなかった安藤《あんどう》（秋田）実季《さねすえ》、相馬義胤《そうまよしたね》らも宇都宮で謁見し、服従を誓うことで本領を安堵された。しかし、那須資晴《なすすけはる》などは、宇都宮に参集しなかったため領地を没収されている。宇都宮国綱は、本領を安堵されると共に、多気城から再び宇都宮城への移転を命じられた。その後、羽柴姓を授かるなど秀吉と良好な関係を保っている。

ところが、慶長二年（一五九七）に突然の改易命令が発せられ、国綱は宇都宮を追放され、宇喜多秀家の下に預けられた。翌三年になると蒲生秀行が十八万石で入封し、城下町の整備を進めることになる。

関ヶ原合戦後の慶長六年、蒲生秀行が会津旧領へ復帰すると、家康の孫・奥平家昌《いえまさ》が上野小幡《おばた》より入封した。同十九年、家昌が急死すると、わずか七歳の忠昌《ただまさ》が後継となったが、年少だったため元和五年（一六一九）一万石の加増を受け、下総古河《こが》へと転封が命じられた。その後を受けて十五万五千石で宇都宮城主となったのが、本多正純《まさずみ》だ。

元和二年、日光山に家康廟《びょう》として東照宮《とうしょうぐう》が造営され、その奉行を務めたのが本多正純であった。翌年、日光社参のため二代将軍秀忠が宇都宮城に宿泊している。以降、宇都宮城は日光社参の折の将軍家宿所となり、十二代将軍家慶《いえよし》の代まで実に十九回もの宿泊が行われた。

城主となった正純は、城の大改修を実施し近世城郭としての体裁を整えた。さらに、街道や城下町も整備し、現在の県都宇都宮市の基礎を築いたのである。元和八年、日光社参の帰路、宇都宮城へ宿泊する予定だった秀忠が、急遽《きゅうきょ》行程を変更した。この後、本多氏は取り潰《つぶ》され、家康の信頼厚い正純であったが流罪となってしまう。世に言う「宇都宮城釣天井事件」で、正純は秀忠側近の奸計《かんけい》にしてやられたのである。

正純に替わって城主となったのは、前城主であった奥平忠昌で、再び城に入ると四六年間の長きに亘り城主を務めることになる。その後、奥平氏、松平氏、本多氏、奥平氏、阿部氏、戸田氏、深溝松平氏とめまぐるしく城主が入れ替わることになる。安永《あんえい》三年（一七七四）からは、戸田氏が六〜七万石で治め、幕末まで七代の居城となった。慶応四年（一八六八）の戊辰《ぼしん》戦争に際し、城は猛攻を受け、灰燼《かいじん》に帰してしまったのである。

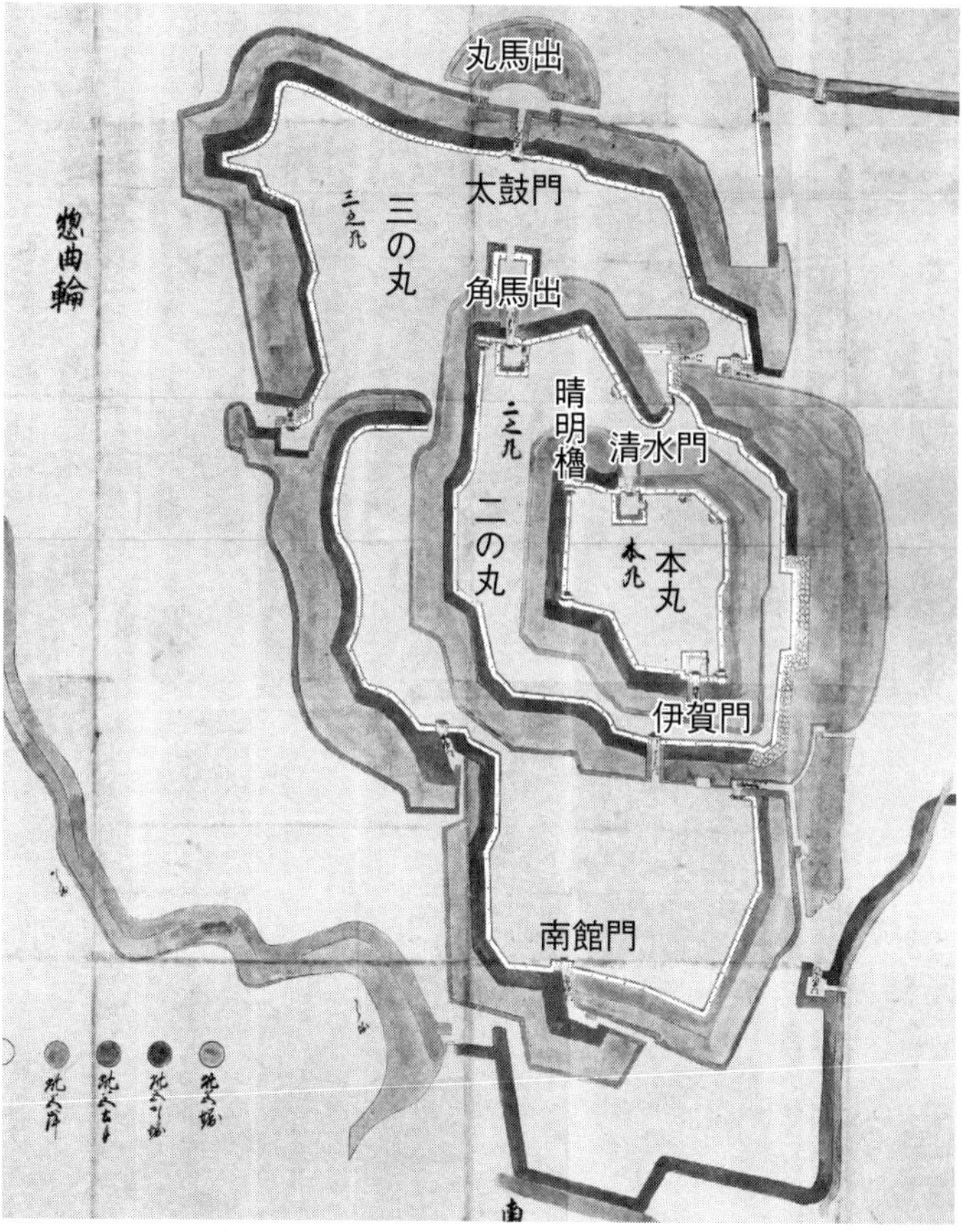

図28　下野国宇都宮城絵図（国立国会図書館蔵）

宇都宮城の構造

典型的な土造りの城で、各曲輪共に高さ一〇メートル程の巨大な規模の土塁が取り囲み、その前面に釜《かま》川と田《た》川の水を取り入れた水堀が配されていた。特に、東西に配された水堀は幅二〇メートル超と広大で、寄せ手を釘付《くぎづ》けにするに十分な規模である。石垣は、主要虎口となる六カ所で採用、さらに三の丸表口の太鼓門の前方には、巨大な丸馬出を設け防備強化が図られた。幾重もの水堀で囲まれ、複雑な塁線とすることで横矢を掛ける構造は、総石垣造りの城にも引けをとらなかった。

本丸には、正徳《しょうとく》四年（一七一四）以降御殿はなく、五基の櫓が存在し、実に七八〇メートル余にも及ぶ土塀で接続されていた。二の丸御殿は、天和《てんな》元年（一六八一）の造営で、六五八坪を誇る巨大建築である。二の丸にも三基の櫓が構えられ、関東随一の八基の重層櫓を持つ城となった。家臣の屋敷は、城の西側、日光街道との間を中心に広がっている。

本丸は、巨大な土塁と水堀に囲まれたほぼ方形の曲輪で、南北に内枡形の虎口が配される。その周りを帯曲輪状の二の丸が取り囲み、敷地面積の広い北西部に城主御殿、その北側に表門となる二の丸門が配されていた。本丸には、土塁上に五基の櫓（北より北櫓・晴明《せいめい》櫓・東櫓・富士見［藤見］櫓・辰巳《たつみ》櫓）があった。いずれも同規模の二重櫓で、梁間《はりま》二間×桁行《けたゆき》二間の規模で、土塁上に建つため土台となる低石垣を築き、その上に築かれている。五基の櫓共に同意匠で、無破風《はふ》の白漆喰《しっくい》総塗籠《ぬりごめ》の姿であった。北西隅に位置する晴明櫓（晴明台）は、陰陽師《おんみょうじ》・安

写真16　復元された晴明櫓と土塁

倍晴明が本城の繁栄を祈願した場所との伝説によりこの名が冠されたという。これらの櫓はすべて土塀により接続しており、土塀の総延長は四〇九間と記録される。土塀には、狭《さ》間《ま》が切られ防御を固めるだけでなく、途中の何カ所かに屛風《びょうぶ》折れを設け、横矢を掛ける厳重な構えであった。

南北二カ所に構えられた門は、いずれも石垣造りの内枡形の厳重な構造で、北側清水門が本丸大手口であった。土橋を渡った正面に梁間、桁行共に二間の櫓門、左に折れて高麗門が配されている。枡形は土塀で囲い込まれ（慶応年間［一八六五～六八］成立の「宇都宮御城内外絵図」では土塀が見られない）、櫓門を入った右手に番所が置かれ、入城者を監視していた。門の左右には晴明櫓と北櫓が位置し、有事に際し、土橋を渡り清水門へと殺到する敵兵に対し横矢を掛けていた。南側、伊賀門が搦手門で、やはり土橋を渡った前面に櫓門、大手口とは反対に右に折れて高麗門が位置する。櫓門は、梁間二間×桁行四間と清水門より大きい。枡形が土塀囲み（天保十四年［一八四三］複製の「本丸将軍御泊ノ節ノ建物ノ図」では見られない）となるのも同様である。だが、番所については幕末頃成立の両絵図共に描かれていない。

北側の大手門は出枡形であるが、枡形部分は土塁のみで構造物が見られない。大手門は、巨大な櫓門としている。三の丸大手口の太鼓門の前面には、三日月堀と巨大な丸馬出を配し、太鼓門を丸馬出側に突出させることで横矢掛かりとしている。二の丸表門は内枡形とし、その前面には角《かく》馬出が構えられていた。枡形、丸馬出、角馬出、枡形と常に行く手に強固な防御施設を配す構造は、心憎いばかりである。土塁の塁線も折れを多用し、厳重だ。石垣は主要部のみに限定されているが、高さ約一〇メートル、基底部で幅約二〇メートルの巨大な土造りの土塁は、総石垣にも引けを取らない程である。

本多正純と宇都宮城

本多正純は、本多正信の嫡男で、三河一向一揆で家康と対立していた父が帰参すると、十九歳で家康に仕えることとなった。その後、父同様に策略に秀でていることから重用され、関ヶ原合戦では、捕縛された石田三成の身柄を預かった。

家康が征夷《せいい》大将軍となり、江戸幕府を開設すると、正信は家康側近として幕政を主導していった。家康が大御所となり、駿府に移ると正純は側近として仕え、下野・小山《おやま》藩三万三千石の大名として取り立てられた。完成間近の駿府城が火災で焼失した際には、再建がなるまで家康は正純の屋敷で過ごしていることからも、その親密な関係が判明しよう。

その後、正純は方広寺鐘銘事件で、大坂の陣の開戦のきっかけを作り、冬の陣後の和睦《わぼく》に際しても、内堀埋め立てを主導したとも言われる。元和二年、父・正信、家康が相次いで死去すると、江戸に戻り二代将軍・秀忠の側近として五万三千石をもって年寄（老中）となり、権勢をほしいままにしたのである。同五年、奥平忠昌が移封されると、家康の遺命として、十五万五千石で宇都宮城主となった。

元和三年（一六一七）四月、日光東照宮の社殿が完成し、家康は久能山《くのうざん》東照宮より奥院廟塔に改葬され、一周忌に遷座祭が行われ、秀忠が社参している。正純が宇都宮の地を求めたのは、日光東照宮への通り道であったためであろう。小山藩から三倍もの加増や、家康、秀忠と引き続く権勢に対し、秀忠側近たちが反感を募らせていたことも十分承知していたはずである。正純の後ろ盾であった家康や父・正信が亡くなり、二代将軍秀忠側近衆が台頭し、正純の影響力や政治力は徐々に失われつつあった。それを食い止めるには、東照大権現となった家康が祭られる日光東照宮の存在を高め、家康寵臣《ちょうしん》であった事実をひけらかす必要があったのである。そこで、日光への街道を押さえる宇都宮に入る必要があったのではないだろうか。

正純は、さっそく城と城下町の大規模な整備を開始し、幕府の街道整備にあわせ、奥大道を市街地の西に移し、伝馬町《てんまちょう》付近で日光方面への道と分岐させた。これにより、日光道中（日光街道）と奥州道中（奥州街道）の主要街道が分岐する、交通の拠点としての宇都宮が誕生することになった。奥大道の移転に伴い、宇都宮城の西側にも、新たな市街地が誕生した。

正純は、自らの存在価値を保持するため、将軍の日光社参の際の宿城として改修に力を注いだのである。城域を拡張し、東西南北一キロメートル四方にも及ぶ規模とし、櫓や門を構え、面目を一新した。さらに、本丸内部に将軍専用の宿舎「御成御殿《おなり》」を造営したと言われる。また、江戸城の北の守りを固める城とするため、二荒山神社を生かし、正面を北に向け、城下町は、中世段階の街を巧みに取り込み、街道に沿った新たな街と合体させている。正純は、短期間でこれらの大工事を成し遂げたのである。城は、複雑な塁線を巧みに組み合わせ、巨大な土塁と幅広の水堀を、工夫を凝らして接続させていた。特に虎口は、枡形と馬出を実に巧みに組み合わせ、強固な防備を作り上げている。家康、父・正信と共に、幾多の合戦を経験したことが、この城造りに生きたのだ。十五万石の大身に相応しい造りであると共に、天守や代用の三重櫓は、幕府への配慮からか採用を控えていることからも、正純の慎重な姿勢が窺《うかが》える。こうした配慮をしつつ城の近世化を進めたにもかかわらず、すでに秀忠側近たちが、正純排除の策を弄《ろう》していたのである。

元和八年、山形藩最上家が改易されることになった。幕府は、正純を山形城（山形県山形市）受取りの上使として派遣、正純は無事に城を接収した。だが、その時点で正純糾問の使者である伊《い》丹康勝《たみやすかつ》と高木《たかぎ》正次《まさつぐ》が正純のもとへと向かっており、改易を告げることになる。これが世に名高い「宇都宮城釣天井事件」で、鉄砲の秘密製造、本丸石垣の無断修築、さらに宇都宮城の寝所に釣天井を仕掛けて秀忠を圧死させようと画策したなど、十一カ条の罪状嫌疑を突きつけた。正純はそれら全てについては明快に答えたが、追加して質問された城の修築において命令に従わなかった将軍家直属の根来《ねごろ》同心を処刑したこと、鉄砲の無断購入、許可なく抜け穴の工事をしたことの三カ条に、適切な弁明が出来なかったという。

『梅津政景《うめづまさかげ》日記』は改易の理由を、正純の奉公不足を原因とし、具体的に福島正則改易・宇都宮拝領・宇都宮城普請未成を挙げている。改易にあたって、秀忠は、先代よりの忠勤に免じ、改めて出羽《でわ》国由利《ゆり》（現在の秋田県由利本荘市《ゆりほんじょうし》）に五万五千石を与えると伝えたが、正純は謀反は身に覚えがないと毅然《きぜん》とした態度で応じ、その五万五千石を固辞した。秀忠の恩情までをも固辞したことに、秀忠が激怒、本多家は改易され、知行はわずか千石のみとなり、身柄は佐竹義宣《さたけよしのぶ》に預けられ、出羽国由利へ流罪となり、後に出羽国横手《よこて》に幽閉されてしまう。正純失脚により、家康時代の側近は完全に排斥され、土井利勝《どいとしかつ》ら秀忠側近が力を持つことになったのである。

家康の死去を契機に、二代将軍秀忠とその側近によって、家康寵臣たちは次々と政権の中枢から遠ざけられていった。三河以来合戦に明け暮れた武断派の武将は、すでに死去し、江戸幕府の基礎固めに奔走した武将たちも必要とされなくなったのである。だが、城造りの技術は、この後も綿々と受け継がれていったのである。

四　土井利勝の佐倉城

佐倉城の歴史

この地を治めた守護千葉《ちば》氏は、本佐《もとさ》倉《くら》城（千葉県佐倉市・印旛郡酒々井町）を居城としていたが、立地に問題を抱えていた。そこで、千葉親胤《ちかたね》が天文年間（一五三二〜五五）に、一族の鹿《か》島《しま》幹胤《みきたね》に命じて、鹿島台の地に築城を開始した。だが、幹胤は完成を見ることなく没し、城造りを命じた親胤もまた弘治三年（一五五七）に家臣に暗殺され、築城工事は中止を余儀なくされた。天正年間（一五七三〜九二）に入ると、千葉邦胤《くにたね》が改修を試み築城を再開したが、天正十三年に内紛により暗殺され、再び築城工事は中断となった。その後、千葉氏は、小田原北条氏の傘下に入ることになる。豊臣秀吉による小田原攻めでは、北条方ということで徳川家康に攻められ、滅亡に追い込まれてしまった。

　天正十八年、関八州は徳川家康が領有することになった。その時、久野城主であった久野宗能が一万三千石で佐倉へと入ったと言われる。この時点では、佐倉城（千葉県佐倉市）は未完成であったことから、本佐倉城が地域拠点であった。佐倉の地は、重要拠点ではあったが、長期に亘り領主を務めた武将は存在せず、その後三浦義次《みうらよしつぐ》、武田信吉《のぶよし》、松平忠輝《ただてる》、小笠原吉次《よしつぐ》などが封じられたが、いずれも短期間で城と城下を整備するには至らなかった。

　関ヶ原合戦で勝利し、江戸に幕府を開設した家康は、江戸の街を東方から守る重要拠点に下総佐倉の地を選んだ。そこで、慶長十五年（一六一〇）土井利勝を三万二千石（のちに老中となり十四万二千石）で佐倉城主とし、中世の鹿島城跡に大規模な城郭と城下を建設することを決定。翌十六年から元和三年（一六一七）まで七年の歳月をかけて、都市計画を完成させたという。城は、印旛《いんば》沼の南に広がる下総台地の一角を占め、東西に馬の背状に延びる尾根の先端の標高約三〇メートル（比高約二〇メートル）の地点に位置する。南と西側の険しい崖《がけ》の下には、高崎《たかさき》川と鹿島川が流れ、自然の外堀の役目を担っていた。北側は、千葉県最大の湖沼の印旛沼で、その周囲にも大小の湖沼群が広がり、まさに自然の要害地形であった。

半島状に舌状台地が続く、東側の尾根筋を町人の居住地に定め、それを取り巻くような形で侍屋敷街が配置されていた。城と城下は、丘陵上を利用しており、河岸段丘に入り組む谷筋と尾根筋によって、複雑な地形となっていたが、これに合わせるように城と城下町が配置されたのである。城外の低地からは、丘陵上面は見えず、段丘崖《がい》面が細長く続いているだけでしかない。まさか、その上に城下町が広がっていることなど、想像できなかったと思われる。

城下町は、大手門から東に延びる新町通りの沿道が中心で、佐倉六町と呼ばれた町屋町が形成されていた。さらに、ここから南北に延びる枝尾根には、海隣寺《かいりんじ》や甚大寺《じんだいじ》などの寺社が配され、城の防御の一助となっていた。佐倉街道は大手門前で城下町に入り、丘陵地の尾根筋を通り酒々井《しすい》町の旧宿場町を経由して成田《なりた》方面に続いている。成田の発展に伴い江戸中期からは「成田街道」と呼ばれるようになった。完成に合わせて、周囲を「佐倉」と名付け、城の名前も変更したとされる。一国一城令もあり、本佐倉城は廃城とされた。

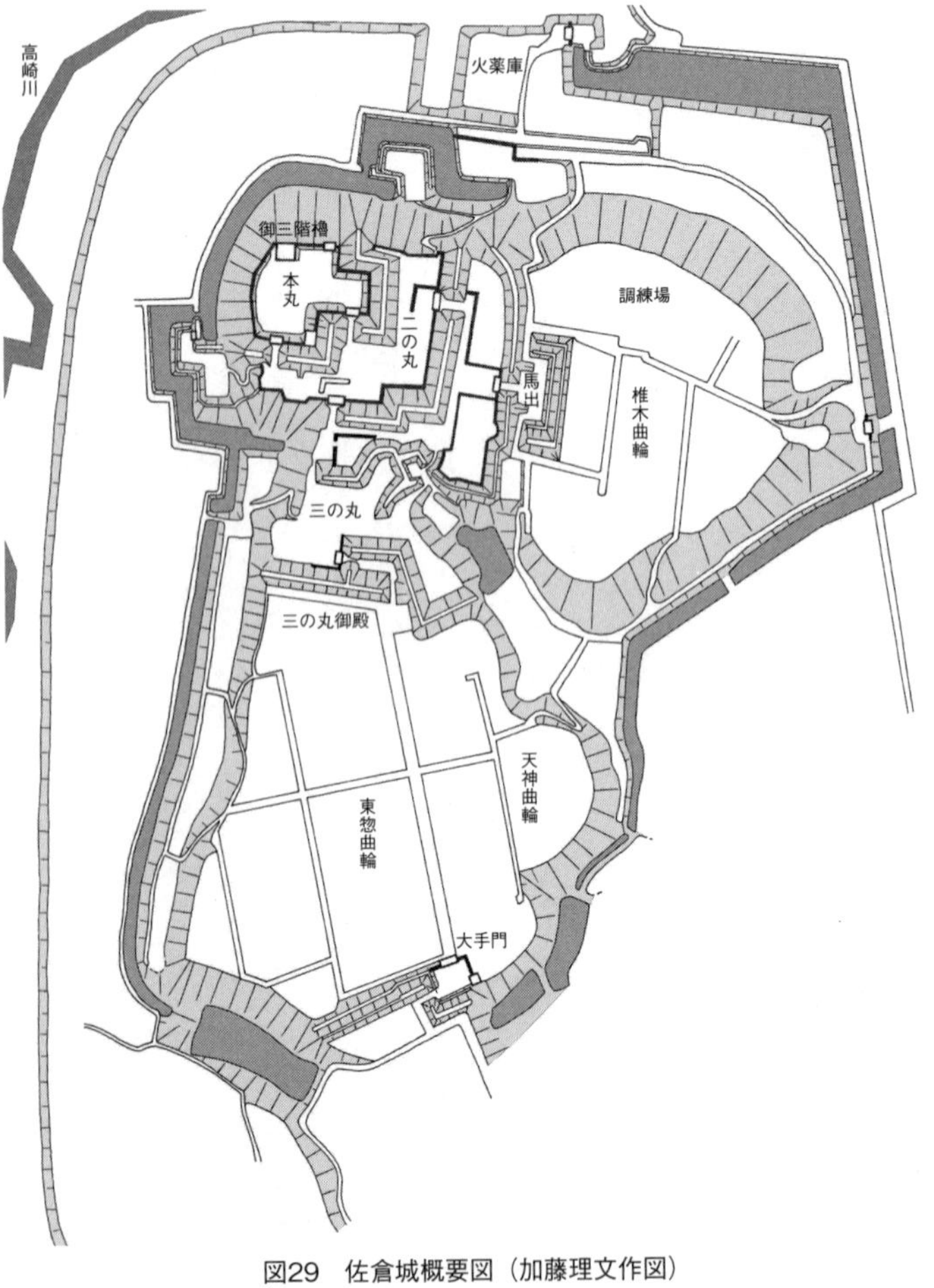

図29　佐倉城概要図（加藤理文作図）

段丘上の城と城下は水害とは無縁であったが、低地に広がる村々は古くから利根川の氾濫《はんらん》で大きな被害を受けていた。そこで、江戸時代に入ると沼の水を江戸湾へ流すという掘割工事と干拓事業（新田開発）が行われるようになったのである。

寛永十年（一六三三）、土井利勝が古河城（茨城県古河市）へ転封になると、石川忠総《いしかわただふさ》が入封。以後、松平家信《いえのぶ》、松平康信《やすのぶ》が城主となり、寛永十九年に、堀田正盛《ほったまさもり》が信濃松本《まつもと》より十一万石で入封した。だが、万治《まんじ》三年（一六六〇）、正盛の長子正信《まさのぶ》は幕政を批判した咎《とが》により、所領を没収され、弟の脇坂安政《やすまさ》（信濃飯田《いいだ》藩）に預けられた。正信に替わって城主となったのは松平乗久《のりひさ》で、上野館林より五万五千石で、寛文元年（一六六一）に入封した。その後、城主がめまぐるしく替わることになるが、延享《えんきょう》三年（一七四六）に再び堀田氏（正亮《まさすけ》）が一〇万石（後に十一万石）で入封すると、以後廃藩まで堀田氏が在城することになる。

佐倉城の縄張り構造と特色

佐倉の街は、標高三〇～三五メートルの下総台地と印旛沼低地で構成されている。下総台地は、北から南へ向かうほど徐々に標高を増し、街中を流れる鹿島川、手繰《たぐり》川、小竹《おだけ》川などの水系の多くは、印旛沼へと注ぎ込んでいた。下総台地では、鹿島川と手繰川からの支流が木の枝のように広がり台地を侵食、大小多くの谷地形を造り、複雑で特徴的な地形を生み出していた。これらの河川は、下総台地の湧水《ゆうすい》を水源としており、台地の裾《すそ》には多くの湧水地が認められる。

現在見られる城は、土井利勝によって築かれたもので、築城途中で加増が重なり、最終的に十四万二千石となったため、拡張工事が数度にわたり実施されることになった。

土井氏時代の構造は、寛永期（一六二四〜四四）を描いた現存する最も古い絵図と考えられる「寛永年中下総国佐倉城絵図」によって、判明する。本城には、正保元年（一六四四）、徳川幕府が各地の城持ち大名に命じて提出させた、統一的な描写の城絵図である「正保城絵図」が現存していないため、初期の姿を伝える貴重な絵図である。台地先端の北西隅に置かれた本丸は、東西五八間（約一二〇メートル）×南北七〇間（約一四〇メートル）の規模で、三重天守と銅櫓、本丸御殿、角櫓を配し、一の門と台所門の二つの門が設けられていた。L字を呈す空堀を挟んで、東南側を二の丸が取り囲んでいる。二の丸は、表門の二の門、裏門の御城米不明門の二門が、東と南に設けられていたが、いずれも巨大な櫓門であった。両門を入ると、表門側にはL字形を呈す腰掛長屋を、裏門側には直角に折れた土塁（後に土塁は崩され、御城米蔵というL字形の建物に変わる）を設け、内枡形のような構造とし、直進を制限していた。西側に配された埋門《うずみもん》は、斜面下の出丸に通じる門で、出丸に隣接する舟入への通路も兼ねていた。南の木戸門も斜面下の出丸に通じる門で、出丸には清水門が構えられていた。本丸、二の丸の東南には、やはり空堀を挟んで三の丸が置かれるが、中央付近に「姥《うば》ケ池」のある谷筋が入り込み北と東を区分するため、複雑な構造となり、土塁・空堀で東と南に分断されることになった。三の門は、東に椎木《しいのき》門、南に三の門が置かれた。ここまでが、城の中枢部となるが、西北面は鹿島川が形成した段丘崖面という自然の要害地形である。

佐倉城は石垣をもたない土造りの城であるが、縄張りは極めて理論的に構成され、近世城郭の典型ということができる。特に注目されるのは、本丸から東へ進んだ椎木曲輪と、南へ進んだ三の丸へ出る部分に、それぞれ馬出を備えたことである。東の馬出は、典型的な角馬出を採用するが、南は周囲を堀で囲まれた方形の馬出とし、二カ所の土橋で三の丸へと続く構造だ。これは、地形に制約された結果であろう。さらに本丸の麓《ふもと》には、鹿島川より水を引き込んだ水堀と、馬出状を呈す出丸が西側と南側の二カ所に設けられているだけでなく、山の斜面には横堀状となる帯曲輪を巡らしていた。この極めて強固な構造を持つ主要部は、石垣は一切用いることなく、すべて土造りで対応している。関東ならではの城造りである。

主要部の東側と南側には惣《そう》曲輪が広がっていた。台地上の惣曲輪は、武家屋敷で、碁盤の目状に武家地が道に沿って展開していた。武家地と町屋の境に置かれたのが大手門で、厳重な枡形門であったが、門は内側の櫓門のみで、外側には設けられていなかった。その前面は土橋となり、左右に巨大な空堀を設け、台地続きを完全に遮断していた。町屋は成田街道に面した大きく鉤《かぎ》の手に曲がる道路に接して造られた。今でもいくつかの武家屋敷や江戸時代以来の道路に当時のようすを体感することができる。

巨大な天守と数寄屋風の銅櫓

本丸には、天守・銅櫓・角櫓が存在していたことが、「佐倉城大絵図」（正保三年頃成立）、「御城内間数書上」（延享三年［一七四六］成立）、「総州佐倉御城府内之図」（享保八年［一七二三］以降に成立）や『古今佐倉真佐子《ここんさくらまさご》』（宝暦元～明和元年［一七五一～六四］頃成立）、「下総国印旛郡佐倉城御本丸御家形図」（天明五年［一七八五］の写し）などの資料や発掘調査成果から判明する。天守は、記録によれば高さ約二二メートルで八間×七間、三重四階で、床下に地階があったとされる。土塁の内側に半分張り出しているため外側が三階、内側が四階に見え、内部は床下を含め五階になっていた。武具の倉庫に使われていたが、文化十年（一八一三）に押し入った盗賊の失火により焼失し、その後再建されなかったため、詳細ははっきりしない。しかし、寛永十年（一六三三）土井利勝が古河へ移封されると、この天守と同様の建物（御三階櫓）を古河城に建てたと伝わる。この御三階櫓の絵図が普請に関わった田口平左衛門勝茂により残されており、それと発掘調査成果の初重規模が一致するため、古河城御三階櫓は佐倉城天守の写しであった可能性が高いと言われる。

「古河城御三階櫓絵図」には、寛永十年の年紀があり、土井利勝が佐倉から古河へ移封されたときのものと推定される。縮尺二〇分の一の立断面図に各階の略平面図が添えられていて、各階の天井高・軒の出・柱間寸法・柱の太さ等が書き込まれている。描かれた天守は三重四階で、平面規模は一間の寸法が少し大きいものの、佐倉城天守と同じく桁行八間×梁間七間である。無破風の外観は、「佐倉城大絵図」に描かれた天守と酷似する。

　佐倉城天守は、利勝が寛永六年に江戸城の三重櫓を拝領し、補修して佐倉城の天守にしたと伝わる。発掘調査によれば、礎石及び根石《ねいし》の配置状況から、天守の一部が土塁上に掛けられていたことが明らかになっている。天守の高さは、約二二メートルと言われ、現存する松山城（愛媛県松山市）や高知城を凌駕し、国宝の松江城（高さ二二・四メートル）とほぼ同程度になる。

図30　佐倉城再現CG（佐倉市提供）

幕府のお膝元において、これ程の規模の天守建築が可能であったのは、家康からの命があったからに他ならない。

　この他、佐倉城本丸には、銅櫓と呼ばれる特異な櫓が存在していた。銅櫓は、屋形（御成御殿）と一体の建物で、廊下伝いに屋形から櫓への出入りが可能であった。元々三重櫓であったが二重櫓に改築された四方六間の銅瓦葺《どうがわらぶ》きの建物である。小天守の役割を担っていたとも言われ、本丸の北隅に位置し、天守との間隔は二二間であった。本丸屋形の北端にあった金の間から張り出した棟で屋形と銅櫓はつながり、屋形の一部として使用されたものとみられる。記録がないため何に利用されたかは判然としないが、数寄屋《すきや》的な利用が想定される。明治四年（一八七一）の解体中の古写真が残り、一・二階共に、壁面は上部三分の一が白壁、下部の三分の二が下見板張りになっている。また、上層の屋根は方形造りになっていた。

この銅櫓については、様々な伝承が残る。佐倉城旧記（平野重久《ひらのしげひさ》）によると、「此れは江戸城吹上の庭内に在りて不用となしたるを利勝に賜いしものなり」と記して、三重櫓を二重に直したとする。更に、「太田道灌の燕所、或いは書斎ならんと云えり」と続き、元は道灌の居宅であったとされる。道灌の居宅は、「静勝軒《せいしょうけん》」と呼ばれた楼閣建築で、中国の兵書にみえる「兵は静なるを以て勝つ」という句からとってつけたといわれる建物だ。

佐倉城は、江戸幕府にとって重要な城であった。江戸城が西から攻められた時、江戸城の後方（東側）を守る役目を担っていたのである。城は鹿島川、高崎川の二筋の河川、また印旛沼や多くの湖沼に囲まれた要害の地に位置しており、守りやすく攻め難《にく》いという点が評価され、将軍の緊急避難の城と定められていた。それもあって、誰が城主を務めるのかも重要だったのである。最初に、その任に抜擢されたのが土井利勝だ。その後も、城主は譜代大名から選ばれ、幕府要職（老中など）になると佐倉城に移されることが多くあった。このため城主は頻繁に交代し、明治維新まで九家二〇人が城主を務め、内九人が老中経験者であった。

土井利勝と家康・秀忠・家光

土井利勝は、元亀四年（一五七三）水野信元《みずののぶもと》の末子（三男）として浜松で誕生。信元は、松平家譜代の家臣で、実妹・於大の方は、岡崎城主・松平広忠の正室となり、家康を産んでいる。従って、家康の母方の従弟《いとこ》にあたる。土井氏系図には、土井利昌《としまさ》（小左衛門正利）の実子（母は葉佐田則勝の娘）と記載されている。また、家康の落胤《らくいん》説もある。

天正三年（一五七五）、父・信元が武田勝頼配下の秋山信友《あきやまのぶとも》（当時、岩村城《いわむら》に在城）に内通し兵糧を売却したと、佐久間信盛《さくまのぶもり》が織田信長に報告した。家康は、平岩親吉に命じ、信元を殺害したが、幼い利勝の命は救われ、土井利昌の養子になったというのが通説である。土井家には嫡男・元政《もとまさ》（甚三郎《じんざぶろう》）がいたが、後に利勝が家督を継ぐことになる。土井家は譜代の家臣ではないにもかかわらず、利勝は幼少時から家康の鷹《たか》狩りに随行するなど、可愛がられることになる。

天正七年、秀忠が誕生すると、安藤重信《あんどうしげのぶ》や青山忠成と共に、利勝はわずか七歳にして、傅役《もりやく》（小姓）を命じられた。同十九年、家康が関東に移封された後、相模国内で千石の領地を得る。慶長五年（一六〇〇）、関ヶ原へと向かう秀忠軍に従って、中山道を西へと進んだ。だが、秀忠は、信濃上田城《うえだ》（長野県上田市）の真田昌幸と争い、関ヶ原の戦いに遅延してしまう。しかし、利勝は戦後、加増を受けて一五〇〇石となった。同六年には、徒士頭《かちがしら》に任じられ、翌年には一万石で諸侯に列し、下総国小見川《おみがわ》藩主となった。同十年、秀忠が上洛して征夷大将軍に任ぜられると、随行していた利勝も従五位下・大炊頭《おおいのかみ》に叙任・任官し、これ以後秀忠の側近としての地位を固めていく。

慶長十五年、三万二千石に加増され、下総国佐倉に移封となった。さらに、同年本多忠勝が死去すると、家康の命により、秀忠付の老中に任じられた。佐倉城主となった利勝は、家康の命を受け、七年の歳月をかけて佐倉城を近世城郭として完成させたのである。この間、四万五千石にまで加増されている。同二十年、大坂の陣が勃発すると、総大将秀忠付として従軍し全軍の参謀も務めた。戦いでは敵首九八を挙げ、戦後秀忠より猿毛柄の槍《やり》を贈られると共に、六万二千五百石に加増された。夏には、青山忠俊《ただとし》、酒井忠世《ただよ》と共に家光の傅役を命じられることになった。豊臣氏を滅亡させ、名実ともに徳川政権が確立した時点で、家康・秀忠からの厚い信頼により、幕閣内でも極めて強い発言力を持つに至ったのである。

元和元年（一六一五）豊臣家が滅亡すると、家康は諸大名を伏見城に集め、秀忠の命という形で十三カ条の武家諸法度（元和令）を発布した。特筆されるのは「諸国居城修補を為すと雖《いえど》も必ず言上すべし、況《いわ》んや新儀の構営堅く停止せしむる事」という、後に「一国一城令」と呼ばれる城郭統制が含まれていたことである。

これにより戦国時代は完全に終わりを告げ、諸大名は幕藩体制に組み込まれることとなったのである。この武家諸法度制定にも利勝は関わったと言われ、平和な時代にあってもその政治手腕は衰えることはなかった。大御所として、辣腕《らつわん》を振るった家康が死去すると、久能山に葬られるまでの事務一切を、利勝が総括したのである。

家康死去と共に、秀忠による将軍親政が開始され、土井利勝は酒井忠世と共に老中として幕府の中枢に座り、より力を持つようになる。秀忠は、武家諸法度の発布で示したように大名統制を強化し、家康でさえ手を出さなかった福島正則をはじめとする豊臣恩顧の外様大名の改易を行った。さらに、熊本藩家中の内紛である牛方馬方騒動（藩主加藤忠広《ただひろ》が若年であったために起きた、家老の正方《まさかた》一派と正次《まさつぐ》一派による藩政の主導権をめぐる対立抗争）を、秀忠の親裁によって藩主忠広の責任は不問としたうえで、正方らの勝訴を申し渡すなど、雄藩の内政にまで踏み込んだのである。元和二年、弟・義直を尾張六二万石に、同五年には頼宣《よりのぶ》を紀州五五万五千石に、頼房《よりふさ》を水戸《みと》二五万石に配置し、後の御三家の基礎を築いた。また、弟・忠輝は改易、甥《おい》で娘婿でもある松平忠直《ただなお》は配流、同八年には、家康の参謀で政務面の実力者であった本多正純も改易され流罪となった。

これらの背景に、利勝の策動があったとされるが確かな証拠はない。だが、それだけ秀忠に近い関係であったのも、事実である。いずれにしても、正純の失脚によって、利勝は「名実ともに幕府の最高権力者」に登りつめた。元和九年、秀忠は将軍職を家光に譲り隠居するが、父・家康に倣って引退後も実権は手放さず、大御所として二元政治を行った。

家光が将軍となるに及び、幕閣が世代交代する中、秀忠の命を受けた土井利勝、青山忠俊、酒井忠世は引き続き幕政を担い続け、次代の幕閣の人材育成に努めた。寛永二年（一六二五）には十四万二千石に加増された。同八年に、徳川忠長《ただなが》が蟄居《ちっきょ》、翌九年に加藤忠広が改易されると、同十年には、一六万二千石に加増され下総古河に移封、大規模な整備拡張を実施し、本丸に御三階櫓をはじめ、本丸御殿、将軍の日光参詣《さんけい》時の宿所としての二の丸御殿を造営し、関東一の規模を誇る城を完成させ、名実ともに幕閣のトップにいることを印象付けた。居城の修復、ましてや新築が認められない中、二〇メートルを超える天守級の規模を持つ御三階櫓、渡良瀬《わたらせ》川の水を巧みに取り込んだ、長大な規模の堀が取り囲む姿は圧巻であった。同十二年には、武家諸法度に参勤交代制度を組み込むなど一九条に増やした寛永令を発布、幕府の支配体制が確定することになった。

寛永十四年頃から病気がちとなり、老中辞任を申し出るが、その才を惜しんだ家光に慰留され撤回している。だが、翌年、利勝の体調を気遣った家光の計らいにより、政務の中心から離れて、酒井忠勝《ただかつ》と共に大年寄（後の大老）となり、事実上の名誉職のみの立場となった。同二十一年、病床に臥《ふ》し、将軍代参の見舞いを受けるなどだけでなく、家光が臨終前の利勝を気遣って、お盆を延期するなどしたが、そのかいもなく死去した。

土井利勝は、家康・秀忠・家光の三代に仕え、いずれの代でも重用され続けた。江戸に幕府を開設した家康は、江戸の街を東方から守る重要拠点に下総佐倉の地を選び、この地を将軍の緊急避難の城としたのである。その最重要拠点の築城と城主に抜擢されたのが土井利勝であった。家康、秀忠の信任を得、その居城・佐倉城にも、関東地方では破格と言える巨大天守が聳《そび》え立ち、幕閣の中枢にいる力を見せつけたのである。

五　和歌山城と水戸城

徳川頼宣と頼房

徳川家康の十男頼宣は、慶長七年（一六〇二）伏見城で誕生し、翌年常陸水戸藩二〇万石を与えられた。だが、水戸に入ることなく、父家康の許《もと》で育てられた。同十四年、加藤清正の次女・八十姫《やそひめ》と婚約すると、駿府五〇万石に転封された。同十九年、大坂冬の陣で初陣、翌年の夏の陣では、天王寺《てんのうじ》・岡山《おかやま》の戦いで後詰として活躍したという。元和五年（一六一九）、紀州和歌山五十五万五千石に転封、紀州徳川家の家祖となった。
十一男・頼房は、慶長八年、同じく伏見城で誕生し、三歳で常陸下妻城《しもつま》（茨城県下妻市）一〇万石を領し、頼宣が駿府へと転封されると、常陸水戸二五万石を領すことになる。頼宣同様、幼少であったため、父家康の許で育てられた。大坂の陣では、駿府城を守備している。家康死後、江戸に移住したが、水戸藩に就藩したのは、元和五年のことになる。寛永二年（一六二五）以降は、水戸に在城し、水戸城（茨城県水戸市）の修復や城下町造営、さまざまな法令を定め、城下の整備を行った。だが、同九年、秀忠が死去すると、家光の命で水戸藩主は基本的に江戸常住である定府《じょうふ》となった。

頼宣と頼房に、尾張・六十二万石の九男の義直の三人の家系が、徳川将軍家に次ぐ地位を持つ御三家とされた。御三家は親藩（一門）のうちで最高位にあり、徳川姓を名乗ることや三《み》つ葉葵《ばあおい》紋の使用もできた。徳川宗家（将軍家）を補佐するとされるが、制度・役職として定められてはいない。元は、徳川将軍の後嗣が絶えた時に備え、家康が将軍家存続のために遺《のこ》したものであるとも言われるがはっきりしない。七代将軍家継《いえつぐ》が八歳で死去すると、徳川宗家は断絶することになった。そのため、八代将軍は、紀州家から吉宗《よしむね》が養子に迎えられ、以降十四代家《いえ》茂《もち》まで紀州家の血筋が将軍となっている。これが「将軍家に後嗣が絶えた時は、尾張家か紀州家から養子を出す」ことになっていたということを裏付ける事例である。水戸家は頼房が駿河徳川家断絶後の寛永十三年に徳川を賜姓されたため、他の二家よりも官位・官職の点では下であるが、朝廷に対して次期将軍家の奏聞《そうもん》をし、また江戸定府であることなどから、五代将軍綱《つな》吉《よし》の代に他の二家と共に御三家と呼ばれるようになった。

尾張藩は、江戸と上方を結ぶ太平洋沿岸経由の東海道と内陸を経由する中山道という主要街道まで近く、関東と上方を繋ぐ最重要拠点で、万が一外様大名が江戸を目指して侵攻してきた場合の前線基地となる役目を担っていた。水戸藩は、当時幕府に敵対しそうな伊達政宗と上杉景勝への備えであった。彼らが南進して江戸を脅かそうとする時、江戸手前で防ぐ役目を持たせたのである。また、上方からの侵攻に対し、予備部隊として江戸を守る役目も併せ持っていた。紀州藩は、「南海の鎮」と呼ばれ、紀伊《きい》・伊勢の国、淡路《あわじ》、四国の南海地域一帯を治め、西国外様への備えとしての役目があったとされる。

和歌山城の歴史と構造

天正十三年（一五八五）、羽柴秀長による築城が、この城の創築であった。現在とは異なり、山上に本丸、北側山麓部分に居館を置いた程度の城と推定される。慶長五年（一六〇〇）、関ヶ原合戦の論功行賞によって浅野幸長が三十七万石で入封し、城の大改修に着手し、山頂部に本丸（現天守曲輪）と二の丸（現本丸）を築き、天守が建てられた。北側・南側の東側山麓部を利用し曲輪を造成、南東（現岡口門）に大手が設けられたと考えられる。居館は、二の丸北山麓部（現二の丸）に置かれた。これら山麓曲輪群を囲みこむように堀が配され、近世城郭としての体裁が整ったのである。

元和五年（一六一九）、徳川家康の第十子頼宣が五十五万五千石で入国する。徳川家の城と

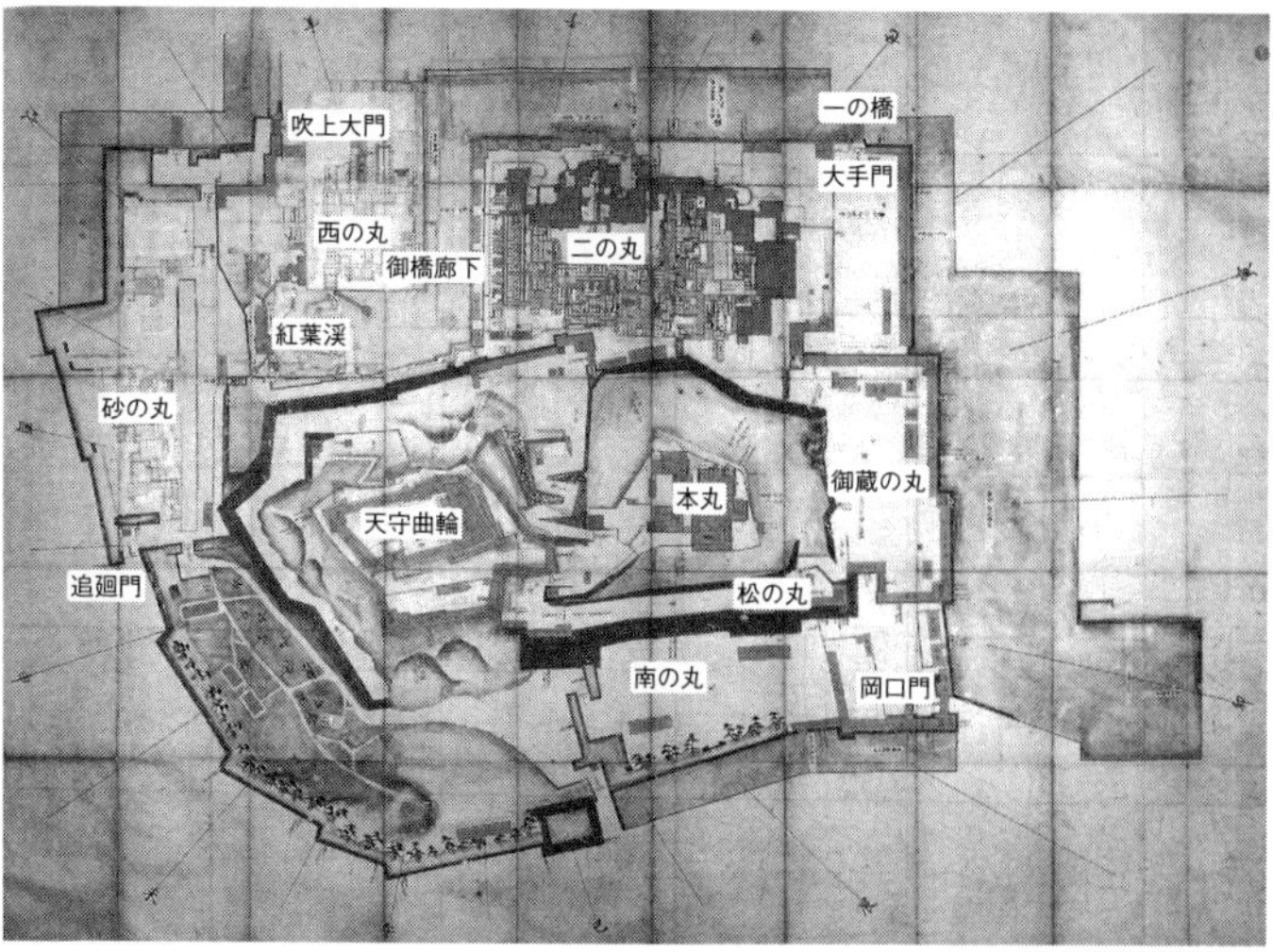

図31　和歌山御城内惣御絵図（和歌山県立図書館蔵）
山頂西峰に天守曲輪、鞍部を挟んで東峰に本丸。山麓部北に御殿が置かれた二の丸、西側に遊興的な西の丸御殿と紅葉渓庭園、その西側に砂の丸、南に南の丸が配されていた。

なったことから、それに相応しい体裁にするための拡張工事が計画された。費用は、将軍である兄・秀忠より銀五千貫を受領、これを元手に、二年後の同七年（一六二一）より城と城下町の改修が開始された。

山上部には、天守曲輪と本丸御殿が置かれた。城の大改修と整備を実施しているが、この時天守を建て替えた記録は残されていない。二代秀忠、三代家光が、将軍就任にあたって、天守建替を実施していることから、豊臣色の強い天守を頼宣時代に建て替えたことは、十分考えられる。

本丸御殿は、虎伏山《とらふすやま》の頂上東側（天守曲輪と鞍部《あんぶ》を挟んだ対岸）に位置する。桑山《くわやま》氏が城代であった天正期には二の丸と総称され、城主であった豊臣秀長の来城時のための施設であった可能性が高い。浅野氏時代にあっては、年賀及び特別な行事に際し、藩主との謁見に使用したと思われる。頼宣入城後は、天守一の門と相対する本丸玄関前御門から入る構造となり、遠侍《とおさぶらい》、大広間、黒書院、白書院、料理之間、台所で構成。山頂部のため面積は狭く建物のみで敷地面積のほぼ全てを占めていた。

小規模な本丸庭園には、宝船を模した七福の庭が設けられていた。山頂部に位置すること、敷地面積の関係による手狭な環境ということもあって、初代・頼宣と正室・瑶林院《ようりんいん》（加藤清正の娘）、十四代・茂承《もちつぐ》と正室・倫宮則子女王《みちのみやのりこ》（伏見宮邦家《ふしみのみやくにいえ》親王の娘）が居所としたのみで、他の藩主は二の丸御殿に居住している。

本丸御殿北側山麓の二の丸御殿は、初代と十四代以外の藩主が居所とした和歌山城（和歌山県和歌山市）の中枢である。浅野氏時代は、御屋敷と称され、屋敷地は京間で東西七一間（約一四〇メートル）×南北五一間（約一〇〇メートル）であったとの記録が残る。

頼宣入国に際し、西側を埋め立て、東西一〇二間（約二〇三メートル）×南北五六間（約一一〇メートル）、総面積約二万二三〇〇平方メートルの規模を有すこととなり、御殿及び所局所司を置いていた。御殿は、南を正面とし、東に唐門、西に長屋門、切手門があって紅葉渓《もみじだに》へと通じ、四周には、南に太鼓櫓、北に物見櫓、西に駿河櫓が構えられていた。引き続き更なる大改修を予定していたが、あまりの大規模な工事ゆえに幕府より謀反の嫌疑を受けてしまう。この嫌疑に対しては、附家老・安藤直次《あんどうなおつぐ》が弁明、事なきを得た。だが、惣構とするため拡張を予定していた外堀工事は中止せざるを得なくなってしまった。

西の丸は、頼宣の隠居所として築造。御殿は、御座之間（御上段・御次・御三之間）や御数寄屋、能舞台等からなり、内堀を取り入れた紅葉渓庭園（池泉回遊式庭園）が設けられていた。堀内には柳島と四畳半の涼所「鳶魚閣《えんぎょかく》」を浮かべ、地形の起伏を巧みに利用して、滝の上には御座之間「聴松閣《ちょうしょうかく》」および茶室「水月軒《すいげつけん》」があり、下の段の御数寄屋から登り御廊下で結ばれる。二の丸と行き来するために、堀上には御《お》橋廊下《はしろうか》が架けられていた。

西の丸は、藩主の隠居所として築かれたが、能や茶道の数寄を楽しむと共に、新緑や紅葉という自然風雅を楽しむための場所ともなっていた。紅葉渓庭園造営に合わせ、従来の二の丸も石垣を改修、紀《き》ノ川から和歌《わか》川を利用し水を引き、東堀・北堀・西堀の堀幅を大きく広げた。こうして、現在見られる和歌山城のほとんどがこの時完成したのである。

完成した城は、山頂虎伏山の西峰に天守曲輪、鞍部を挟んで東峰に本丸。山麓部北に中心御殿が置かれた二の丸、堀を挟んで西側に遊興的な西の丸御殿と紅葉渓庭園、山麓西側に砂の丸、南に南の丸が配されていた。門は、北東に大手口となる一の橋御門、北西に吹上門、西に追廻《おいまわし》門、南に不明門、南東に岡口門の五門が設けられた。いずれの門も、完全な枡形ではなく、折れを入れる単純な構造であった。この防備の薄さをカバーするために、各曲輪間には喰《く》い違いの中仕切り門が配されている。中仕切りに二の門を構えることで、広大な枡形空間が出現した。

天守曲輪及び本丸への登り口は、本丸山麓東側に位置する松の丸御門から本丸表門に至る表坂と、二の丸背後からつづらに折れて本丸裏門へと至る裏坂の二ルートが存在していた。その名の通り、表坂が正規の道で、裏坂が通用路であった。一の橋御門北側と東側、内堀を隔てた場所が三の丸で、家臣の屋敷地が展開している。

一見すると南側の防備が手薄に感じるが、城内の高石垣は南側に集中している。また、南側中央に位置する不明門脇には、高石垣上に天守に匹敵する平面規模を持つ高櫓が築かれ、南側防備の一翼を担っていた。

和歌山城天守

弘化《こうか》三年（一八四六）の落雷によって焼失した天守の創建年代は、はっきりしない。確実に天守が造営されたのは、天守台石垣の構築方法から、関ヶ原合戦後に入封した浅野幸長時代で、この時山上曲輪群が整備された可能性が高い。浅野氏時代の天守は、慶長十年（一六〇五）頃、完成したと考えられ、下見板張りの漆黒の姿が想定される。

享保《きょうほう》二年（一七一七）、当時江戸にいた六代藩主・宗直《むねなお》に、天守改修の説明をするために作成された「御天守起シ御絵図」（和歌山市立博物館寄託）では、側面が黒い板張りの姿になっている。浅野氏時代の天守なのか、頼宣入封により建て替えた天守なのかははっきりしないが、享保年間の天守は下見板張りであったようだ。天守は、少なくとも弘化三年に落雷焼失した天守と、嘉永《かえい》三年（一八五〇）に完成し、昭和二十年（一九四五）の空襲で焼失した嘉永再建の天守の二基が存在している。両天守共に、図面が残るため、天守の姿がほぼ判明する。特に嘉永再建天守は、再建時の大工棟梁《とうりょう》水島家に伝わった図面類、雛形《ひながた》（軸組模型）、太平洋戦争焼失前に撮られた写真も残り、克明な復元が可能である。嘉永再建天守は、幕府天守の特徴を良く伝えている。天守、小天守最上階に長押《なげし》形を付けるのは、格式を重んじた徳川天守の特徴の一つで、比翼入母屋《いりもや》破風の上重に唐破風が一つ置かれているのも、幕府建築の定型であった。

天守は、連立式天守で、東南隅の三重三階天守、東北の玄関を付属した小天守、台所、西南隅の乾《いぬい》櫓、西北隅の二の門櫓、二の門（楠門）を多門櫓で結んでいた。最新式の連立式天守として築いたのではなく、手狭な曲輪を補うため、多門櫓で結んだ結果として連立式を呈しただけと考えるのが妥当であろう。天守単体を見ると、玄関を持つ小天守を付属させた複合式天守となる。天守曲輪入口階段は厳重で、頭上からの横矢が効いている。外観意匠は、一重目屋根に比翼入母屋破風、二重目屋根に唐破風、入母屋造りの出窓、最上階に廻縁《かいえん》と高欄を設けるなど、非常に装飾にとんだものであった。

写真17　再建された和歌山城天守

幕末の再建にもかかわらず、多くの破風を採用し、妻壁には銅板張の青海波《せいがいは》模様を入れ、一階には袋狭間の石落しが配されている。一階平面が菱形《ひしがた》を呈し、外観も古式に再建されたのは、焼失前の姿を踏襲したためと言われる。また、天守曲輪の石垣は緑泥片岩《りょくでいへんがん》を使用した割石を横方向に積んだ野面《のづら》積で、宝篋印《ほうきょういん》塔等の転用石も数多く見られるなど、明らかに文禄から慶長初期（一五九二〜一六〇〇頃）の特徴を示している。天守曲輪の石垣が、浅野氏時代以前に積まれた可能性もあり、また二の門櫓下の石垣は、慶長期の特徴を示す。いずれにしろ、頼宣入封以後に、石垣の大幅な積み直しはなかったことは確実な状況である。

　嘉永再建天守の初重は、天守台に合わせたため菱形を呈し、東側約一〇間半、南側約一一間、西側約一〇間、北側約一〇間である。

二重目以降は矩形《くけい》となり、東西約八間五尺×南北約八間二尺、三重目東西約五間四尺×南北約五間一尺であった。一間は六尺五寸（約一・九七メートル）を採用している。内部一・二階は総板張りで、三階のみ身舎《もや》部分が畳敷きとなっていた。当初から、一・二階に畳を敷く計画がなかったことや、小天守入口に大きな開放的な玄関が存在することが、幕末再建を物語る。

嘉永再建にあたっては、五重天守も計画されたようで、図面と雛形が水島家に残る。また、藩大工中村家に伝わる享保二年作成の「御天守起シ御絵図」との比較から、焼失前の姿を踏襲したことが、ほぼ確実である。たとえ御三家であっても、武家諸法度の規定を守らせたということであろうか。中村家の図面には、二種類の外壁（下見板張りと白漆喰総塗籠）が貼られ、外壁の改装検討のため作成された図面と考えられている。この図面から焼失前の天守が、下見板張りで、一階石落しは曲線の袋狭間ではなく、通常のものであったことが判明する。最上階の屋根大棟が現在より狭く、妻側屋根が長いため、細身のすらりとした感じを受ける。

水戸城の歴史

城の創築は、鎌倉時代（十二世紀末～十四世紀初頭）に遡《さかのぼ》る。現在の本丸付近に、常陸平氏の流れを汲《く》む馬場《ばば》資幹《すけもと》が館を構えたのが最初とされる。鎌倉時代であるため、当初は方形館であったと思われる。その後、常陸大掾《ひたちのだいじょう》職とその家領を継承し、常陸平氏の惣領として、二〇〇年にわたって水戸城を居城とした。

南北朝期の動乱の時代になると、馬場氏は南朝方として、北朝方の常陸守護佐竹氏と対立す

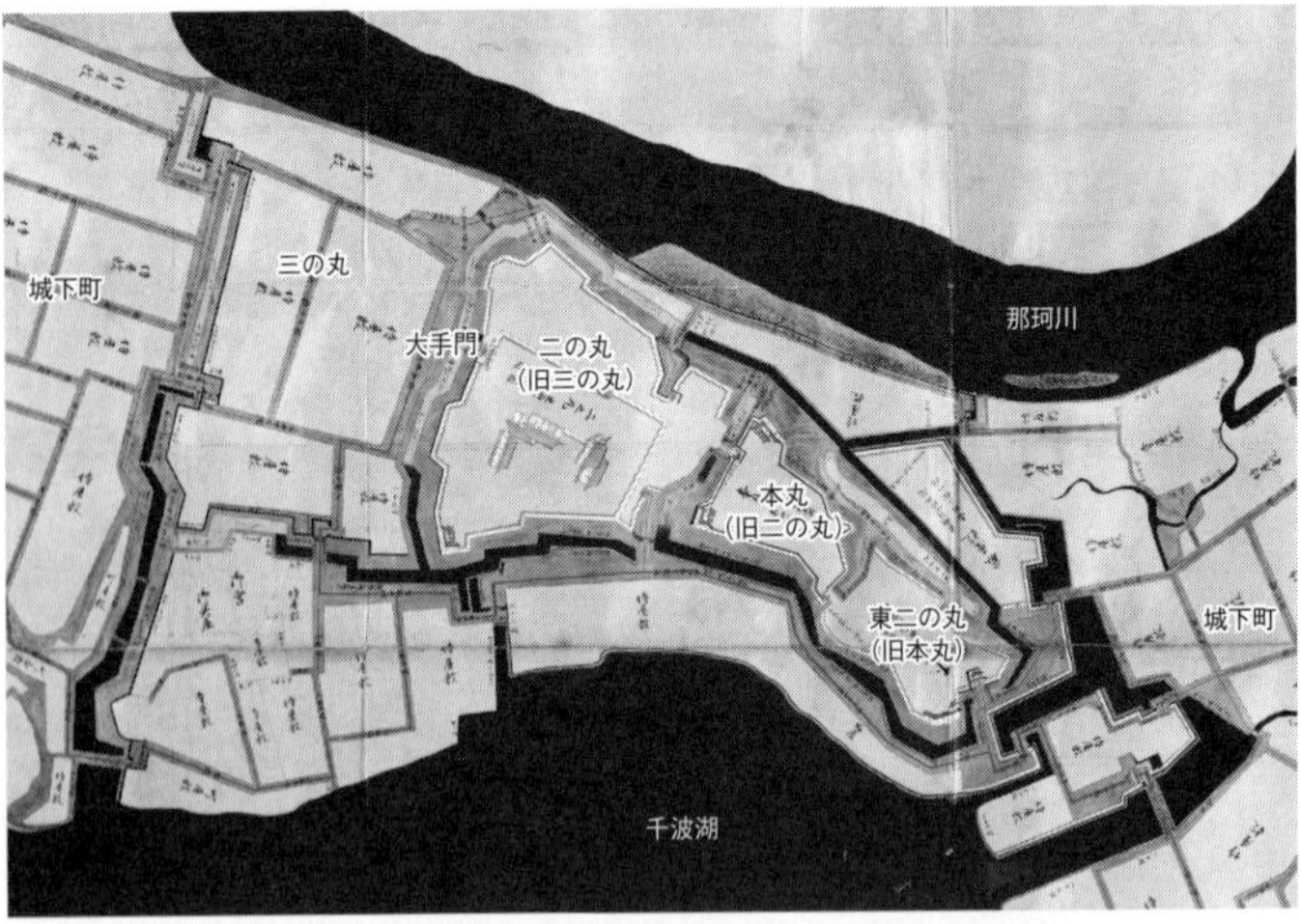

図32　「常陸国水戸城絵図」部分（国立公文書館蔵）
北を流れる那珂川と南に広がる千波湖を天然の堀とし、台地東端から西に向かって本丸、二の丸、三の丸が配され、それぞれが空堀で仕切られていた。土塁と空堀で構成された東国の典型的な城である。

ることになった。佐竹氏配下の江戸氏は、徐々に力を付け、佐竹氏から水戸地域に所領を与えられた。応永三十三年（一四二六）、江戸通房《みちふさ》は、大掾満幹《みつもと》の留守を狙い、水戸城に奇襲をかけ、城の乗っ取りに成功する。江戸氏は、馬場館を拡張し、水戸城と改称し、以後七代にわたり支配することになった。江戸氏時代の城は、本丸だけでなく二の丸まで整備され、本丸部分を「内城」「古実城」、二の丸部分を「宿城」「天王曲輪」と呼んでいた。「内城」が江戸氏の居所、「宿城」には一族重臣の屋敷地及び市が設けられたと言われている。

天正十八年（一五九〇）、豊臣秀吉による小田原攻めは、常陸国にも大きな影響をもたらした。当時、常陸守護佐竹氏は、小田原に参陣すると共に、忍《おし》城（埼玉県行田市）攻めにも参加、いち早く秀吉に臣従したのである。この素早い行動により、戦後に義宣が「常州《じょうしゅう》の旗頭」として常陸、下野で二一万石を与えられた。対して、江戸重通《しげみち》は参陣を怠り、本領は安堵されなかった。そこで義宣は、重通に水戸城の明け渡しを求めたが、拒否されてしまう。義宣は、太《おお》田《た》城（茨城県常陸太田市）を出発し、三方から水戸城を急襲、わずか一日で重通を敗走させた。重通は結城《ゆうき》に落ち延び、百年以上の長きにわたり水戸城を支配した江戸氏は没落してしまった。

天正十九年、佐竹義宣は、居城太田城が常陸の北部に寄りすぎていたため、領国の中心に位置する水戸城へと居所を移した。文禄二年（一五九三）肥前名護屋の陣から帰国すると、城及び城下の大規模な普請を実施し、五十四万石の居城に相応しい体裁を整えようとした。江戸氏時代の「内城」を本丸として改修、「宿城」（二の丸）の一角に居館を置き二の丸に、さらに下の丸（浄光寺《じょうこうじ》曲輪）、三の丸も整備したとされる。家臣団は、城下に集住させ、町人地も設けたという。

ところが、慶長五年（一六〇〇）の関ヶ原合戦で、義宣は西軍に与してしまう。賞罰も一段落し、義宣の処遇も変わらないと思われた矢先、突如秋田に国替えを命じられることになる。

替わって水戸へ入ったのは、家康の五男武田信吉で、同七年に一五万石を与えられ入封する。だが翌八年、信吉が二十一歳で早世すると、十男頼宣が二〇万石を与えられ水戸城主となった。しかし、水戸に入ることなく、父家康の許（駿府）で育てられた。

慶長十四年、頼宣は駿河・遠江・東三河五〇万石に転封になったため、水戸には家康の十一男で頼宣の同母弟の頼房が二十五万石で常陸下妻城より入封した。この徳川頼房が初代となり、水戸徳川家は十一代にわたって水戸を領することになり、三代藩主綱条《つなえだ》の代に、新田開発分を含め表高を三十五万石に改めた。御三家と称されたのは、五代将軍綱吉の頃からである。水戸徳川家による城郭整備は、寛永二年（一六二五）から同十五年にかけて実施された。だが、水戸徳川家は江戸定府であり、ほとんど水戸城に居することはなかったのである。

水戸城の構造

城は、那珂《なか》川と千波《せんば》湖に挟まれた洪積台地（通称上市《うわいち》台地）の先端部に位置する。この地は常陸国の中原に位置し、常陸府中《ひたちふちゅう》（茨城県石岡《いしおか》市）から陸奥に向かう途中の陸上交通の要であるとともに、桜《さく》川・那珂川・那珂湊を結ぶ水上交通の要地でもあった。この水戸城を近世城郭とするために改修したのは佐竹義宣で、文禄二年（一五九三）から大規模な改修工事に着手している。

義宣は、江戸氏時代の中枢であった「内城」の大手口となる浄光寺口を城内へ取り込み、東の備えとした。これに伴い、西側に大手口を構え、櫓門と大手橋を築き、「内城」を本丸としたのである。その西側の、江戸氏時代に居館が置かれていた「宿城」部分は二の丸とされた。二の丸の一角には天王小屋と呼ばれる居館を置き、その外側に三の丸が置かれ、さらに西外側に城下町が形成された。舌状台地の突端に本丸を配し、後ろに曲輪を配置する構造は、「後堅固の城」そのものであった。石垣を使用せず、土居と空堀を主体とした土造りの典型で、戦国時代の関東を代表する城であった。ここに、水戸城の基本的構造が完成したのである。

主郭部は、馬の背状の地形を利用し三カ所に堀切を設け、四つの曲輪とした。東から下の丸・本丸・二の丸である。いずれの曲輪も壮大な規模の堀と土塁で区切られた。本丸西側土塁と堀は堀幅約四〇メートル・比高差約二二メートル、二の丸西側土塁と堀は堀幅約四〇メートル・比高差約一二メートル、三の丸西側土塁と堀は堀幅約三〇メートル・比高差約一四メートルを測る規模であった。

寛永二年（一六二五）に開始された徳川頼房による水戸城の大改修は、奥まった中枢部を西側に移すことが中心であった。それまでの二の丸を本丸としたため、東側の旧本丸を東二の丸に、三の丸を二の丸とし、西側中央に大手門が配された。二の丸の外方に置かれた三の丸には、南北の郭門や南見付、荒神見付《あらがみみつけ》が設けられた。さらにその外側に城下町が展開する。城下町は、惣構の濠《ほり》として紀州《きしゅう》堀と青川を掘削した堀を設け、陸続きとなる台地を幾重にも切断して防御を固めたのである。最西端の堀切は、出入りの激しい塁線で、至る所から横矢を掛ける構造となっていた。これによって、城の規模は東西三・二キロメートルにも及ぶことになった。

御三家の城にもかかわらず普請に石垣は一切用いられることはなく、土造りの大城郭として完成を見た。尾張藩の名古屋城、紀州藩の和歌山城が総石垣の近世城郭であったのに対し、戦国時代の匂いが色濃く残る連郭式の構えで、関東特有の土造りが踏襲された城であった。水戸徳川家が、参勤交代を行わない江戸定府大名であったため、水戸城が藩主の居城として使われることは少なかったことも、城の体裁に大きく影響を与えたと思われる。城内の建築物を見ても、天守は上げられず、櫓も少なく、建物は質素であった。

城の中心は、中枢部で最も広い規模を持つ二の丸（旧三の丸）で、藩政の中心として政務・儀式が行われた表御殿、藩主の住まいであった奥向御殿、奥御殿からなる壮大な殿舎が置かれていた。また、天守は築かれることはなかったが、実質上の天守として三階物見（御三階櫓）が建造され、南西隅には二重櫓が一基配され、城の正門である大手門も、西側中央部の大手橋を渡った場所に構えられていた。この他、東側の北向きに杉山口門、南に柵町口門の二門が設けられていた。

本丸（旧二の丸）は御城とは呼ばれるものの、西側北に二重櫓、南に月見櫓が配されたのみで、周囲は土塀によって囲い込まれるだけであった。曲輪の内部も板蔵が四棟と廏《うまや》のみが建つだけで、その他は空閑地になる。本丸の正面も二の丸と同様に西側で、橋詰門と呼ばれる薬医門が枡形の外側に構えられていた。台地上の東端の東二の丸（旧本丸）の曲輪内部は、西寄り

写真18　水戸城御三階櫓古写真（個人蔵）

に土蔵が三棟、西南隅に二重櫓が構えられていただけである。曲輪の東突端に浄光寺門（搦手門）が建てられてはいたが、本丸同様、曲輪内のほとんどは空閑地であった。

三の丸については、土塁・堀切による防御ラインが構築されてはいたが、曲輪内の全域が重臣の屋敷地に充てられている。しかし、徳川斉昭《なりあき》が九代藩主に就任すると、三の丸内の屋敷地はすべて移転され、天保《てんぽう》十二年（一八四一）藩校弘道館《こうどうかん》が開設された。これにより、三の丸は、水戸城において二の丸に次ぐ重要な性格を有する曲輪となったのである。

水戸城御三階櫓と大手門

武家諸法度発布時に天守がなかった城は、天守を持つことが許されなかった。しかし水戸城御三階櫓は三重五階であり、その規模は伊予松山《まつやま》城天守や高知城天守を凌駕する。また、通常の櫓は城内側に窓を設けないが、水戸城御三階は城内側にも窓を設けており、明らかに天守の造りである。事実水戸藩内では、御三階ではなく天守と呼ぶように藩主から指示されていたと言う。

御三階櫓最大の特徴は、石垣の天守台を持たないことである。そのため、基礎は石造りの布基礎となっていた。層塔型で破風のない外観は、非常にすっきりした印象をもたらしている。一重目の、外壁半分までは海鼠《なまこ》壁を採用、これは石垣がないこともあり、風雨避けのためと考えられる。二重目、三重目は、防火・防弾性に優れた大壁造りとなっていた。屋根は、名古屋城や江戸城と同様の銅瓦葺きで、外壁にはいずれも極めて高価な材質を使用していた。

　さらに、一重目内部は他の城に見られない三階建てとなっていた。一重目が二階建てとなる天守は、小田原城など数例あるが、三階建ては水戸城御三階櫓のみであった。二階内部は中央に柱が一本のみの特異な構造で、広い空間が広がっていた。三階は、身舎に長押を設け、周囲を巡る入側にも天井を張るなど、居住性を意識した造りとなっている。また、窓はすべて連子《れんじ》窓で非常に明るい階となっていた。四階、五階には、外開きの土扉が設けられていた。通常、外開きの土扉は土蔵の窓に使用されるのが一般的で、天守建築に使われた例はない。例外的な部分はあるものの、その特徴からこの御三階櫓は、天守の格式を持つ建築であったことが判明する。そこは、御三家水戸藩ということで、特段の配慮があったということであろうか。明治維新の波も乗り越え、廃城令にも耐え、昭和戦前期までは残っていたが、昭和二十年（一九四五）八月二日の水戸空襲により惜しくも焼失してしまった。

　大手門は、城の正面に置かれた城内一格式の高い門である。水戸城大手門は、多くの古写真が残されており、その構造が判明することもあり、令和二年（二〇二〇）に伝統的工法により木造復元された。櫓門であるが、左右が土塁であるため、総二階として建てられた門で、現存する弘前《ひろさき》城（青森県弘前市）追手門（重要文化財）等と同じ構造であった。その規模は、桁行約一七・二メートル、梁間約五・七メートル、高さ約一三・三メートルと、大型の櫓門である。門の四隅には土塁との隙間を埋めるための練塀《ねりべい》が取りついていた。門との間が、練塀によって埋められるのも珍しい事例である。

六　関東の城と西国の城

土の城

徳川御三家、親藩、譜代と言われる一門衆及び三河以来の家来たちの城は、豊臣系大名のような特徴を持っていない。それは、前述の個々の城の歴史や特徴を見れば判明しよう。西国に配置された大名は、石垣造りの城を志向し、東国に置かれた大名は、土の城を志向している。また、天守建築についても同様で、西国では巨大な天守建築を構築するものの、関東地方では天守代用の御三階櫓にとどめている。これも地域の実情に合わせたためと理解される。

具体的に見るなら、関東に配置された譜代大名は、堀を広くし土塁を高くすることで、石垣の城と同様な効果をもたらす防御性を持たせた。宇都宮城や高崎城の巨大土塁が好例である。また塁線に折れを多用し、横矢を掛ける工夫が凝らされた。水戸城や土浦城《つちうら》（茨城県土浦市）では、屏風《びょうぶ》折れの塁線も見られる。土塁上に築かれた櫓は、天守代用であった御三階櫓を除けば、土台として石垣が使用されることもなく、土塁上に直接礎石を置いて建ち上がる姿であった。

特筆されるのは、馬出の多様である。特に丸馬出は武田氏の代名詞のように扱われているが、徳川氏も、天正四年（一五七六）以降、丸馬出を多用している。江戸期に限って見るなら、その使用はほぼ徳川氏に限定される。徳川家康生誕の地である岡崎城、西尾城、長篠城、犬居城、

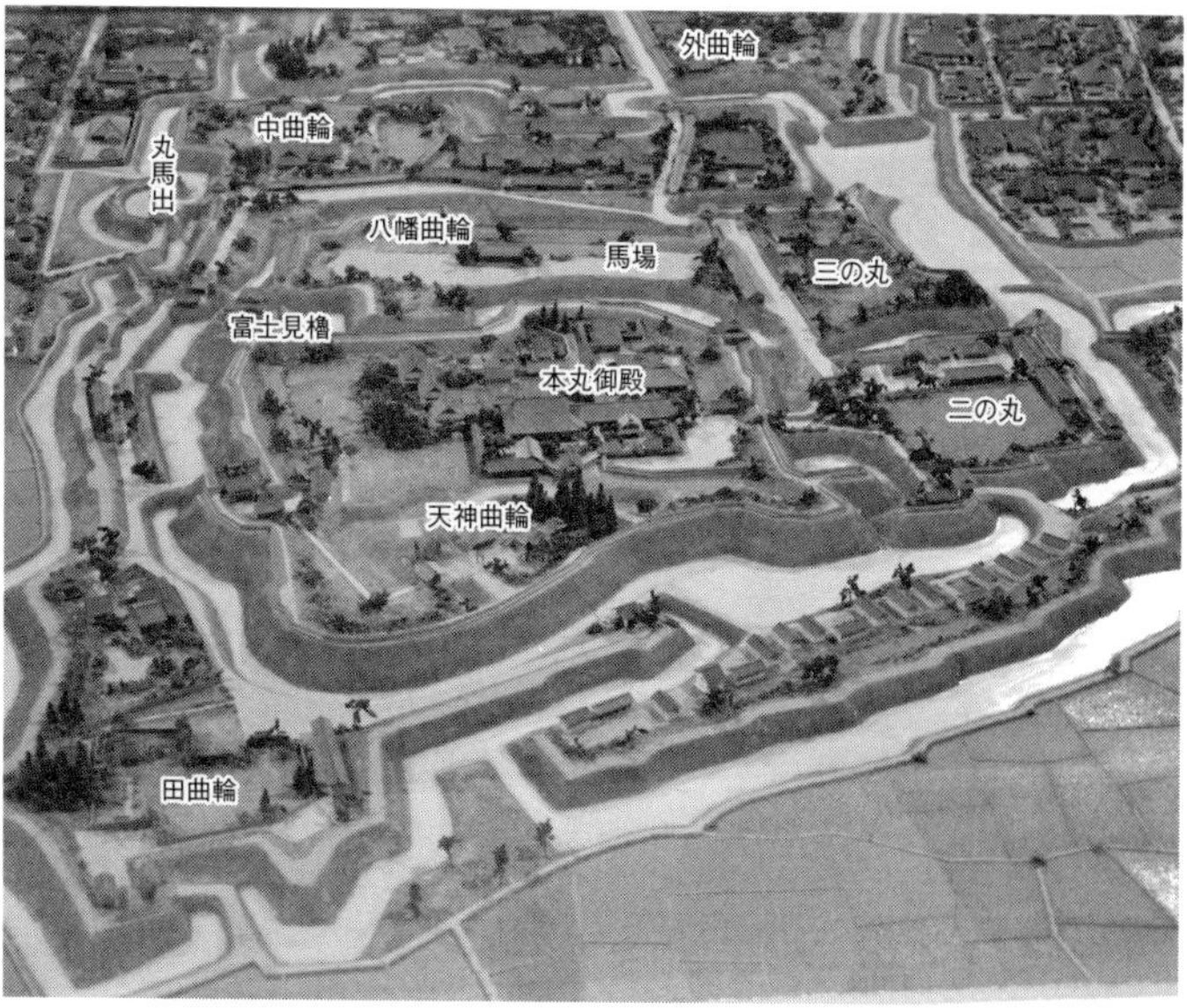

図33　川越城下町模型（川越市立博物館蔵）
湿地帯という地形を巧みに利用し、二重、三重の水堀を廻らす構造は、総石垣を駆使した城とは異なる関東独自の近世城郭の姿である。

我が国最大規模の丸馬出を含め七基の丸馬出が配された諏訪原城、小長谷城、丸子城など、三河・遠江・駿河という、家康が関東に移封される前に領有した地の多くの城で採用されていた。さらに、甲斐の武田氏館（躑躅ヶ崎館）、新府城という武田氏の本拠地も、武田氏滅亡後徳川氏が入城しており、両城もまた徳川改修によって丸馬出が付設された可能性が高い。

家康が江戸に幕府を開いた後でも、駿河の田中城、信濃松本城などでは、外郭に丸馬出を設けている。関東地方にいたっては、角馬出・丸馬出を実に多くの城が採用している。土浦城は、外郭の南北端に「重馬出《かさねうまだし》」と「角馬出」を、貞享《じようきよう》二年（一六八五）の大規模な改修時に採用している。寛永十年（一六三三）土井利勝によって、古河城は、大改修が実施され、曲輪と曲輪の間に数カ所の馬出状の曲輪を設け、防御を固めていた。河越城では、西大手と南大手の前面に、丸馬出を採用しているが、この丸馬出が新設されたのは、寛永十六年のことである。岩《いわ》槻《つき》城（埼玉県さいたま市）の大手門前にも、巨大な三日月堀が設けられている。忍城の大手門前には、巨大な角馬出が構えられていた。宇都宮城の二の丸表門の前面には角馬出、三の丸太鼓門の前には、巨大な丸馬出が配されている。佐倉城は、椎木門の前に巨大な角馬出が配されるだけでなく、二カ所の出丸も馬出であった。土造りの城であるため、虎口の防御を固めるために前面に馬出を採用したと思われる。多くの武田旧臣を採用しただけでなく、元亀〜天正年間にかけて、武田氏との攻防戦でこの丸馬出に苦しめられた体験を、祖父や父から聞かされたからであろうか。いずれにしろ、徳川の土の城には、異常な程馬出が採用されているのは事実である。

石垣の城

天下普請の城を除けば、徳川譜代大名の石垣の城は、非常に少ない。外様大名と比較すれば、石垣普請が可能な工人集団の招へい・掌握が困難だったのであろう。従って、西国に配置された親藩・譜代大名の居城の内、拠点城郭は天下普請で築かせることで石垣の城としている。外様大名が築き上げた拠点城郭については、嗣子なく断絶したのを契機に、親藩・譜代を配置したり、増封としたうえで、遠隔地や交通が不便な場所へと移封し、替わって譜代が入封したりして、石垣の城を手に入れている。また、武家諸法度発布後は、新規築城や修理については厳しい管理下にあり、西国外様大名の城郭拡張は認められていない。これに対し、要所に置かれた徳川譜代大名は、新規築城を例外的に認められ、大城郭を築いている。こうした築城によって、石工などの工人集団を招へい・掌握し、西国外様大名に対抗したのである。

元和四年（一六一八）、二代将軍秀忠は、西国諸藩に対する備えとして、小笠原忠真《ただざね》に明石《あかし》城（兵庫県明石市）の築城を命じる。秀忠は、岳父本多忠政に築城の指導を命じたり、普請費用銀壱千貫を支出し、普請奉行二名の派遣をしたりするなど、全面的に支えた。それだけ、この地が幕府にとって重要地点であったことを物語っている。

築城工事は急ピッチで進められ、翌五年中にほぼ完成を見、忠真は六年には新城へ移っている。この工事の早さは、一国一城令によって廃城となった船上《ふなげ》城（兵庫県明石市）・三木《みき》城・高砂《たかさご》城（兵庫県高砂市）などの建築部材を解体し再利用したためで、まさにリサイクルの成果で

図34　福山城復元CG（復元設計：三浦正幸、CG制作：凸版印刷、提供：福山市）

あった。幕府は、一国一城令によって、諸国の城を破却し、幕府に対抗する軍事施設を奪うのと同時に、破却した城の部材を再利用して、外様大名の押さえとする城を新規に築いたのである。徹底的なリサイクルによって、費用を抑えるだけでなく、短期間での新規築城を可能としたのである。

明石城は、海岸を見下ろす丘陵端に築かれた平山城で、東西に続く尾根筋を総石垣とし、中心部が置かれた。当初の城は、本丸に御殿を構え、四隅に三重櫓を配し、東北南面は多門櫓、西面に天守台とそれに続く土塀を築いたとされる。天守は、当初から建てられていなかった。本丸の東に、二の丸・三の丸を置き、隅角を中心に櫓を配し、城門・多門櫓で防御を固めていた。本丸西側には、西の丸と捨曲輪《すてぐるわ》が設けられていた。これら主要部の南側に広大な規模の本三の丸があり、ここに下屋敷と家老等の屋敷が構えられている。中央部に内枡形の大手門、東西南隅に枡形門と、都合三カ所の虎口が配された。これらの曲輪群を取り囲むように、北を除く三方に水堀が廻らされていた。天守こそなかったが、約一五二坪の五重天守の規模を持つ天守台を構えることで一〇万石の格式を示すと共に、本丸四隅には三重櫓が上げられ、中心部には合計六基の二重櫓、一〇基の平櫓が建ち並んでいた。

明石築城を命じた翌元和五年、幕府は外様の萩《はぎ》・毛利氏、広島・浅野氏、岡山・池田氏を牽《けん》制《せい》しつつ、西国大名の押さえとするため、福山《ふくやま》の地に水野勝成《かつなり》を配し、新城築城を命じた。明石城が、姫路城と共に、畿内入口を固める城なら、福山城（広島県福山市）は岡山と広島の中間点に位置する城で、山陽道《さんようどう》・四国の押さえが狙いであった。城の修復でさえ厳禁されていた世の新城築城は、幕府がいかにこの地を重要視していたかを示す事例である。

城は、標高約二〇メートルの常興寺《じょうこうじ》山丘陵上に本丸を配し、それを二の丸、三の丸が取り囲む輪郭式の構造である。本丸は、東北隅に天守曲輪とも呼ぶべきスペースを設け、折れを多用した複雑な塁線で防備を固めていた。二の丸は、曲輪というより一段低い帯曲輪と呼ぶべき構造で、一重、二重に本丸を取り囲み、その南側を中心にコの字状に内堀が配された。三の丸より外が平野部となり、二の丸をロの字に囲み重臣の屋敷地が設けられた。三の丸を取り囲む外堀は広大な規模で、虎口部分は厳重な枡形を採用。三の丸の周囲に広がる城下町もまた惣構により囲まれ、南東方向には運河が、瀬戸内海から外堀までほぼ直線で続いていた。幕府系の城郭は、二条城、名古屋城に代表されるように、単純な塁線とし、高石垣と幅広の堀、その上の多門櫓という重層構造の建築物によって守備する方向へと発展してきた。しかし、福山城は複雑な折れを多用するだけでなく、重層的な攻撃が可能なように、帯曲輪状の中段を二の丸として設けるなど、実戦的な造りとなっている。また、北側背後には、小丸山《こまるやま》、天神山《てんじんやま》が残り、この部分が未完成のまま放置されるという欠陥を持った城でもあった。北側には東西に流れる吉津川《よしづ》が位置するため、本来この川の流れを変えることで、防備強化を図ることを想定していたのが、何らかの理由で断念せざるを得なかったことが考えられよう。

天守は、御三家の紀州家でさえ許されなかった五重天守（四重目屋根を檜皮葺《ひわだ》きとし、名目四重天守としたようである）を造営、さらに主要部に実に六基もの三重櫓を上げるという大城郭として完成。この大城郭をわずか三年で完成させたのは、神辺城《かんなべ》（広島県福山市）等一国一城令によって廃城となった城の資材を徹底的に再利用したためである。特に神辺城からは、石垣石材を始め建築物のほとんどの部材が運び込まれたようで、城内に神辺という名称を冠した重層櫓四基が造られており、いずれも移築部材を用いた櫓である。

幕府は、一国一城令によって、外様大名が築き上げた国境防備のための戦闘的城を破却させると共に、明石城や福山城のように、外様大名の押さえとするための城を、廃城となった城の部材等を徹底的にリサイクルして築き上げた。ここに、幕府による支配体制がほぼ完成したことになる。

第五章　合戦と陣城

一　掛川城攻めの陣城群

記録に見る陣城群

永禄十一年（一五六八）、武田信玄の駿河侵攻により、駿河・遠江守護今川氏真はわずか五〇騎ばかりの味方と共に、間道を利用して掛川城へ逃れた。城は、今川家の重臣朝比奈泰朝《やすとも》が守っていたが、ただちに家康軍によって包囲され、城下にも火が放たれてしまう。家康は、城攻めに当たって、旧今川配下の周辺諸将に対し調略をすすめ、掛川城より西側一帯を領有する旧今川配下の実力者・久野氏一族を味方に引き入れ、背後の安全を確保すると、掛川城の四方に砦《とりで》を構え見付へと帰陣している。この時築かれた砦（陣城）は、今川氏真が籠《こも》る掛川城に対する偵察及び、万が一攻城戦になった場合の拠点確保のための付城であり、大規模な造成を伴うものではなく、あくまで高所から城を見渡すことを主眼に置いたものであった。家康は、平和裏に遠江の一円支配をめざすため、周辺域の国人領主や在地土豪層の旧今川家臣の本領安堵《あんど》を約し、次々と味方に引き入れ、掛川城を孤立させることに成功する。

本格的な掛川城攻めにあたって、青田《あおた》山《やま》砦に小笠原信興、岡崎衆番手を二《に》藤《とう》（仁藤）山に、金丸山《かなまるやま》砦（以上、静岡県掛川市）に久野《くの》宗能《むねよし》らを入れ、家康自身は本隊を率い、天王山《てんのうざん》（静岡県掛川市）に陣を布《し》いている。今川方はただ城に籠っていただけでなく、周辺諸将に対し調略の手を伸ばしたり、城から外に打って出たりしていたことが判明する。さらに、徳川の本陣・天王山砦をめぐり大規模な合戦がおこっており、今川方に多数の死傷者が出たようである。掛川攻めが長引くと、家康は、氏真に使者を遣わして和睦《わぼく》を求めることになる。掛川城に籠る今川方の根強い抵抗により、未《いま》だ遠江国内状況が不安定の中での長期戦は、決して家康にとって望む展開ではなかったはずである。それが、氏真との和睦による掛川城開城へと決断させた真意ではないだろうか。

和睦を図る中、徹底抗戦を続ける堀江城の大沢基胤らにも調略の手を伸ばすなど、執拗《しつよう》な家康の懐柔策と今川氏の凋落《ちょうらく》により、抵抗勢力も沈静傾向へと向かい、家康による遠江確保が見えてきていた。籠城《ろうじょう》六カ月、ついに氏真は掛川城を家康に明け渡し、義父北条氏康の兵と共に掛塚から小田原へと向かった。掛川城の開城によって、戦国大名今川氏が滅亡し、家康は遠江一円をほぼ掌中に収めることとなった。しかし、遠江の内北部山岳地帯は、信濃と国境を接しており、武田方に付く国人土豪たちも多く、完全に遠江全域の支配権が確立したのは、天正五年（一五七七）頃のことになる。

家康は、掛川城攻めにあたり、龍尾《たつお》山砦・龍穴峰《りゅうけつほう》砦・次郎丸《じろうまる》砦・相谷《そうがや》砦・金丸山砦・青田山砦・長谷《ながや》砦・曾我山《そがやま》砦・岡津《おかつ》砦（山崎砦）・笠町《かさまち》砦・塩井原砦・二瀬《ふたせ》川《がわ》砦・小《お》笠山《がさやま》砦（以上、静岡県掛川市）等の陣城を築き、徐々に掛川城包囲網を狭めている。

その砦群が、どのような構造をしていたかは判然としないが、『武徳編年集成《ぶとくへんねんしゅうせい》』にわずかに関連する記述が見られる。相谷砦の記述で、永禄十一年十二月条に「味方ノ六備掛川ノ城下ニ迫リ御旗本ハ相谷ニ屯ヲ設ケ玉フ……」とあり、兵が駐屯《ちゅうとん》する場所を設けたことがわかる。次

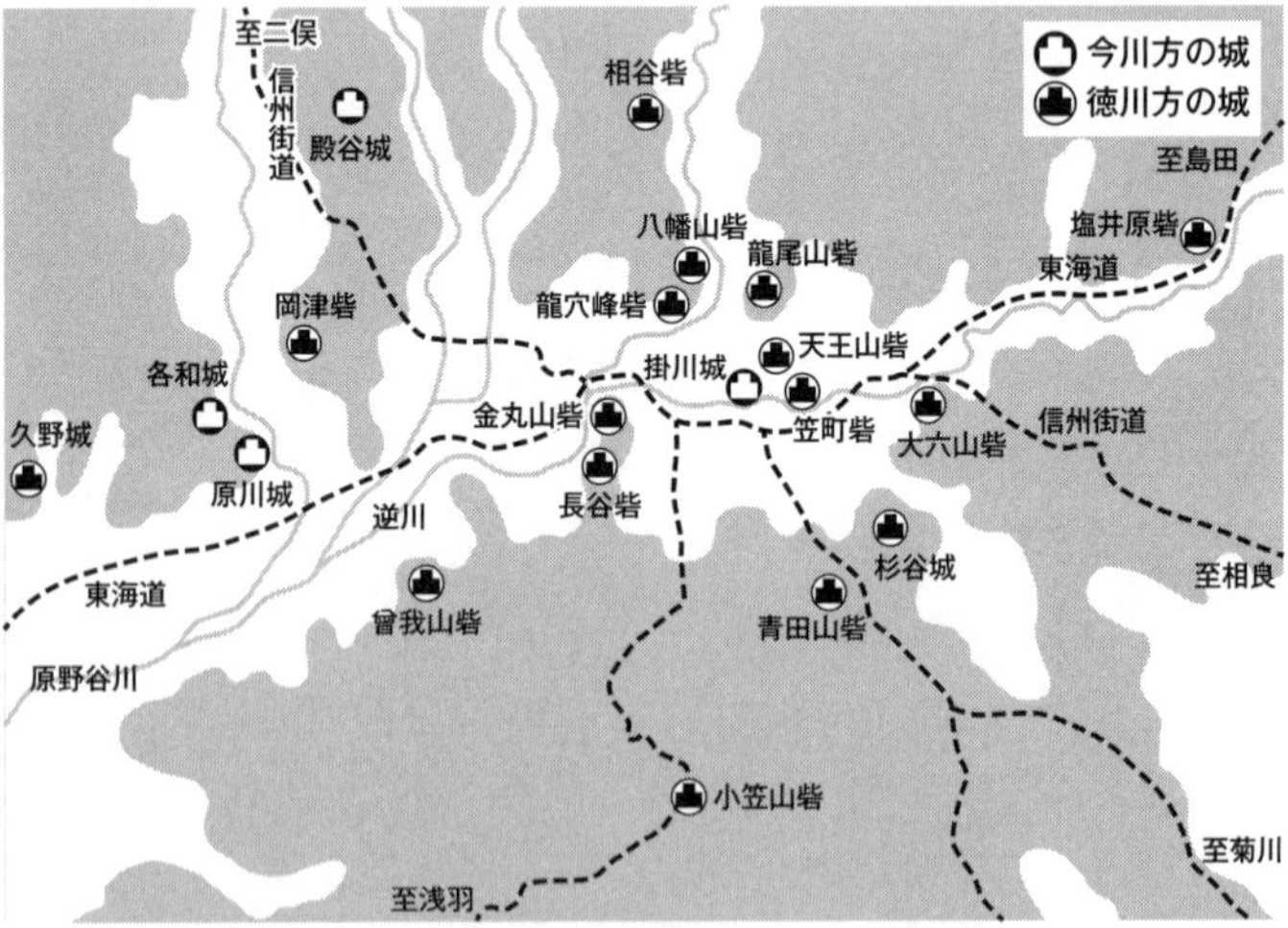

図35　掛川城攻めの徳川城砦群（考証：加藤理文）

遠江に侵攻した徳川家康は、駿府から脱出した今川氏真が籠もる掛川城攻めを開始した。家康は、力攻めすることなく、十数カ所の砦網を構築し、半年をかけて降伏に追い込んだ。

いで、長谷砦の記述で、永禄十一年極月条に「桑田村ニハ酒井忠次、石川家成柵ヲ結テ守リケルガ……」とあり、柵《さく》で囲って守っていたと記されている。また金丸山砦では、永禄十一年極月条で「金丸山ノ附城ニハ本丸ニ久野宗能同二ノ丸ニ同佐渡宗憲、本間五郎兵衛長秀ヲ籠置ル」とあり、本丸と二の丸が存在する砦であったことが窺《うかが》える。掛川城攻めにあたり、大小様々な砦群が構築されたわけだが、駐屯基地とするため、柵囲いで防備した砦、本丸・二の丸というように、複数の曲輪《くるわ》が存在した砦と、目的や場所によって、その構造がかなり異なっていたことが想定される。

発掘された掛川城攻めの陣城

これらの砦の中で、唯一発掘調査が実施された杉谷城《すぎや》（静岡県掛川市）から、これらの砦群がどのような構造をし、何を目的として築かれた砦であったのかを考えたい。

杉谷城跡は、掛川城の南東約二キロに位置し、南北約一五〇×東西約一〇〇メートルの規模を持つ。明瞭《めいりよう》に城郭施設として利用されたのは、標高約八二メートルの最高所に位置する南北約三五×東西約一〇メートルの主郭のみである。

主郭は、東側を除きコの字状に土塁が築かれ、東側下段に二段の腰曲輪状の平坦地《へいたん》が残る。土塁は、明らかに西側に対する備えである。東から南側へ続く腰曲輪については、主郭への入口部分にあたるものと推定されるが、明瞭な遺構は確認されていない。北側尾根筋を幅七メートル前後の堀切と接続する竪堀《たてぼり》によって遮断しているが、南側に位置する主郭とほぼ同規模・

同標高の頂部との間は、自然地形のままである。

堀切は、北側に配された曲輪の西側を廻《まわ》りこんで、北西方向へと落ち込んでゆく。主郭の土塁と堀切は、軸を合わせるように設けられており、西側谷筋からの攻撃を想定したようである。二の曲輪にあたるのが南北約二五×東西約八メートルを測る主郭北側の曲輪で、南から北にかけて、五メートル程低くなってゆくが、最北端に三×五メートル程の高まりが見られる。土塁の痕跡《こんせき》ということも想定されるが、堀切を挟んだ北側対岸との間の橋台ということも考えられないことではない。人為的な痕跡は、この高まり部分のみで、他は自然地形のままである。

二の曲輪は、あくまで主郭を補完する予備曲輪であった。二の曲輪北側に、城内最大の堀切（幅約一〇メートル・深さ約六メートル）が見られるが、一部後世の道として利用されているため、当初の規模は判然としない。主郭に比較すれば、二の曲輪は南北を堀切で囲まれた独立曲輪となっている。二の曲輪を独立させることで、主郭は北側に対して、より強固な防備を有することになる。いずれにしろ、この堀切以南、主郭までが防御施設として利用された範囲であることは確実であろう。『武徳編年集成』に残る長谷砦や金丸山砦の記載とほぼ合致するような状況を呈している。従って、この両曲輪の周辺に柵等が廻《めぐ》っていたということになろう。

主郭の南西部に、小規模な竪堀が見られるが、これは主郭の西側対岸に位置する三の曲輪への通路を規制するものと考えられる。主郭から尾根上を通路として三の曲輪に至っていたことが想定される。しかし、二の曲輪と同規模の三の曲輪には、人工的な加工の痕跡は見られないが竪堀の存在を考えると、何らかの利用があったとしても問題はあるまい。

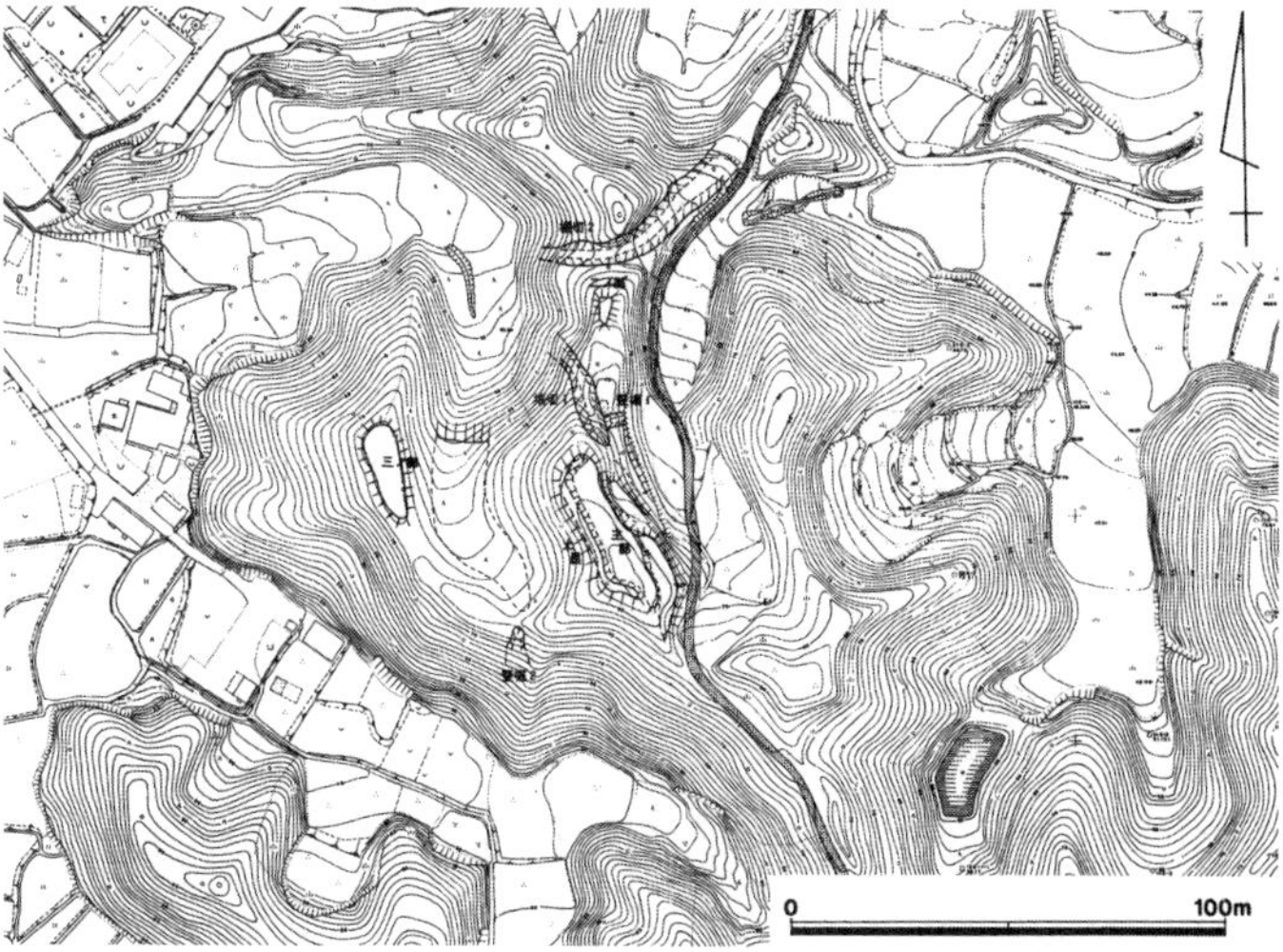

図36　杉谷城実測図
（『東名掛川I・C周辺土地区画整理事業に伴う埋蔵文化財発掘調査報告書　Ⅰ』掛川市教育委員会2002年３月）

東側対岸に位置する丘陵頂部にも、人工的な加工の痕跡は見られない。二の曲輪の北側に東西に広がる一〇〇メートル程の尾根筋があるが、ここには、西から三カ所の頂部が存在する。掛川城に対しては最前線に当たるため、何らかの人工的改変を想定したが、まったくその痕跡は見られず、自然地形のままであった。

以上、杉谷城について概観してみたが、主郭・二の曲輪以外が、利用されていなかったというわけでもない。ただ人為的な痕跡が見られないということである。北側に位置する尾根上の頂部や三の曲輪、東側尾根上の頂部などは、臨戦態勢下においては、見張りを兼ねて兵が置かれたという可能性は十分考えられる。

周辺域の地形を見ると、確実に城郭施設として利用された主郭・二の曲輪部分を中心に、北・西・東にそれぞれ同規模の尾根筋が展開しており、掛川城に面した北側尾根筋を遮断すれば、東西側は自然の谷地形となり、独立丘陵状の地形を呈すことになる。南側の尾根続きを遮断していないことが、この城の目的を明瞭に物語っていよう。南側尾根上は、撤退ルートとして確保されていたと考えられる。杉谷城の西南側約五〇〇メートルの尾根上に青田山砦が存在している。青田山砦は、標高約一〇八メートルの山頂部を中心に展開する砦で、杉谷城より二〇メートル以上高い山塊を利用している。掛川城の南に構築されたのが、杉谷城と青田山砦で、この二城を以《もっ》て南方の押さえとしていたのである。掛川城に籠城する今川方兵力を考えれば、南側に構築された二城を同時に攻撃することは、ほとんど不可能に近い状況であった。どちらかが攻められた場合、総力戦になる前に撤退し、敵方の退却を待つ程度の押さえとして考えていたのではないだろうか。双方の城が補いあうことによって、無駄な兵力の損失をさけ、孤立する掛川城の南側の押さえとすることが徳川方の目的であったのであろう。

陣城の役割

『武徳編年集成』の岡津砦のことを記した記述から、もう一つの役割が想定される。「神君暫ク軍ヲ休メン為ニ兵ヲ収メント所々ノ附城ニ衛兵ヲ籠置ル、岡津村ノ山崎ニ久野三郎左衛門、本間五郎兵衛ヲオキ……」とあるように、暫《しばら》くの間兵力を休息させる場所の確保である。杉谷城の主郭東と東北方面山麓《さんろく》部には、逆L字状に広がる二カ所の平坦地が存在している。ここが、

写真19　陣場峠（青田山砦）より見た掛川城

兵の休息場所として確保されていた可能性が考えられる。北側に広がる尾根によって平坦面は、掛川城からは死角となる。仮に敵方の攻撃があった場合、なだらかな平坦地を伝わり、さらに尾根筋を通って南側への撤退も可能であった。その際、主郭から西側斜面に対しては、頭上攻撃が可能となる。主郭からの攻撃の間に、南側への撤収はほぼ完了すると思われる。そのために、主郭西側部分にのみ土塁が構築され、さらに南側尾根上を遮断しなかったのであろう。

杉谷城は、青田山砦と二城でもって、掛川城南方の押さえとしての役割を担っていたのである。主郭及び二の曲輪を防御施設の中心として、堀切や土塁、柵で囲むなどして防御ラインを構築し、南方尾根筋を空け、退却ルートを確保していたことが想定される。また、防御施設西側から西北方面の山麓平坦部を駐屯地とした可能性も指摘される。いずれにしろ、臨戦態勢の中で臨機応変な活動拠点として構築され、使用されたのである。その臨機応変な陣城とは、ピークの二カ所程度を人工的に改変し、その他周辺域に展開する尾根筋などは、木を伐採して視界を確保し見張台とした程度ではないだろうか。杉谷城は、永禄年間後半期の徳川軍による陣城の形態を知るに貴重な城跡と評価される。

掛川城攻めにおける徳川方の陣城は、あくまで臨時的な局地戦に伴うものであり、敵方は掛川城一城にのみ籠って抗戦を企てていたに過ぎない。徳川方の付城に対抗する城もなく、また援軍が来ることもなかった。徳川方とすれば、遠巻きに囲んでさえいれば、やがて降伏してくることは自明であった。だが、三河から遠江への侵略に突入した直後のことであり、不安定な情勢の中での長期戦は回避したかったであろうことは間違いない。当初は、『武徳編年集成』に見られるように、高所・遠巻きに城を囲い込むための付城が主力であったのが、やがて杉谷城のように土塁を構えた小規模な要塞《ようさい》を構築し、確実に包囲網を狭めていったことが想定される。そのうえで、絶対有利な情勢を生み出し、多数の兵力を駐屯させることで、援軍の来ない敵方の戦意を喪失させようとしたのであろう。

結局、六カ月後に掛川城は開城し、家康は遠江一円支配を確実にしたのである。

二　二俣城奪還戦

二俣城攻めの陣城群

元亀三年（一五七二）、駿河一国支配を確実にした武田信玄は、三方から遠江へと侵攻を開始した。遠江平野部へと軍を進めた武田軍は、二俣城攻めを開始する。天竜川と二俣川に囲まれた天嶮《てんけん》に位置する城は、なかなか陥落せず武田軍を二カ月にわたって足止めさせている。長期戦の末、城を落とした信玄は、直ちに改修を実施し、依田《よだ》信守《のぶもり》・信蕃《のぶしげ》父子に在番を命じた。

二俣城は、遠江山間部から平野部各所へ通じる交通の要衝であり、特に天竜川の支流はすべてが二俣で合流するなど、河川交通の拠点でもあった。家康は、北遠江からの河川交通網のすべてを失うと共に、信州と三河及び遠江各所へ通じる交通の要所を押さえられたことになる。遠江の一円支配を確実にしたばかりの家康にとって、二俣の地を奪取されたことは大きな痛手であった。二俣城奪還なくして、遠江の一円支配はおぼつかないどころか、その居城・浜松城の守備にも破綻《はたん》を来たす重要な問題となった。家康は、翌天正元年（一五七三）直ちに二俣城周辺の三カ所（社山《やしろやま》・合代島《ごうだいじま》・渡ケ島《わたがしま》）に付城を築いて対抗した。この時築かれた三カ所の付城は、二俣城への間道を押さえることと、遠巻きの偵察が主たる目的であった可能性が高い。

この時点では、二俣城の後方尾根続きに光明城《こうみょう》（静岡県浜松市）、さらに只来城《ただらい》、犬居城（以上、静岡県浜松市）が控えており、二俣城は遠江山間部へと続く武田軍城郭網の最前線に位置する城となっていた。家康の築いた付城の役割は、武田軍のさらなる南進を防ぐことと、その監視にあった。後方に援軍可能な城がある以上、二俣城攻めは極めて困難と言わざるを得ない。そこで家康は、二俣城を孤立させようと犬居城攻めを敢行、だが気田《けた》川の洪水により退却を余

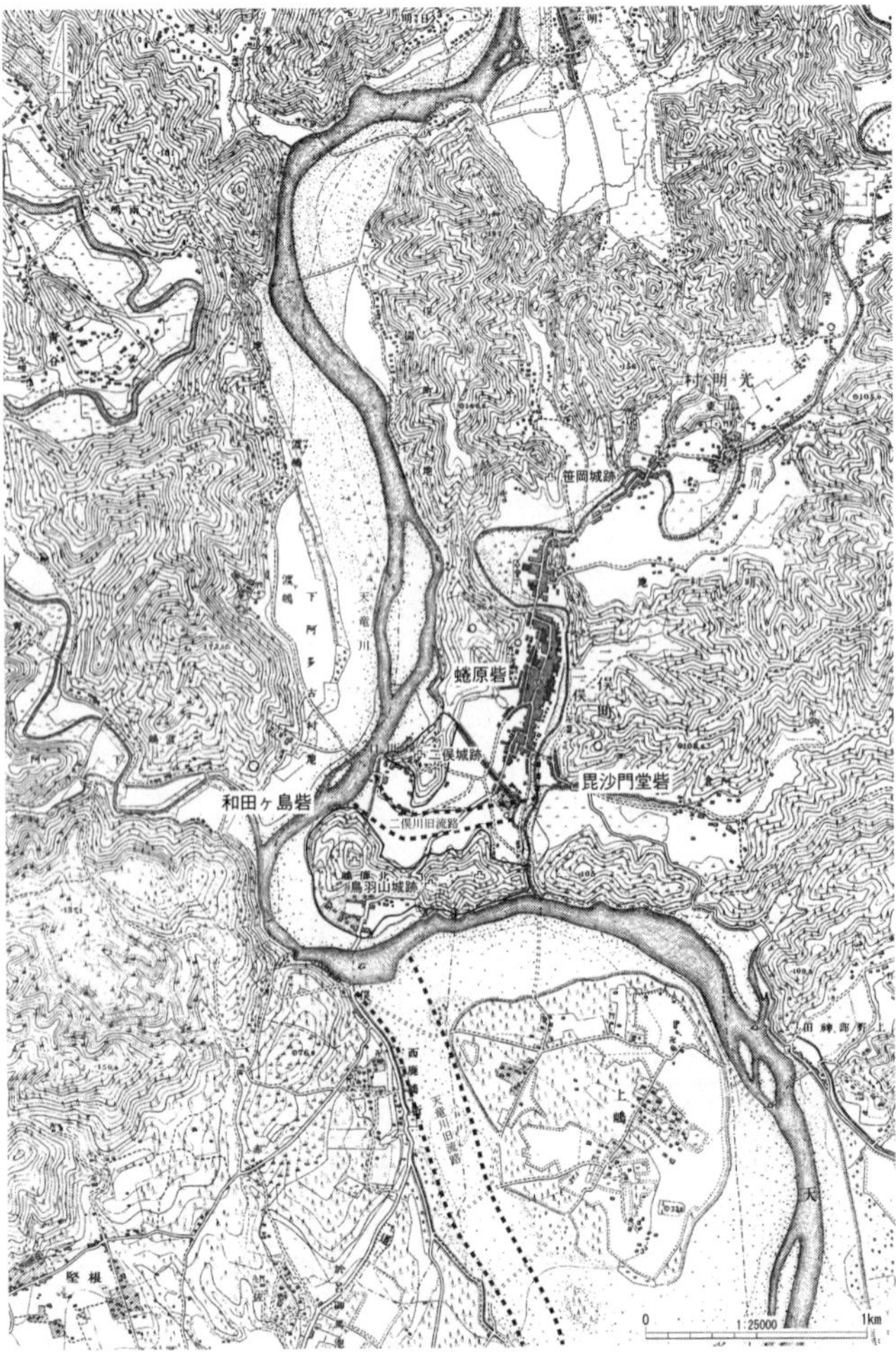

図37　二俣城跡・鳥羽山城跡周辺の旧地形図
（『二俣城跡・鳥羽山城跡総合調査報告書』浜松市教育委員会2017より転載／浜松市文化財課提供）

儀なくされ、さらに追撃を受け多くの兵を失った。武田方は、この後北遠地方の防備をいっそう強化している。

二俣城奪還が長期戦になろうかと思われた天正三年、長篠合戦が勃発《ぼっぱつ》。新兵器鉄砲を駆使する織田・徳川連合軍の前に武田軍は完膚なきまでの敗北を喫してしまう。この戦により、遠江情勢は急変する。家康は、長篠合戦勝利の余勢を駆って、一気に北遠地方からの武田勢力の駆逐をねらい、二俣・光明両城の攻略に取り掛かった。

二俣城に対しては、城の目と鼻の先四カ所に付城を築き二俣城を包囲した。南対岸に鳥羽山《とばやま》砦を築き本陣とし、北の地続きの頂部に蜷原《になはら》砦を築き大久保忠佐《ただすけ》を、東側二俣川を挟んで対峙《たいじ》する位置に毘沙門堂《びしゃもんどう》砦を築き本多忠勝を、西側天竜川を挟んで対峙する位置に和田ヶ島砦を築き榊原康政を配置し、城の四方を固めたのである。

一方、光明城へは本多忠勝・榊原康政らが攻め入り、落城させた。さらに、犬居城まで兵を進め天野氏を牽制《けんせい》、その動きを封じている。こうして二俣城は完全に孤立してしまった。長篠合戦で壊滅的な打撃を受けた武田軍が、二俣城へ大量の後詰を送ることは考えにくく、光明城の再奪還を含め、徳川軍に対抗して新たな支城を構築するまでの力は擁していなかった。結局、二俣城は六カ月間持ちこたえるが、兵糧もつき降伏開城している。

掛川城攻めからの変化

二俣城奪還戦に際し、当初は間道を押さえることと遠巻きに監視するための拠点確保として付城を配するだけであった。武田軍のこれ以上の南進を防ぐことと、遠江平野部での武田氏の影響力をそぐことこそが、当面の課題となっていた。このような情勢の中で長篠合戦が勃発、勝利の余勢を駆って、二俣城奪還をめざした家康は、四方に付城を配置し取り囲むと共に、背後の光明城を陥落させ、完全に孤立させた。掛川城攻めから、すでに六年経過し、徳川軍も数多くの合戦を経験してきた。この間に、堀切の巨大化、工夫を凝らした土塁配置、階段状に配された複数の曲輪群など、防御機能は格段にアップしている。

徳川軍の技術進歩に伴うものなのか、それとも付城の立地によるものなのかは、はっきりしない。鳥羽山砦は、その後鳥羽山城が築かれたため、砦の遺構は残存していない。また、蜷原砦も、宅地造成等で消滅し、構造等が判明する遺構は見られない。和田ヶ島砦は、天竜川西岸の砦山山頂に位置し、最高所に主郭を置き、階段状に曲輪を設け、主要部の北側に堀切、さらに北側に尾根筋を遮断する大型の堀切が見られる。二俣川の東岸に位置する毘沙門堂砦は、最高所に主郭を置き、主郭内を区画する土塁、尾根筋を遮断する堀切の内側にL字の土塁も配されている。階段状に曲輪群が付設している。おそらく、四砦共に同様の構造で、四砦が相互補完をして二俣城を取り囲むのではなく、あくまで単体の付城として機能していたことが想定される。単体の付城を東西南北に各一カ所配置し、二俣城に備えたということであろう。

本来なら、四砦が相互補完することで軍事的な閉鎖ラインを設定し、二俣城を孤立させることが常道である。なぜ、このような単体構造となったかであるが、それは二俣城の位置的な問題につきる。城は、天竜川と二俣川に挟まれた丘陵先端部に地選していたため、背後の尾根続

写真20　鳥羽山城より見た二俣城と光明城

きに一カ所の付城さえ配置すれば、完全に孤立させることが可能だったのである。併せて、川の対岸三カ所にも付城を構え、高所から城を監視している。北側、丘陵続きを押さえる付城は、敵兵の遮断という軍事的機能が優先された陣城であるが、他の三カ所については、守城側に対する示威行動の一環としての付城で、絶対的優位の中での城に籠る兵への牽制と、四方を完全に包囲されたことを知らしめる目的があったと思われる。

当然、二俣城奪還という緊急課題の前では、相互補完をしつつ敵方に備えたであろうことは間違いないが、機能的に見ればいずれの城も、単体で以《もっ》て防備が貫徹している。四砦は、あくまでも与えられた拠点を守備する付城としての役割が最優先されたと見るべきであろう。さらに、四方を取り囲む付城の四砦からは、二俣城内までも見渡すことが可能で、いずれも丘陵頂部に築かれている。極めて近接した場所に位置し、しかも高所から見下ろされるため、その戦略的効果は計り知れないものがあったと推定される。二俣城は、再び戦闘になることなく、兵糧が尽きた半年後に降伏開城している。

三　高天神城奪還のための陣城群

馬伏塚城の改修

天正元年（一五七三）、信玄の死を知った家康は、後継問題で揺れる武田家をしり目に反攻に転じ、奥三河の要衝長篠城の奪還に成功する。そして信長はこれを機に、一気に畿内《きない》の反信長勢力を一掃したのである。翌天正二年、家中をまとめあげた勝頼が大攻勢をかけることになる。まず東美濃の岩村城《いわむら》（岐阜県恵那《えな》市）を拠点に、一八城を攻略する勢いであった。信長は、直ちに軍事行動を起こしたが、山岳地帯の急峻《きゅうしゅん》な地形を利用し展開する武田軍に躊躇《ちゅうちょ》してしまう。そこに、土岐明知《あけち》城（岐阜県恵那市）陥落の報が届いたため、備えの城を築き退却することになる。勝頼は、信濃・美濃国境の要所の確保に成功し、岐阜城・岡崎城をうかがう地まで、領土を拡大したのであった。美濃・三河への足掛かりを確保した勝頼は、再び遠江進出を目指すことになる。

勝頼は「高天神を制するもの遠江を制す」と言われた要衝・高天神城の奪取を狙った。二俣城への備えで身動きの取れない家康の隙を狙い、万全の体制を敷いたのである。まず、駿河から遠江へ侵入する補給拠点として、大井川の渡河地点に諏訪原城を築城。さらに、海岸線沿いに小山城・滝堺城・相良《さがら》城（以上、静岡県牧之原市）と相次いで整備し、高天神城を包囲した。城主・小笠原信興は、直ちに家康に援軍を要請する。単独で勝頼に対抗出来ない家康は、信長に火急の救援を要請した。しかし、信長は出陣したものの行動が鈍かった。この間に、勝頼は猛攻と和睦交渉で城方に決断を迫ることになる。天嶮を擁す城であったが、本丸と二の丸を残すのみとなった段階に至っても、援軍の気配すらなく、遂《つい》に降伏開城することになった。

東遠江の要衝を奪われた家康は、二俣城への備えが最優先課題であり、高天神城にまで手が回る状況ではなかった。そこで、小笠山を境に横須賀から浅羽《あさば》にかけて広がる残存潟湖《せきこ》（ラグーン）を利用した防衛線を設けようとし、その要として白羽の矢がたったのが馬伏塚城だ。『家忠日記』には、「遠州馬伏塚ノ旧塁ヲ築カシメ、大須賀五郎左衛門尉康高ヲシテ是ヲ守ラシメ給ヒ、小笠原与八郎ガ旧領ヲ康高ニ賜ル」とある。高天神城陥落から一カ月後のことで、当時の家康にとっては、これが精一杯の策であった。

馬伏塚城の発掘調査によって、現在本曲輪と言われる南曲輪群は、十六世紀の初めに墓地や小堂があったと判明しているため、当初の城は北曲輪群にあったことになる。北曲輪群最大の曲輪は、南北約九〇×東西約六〇メートルの土塁囲みの長方形の曲輪で、南に東を除く三方を土塁で囲んだ小曲輪、東下にも曲輪が見られる。小笠原氏段階における土塁の有無ははっきりしないが、伝統的な方形館を踏襲する形で、そこに副郭を付設する形が想定される。明応《めいおう》の東海地震（一四九八）以前は、潟湖に突出した地形で、周囲には遠州灘《なだ》へと続く潟湖が広がって

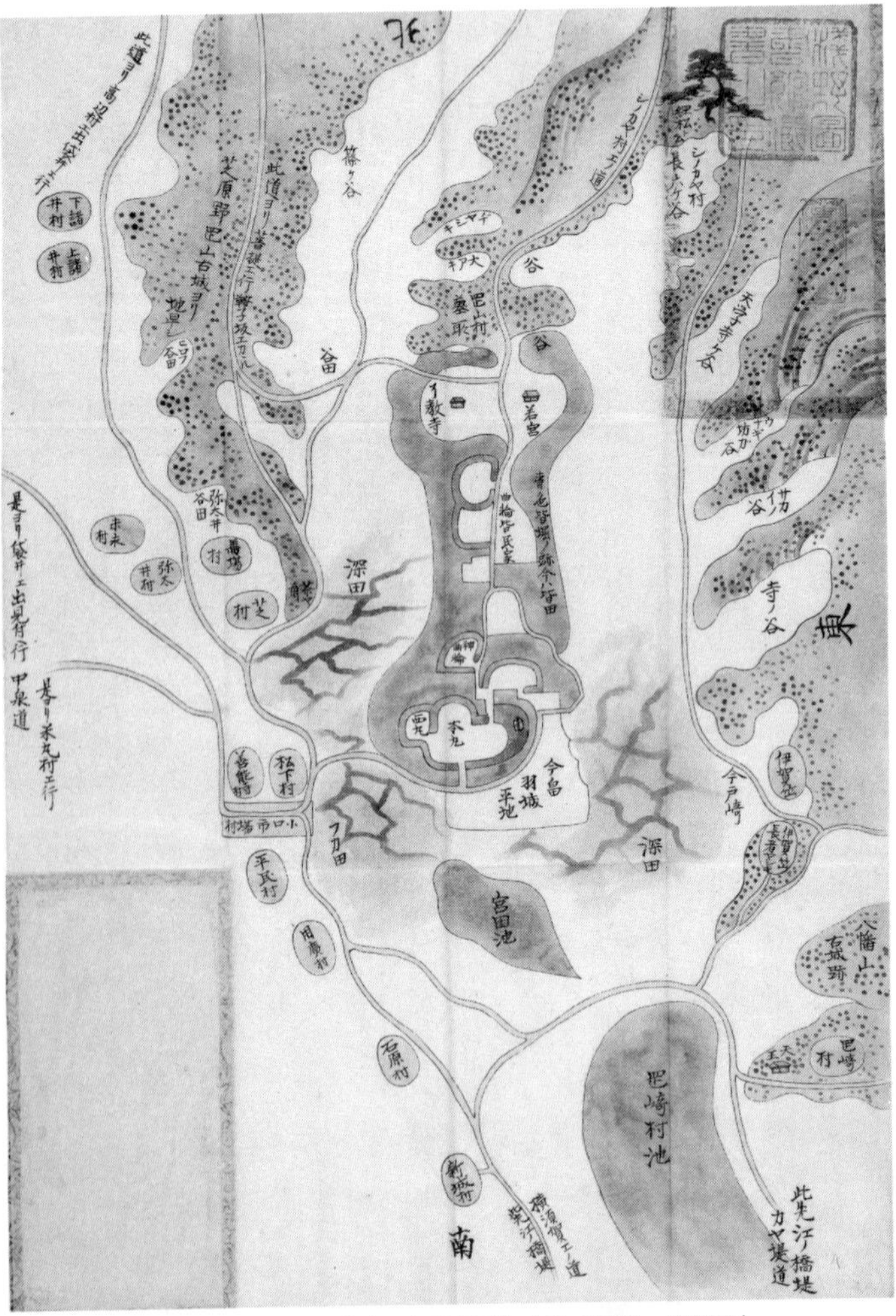

図38　浅野文庫「諸国古城之図」より「遠江　馬伏塚」
（広島市立中央図書館［浅野文庫］蔵）

いた。湖上交通を利用し、国府見付や遠江・駿河各地からの物資搬入も可能であったと推定される。

馬伏塚城が高天神城の備えとして選択されたのは、残存潟湖が前面に広がり、遠州灘まで見渡せる立地にあった。また、国府見付からの利便性も考慮されたと思われる。多方面の展開が出来ない家康は、高天神城の武田軍の動きを監視する役目を主目的とする城として改修を実施し、万が一の事態に備えた駐屯・兵站《へいたん》基地の役目を付加したのである。この改修に伴い、南側の寺院と墓域を城内に取り込んだのではないだろうか。

高天神城に入った武田勢は、海岸線の街道を利用して頻繁に浅羽周辺域に出没し、徳川方を牽制する動きを見せていた。だが、天正三年の長篠合戦で、遠江情勢は大きく変化する。織田・徳川連合軍の前に武田軍が惨敗を喫してしまう。家康は、直ちに諏訪原城を奪取し、次いで二俣城を奪還、翌四年までには、北遠江の武田勢力をほぼ一掃することに成功した。北遠江からの脅威を取り除いたことと、大井川の渡河地点を押さえると共に、高天神城の物資補給基地であった諏訪原城を奪取したことが、馬伏塚城を含む高天神城周辺域に大きな影響をもたらすことになる。

天正五年、家康が馬伏塚城へ出陣する。家康在陣が可能な体裁が整ったためであろう。現在は宅地化し旧状をわずかに留《とど》める程度だが、昭和九年（一九三四）に作成された図では、北曲輪群の北尾根続きは、幅約二〇メートル、深さ約八メートルの大堀切で遮断され、堀切に接する土塁は幅約七メートル、高さ約三メートルの規模が残存していたことが判明する。この北曲輪群から、約七〇メートルを隔てて南曲輪群が構築されている。この間には、かつて水堀が存在し、二カ所の小曲輪が存在していたことが「諸国古城之図」（図38）から判明する。

南曲輪群の中心曲輪は、東西一〇〇×南北六〇メートル程の四方を土塁と堀に囲まれた曲輪で、中仕切りの南北土塁によって、西側三分の一程と区分されている。虎口《こぐち》は南北二カ所で、北側は土橋となり馬出《うまだし》状の土塁囲みの小曲輪を経て、袖《そで》曲輪（城の腰）と呼ばれる四〇×三〇メートル程の方形曲輪へと続いていた。南側も土橋によって、本曲輪の東から南を取り巻くような羽城《はじょう》曲輪へと接続する。古城図では中泉《なかいずみ》・横須賀へと続く街道へと延びる細道が見られるが、天正段階は堀であった可能性が高い。

馬伏塚城の南曲輪群のほとんどは四周を土塁で囲まれている。これは、高天神城攻めの兵糧及び武器保管のためであろう。北と南の間の袖曲輪が残存潟湖からの舟入施設で、南側羽城曲輪は、荷揚げのための曲輪と推定される。本曲輪が盾状の土塁によって東西に仕切られているのも、曲輪内の保管物の違いが存在していたためとしか思えない。小規模な西丸は、弾薬庫や煙硝蔵として利用していたことも想定の範囲だ。当初、大須賀康高の屋敷地として利用されていた北曲輪群も、この時点で物資保管施設に変化したと思われる。家康は、その北側の広大な面積を持つ伝居屋敷に陣所を構築したのである。

当然、付き従う兵士たちは、その周囲の了教寺《りょうきょうじ》や若宮の地を利用することになった。巨大な堀切で尾根続きを切断した伝居屋敷は、三方を湿地帯に囲まれた平坦地で、駐屯地としては最適だ。ここに、城は監視目的から、家康の本陣、兵士の駐屯地及び物資中継地として、前線に武器や兵糧を調達する後方支援基地としての役割が主目的に変化したのである。

高天神城攻めの砦群

高天神城を孤立させた家康は、さらなる動きを見せる。馬伏塚城の南東約一・五キロの岡崎の地に、前線基地を移動させたのである。残存潟湖に面した舌状支陵の先端を利用し、横堀を巡らせた方形の土塁囲みの曲輪と副郭だけの城で、明らかに物資保管と駐屯目的だけの城だ。この前線の移動は、残存潟湖の航路が縮小傾向になったことと、武田方の勢力減退に伴うものと理解される。

岡崎城（静岡県袋井市）に前線基地を移動させた前後、東海道から高天神城へ続く間道を押さえる要衝として小笠山砦を改修し、重臣石川康通《やすみち》を入れている。小笠山砦は、高天神城攻めの北の拠点を担う付城であった。小笠山砦は、比較的良好な形で遺構が残存する。標高二六〇メートルの最高所に笹ヶ峰御殿と呼ばれる本曲輪を置き、ここからY字状に続く尾根筋に小曲輪が点在する。本曲輪南東部を取り囲むくの字を呈した横堀は大規模で、総延長一〇〇メートルにも及ぶ。本曲輪東虎口は、竪堀と土塁で規制し、喰《く》い違いとし、西虎口は、竪堀と堀切、さらにL字を呈した土塁によって、鉤《かぎ》の手となっている。尾根筋全体が狭く複雑であるが、巧みに竪堀と堀切を配すことで、極めて高い防御性能を持つことになった。

これまでの徳川方の付城には見られない、虎口の工夫、岡崎城でも採用された横堀の大規模化、それまで極めて単純であった徳川方の陣城に変化が見られるのも、長篠合戦以降のことに

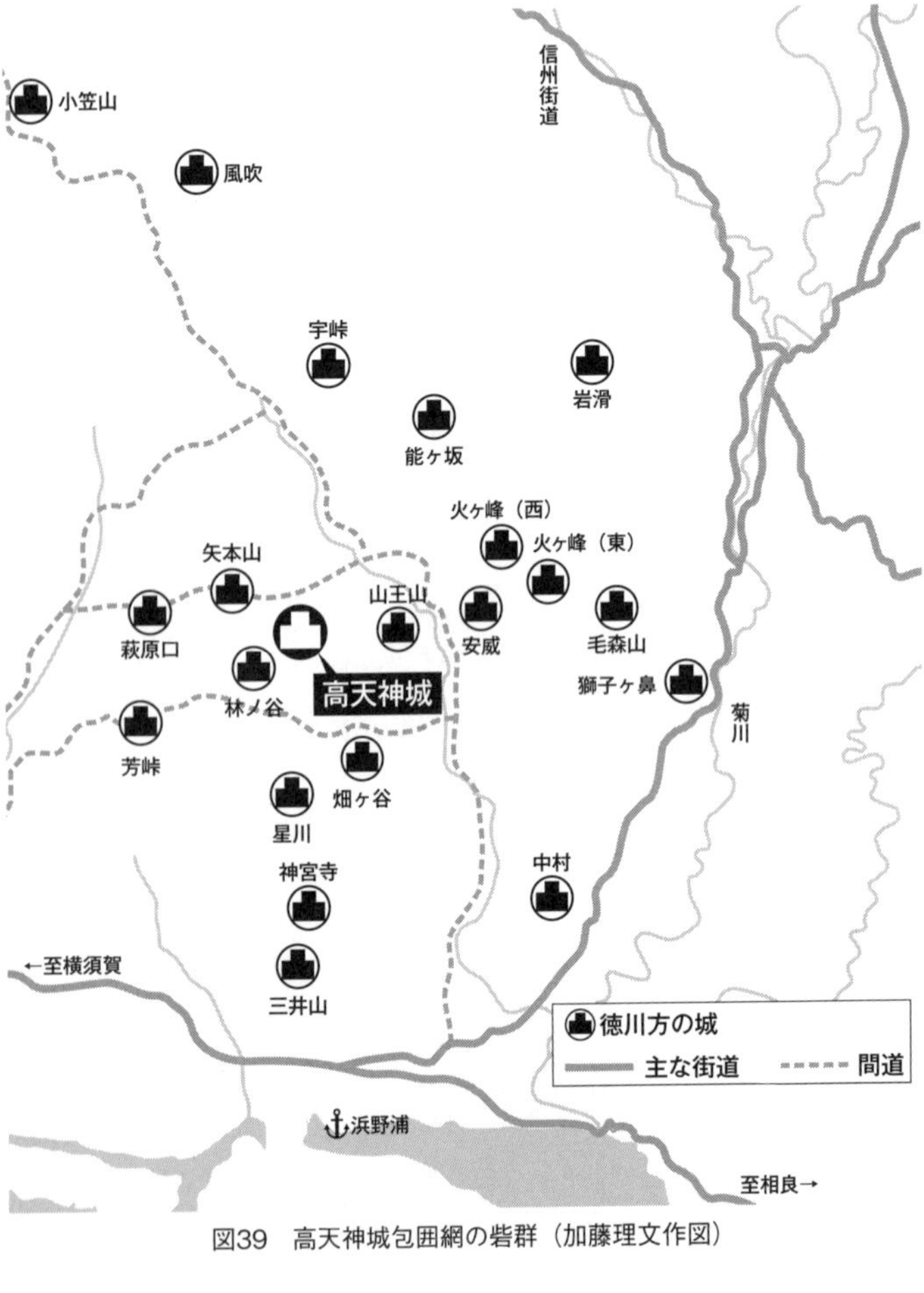

図39　高天神城包囲網の砦群（加藤理文作図）

なる。さらに天正六年（一五七八）、岡崎城より約三キロ南東に位置し、遠州灘と直接繋《つな》がる横須賀に城を築き、大須賀康高を入城させる。これにより残存潟湖の不安定な水運ではなく、確実に船舶が横付けできる港湾と城が確保されたのである。

西の拠点馬伏塚城と横須賀城、北側小笠山砦という拠点を確保した家康は、駿河から出兵を繰り返す武田方に備え、天正六〜八年にかけて、後に高天神城包囲網と呼ばれる六砦を構築し、高天神城をコの字形に取り囲んだ。

六砦とは、北から小笠山砦（石川康通）、能ケ坂《のうがざか》砦（本多備後守）、火ケ峰《ひがみね》砦（大須賀康高）、獅子ケ鼻《ししがはな》砦（大須賀康高）、中村《なかむら》（中村城山）砦（大須賀康高）、三井山《みついやま》砦（酒井重忠《しげただ》）（以上、静岡県掛川市）のことで、この他二〇カ所にもおよぶ城砦群を築き、高天神城への補給路を完全に遮断した。さらに高天神城の周りに堀を掘り廻らせ、柵を幾重にも設けて、人馬の行き来を完全に絶ったと言われるが定かではない。いずれにしろ、実に天正九年三月までの十六カ月に亘《わた》って包囲を続けることになる。

『家忠日記』には、天正六年から八年の終わりにかけて、砦の普請に関わる記載が非常に多く見られる。具体的な普請方法についての記載は少ないが、柵、塀、堀切普請という記載が見られる。六砦の中で唯一、試掘調査が実施された中村砦の構造を見ることで、他の砦の構造も考えてみたい。中村砦は、高天神六砦のうち最も標高が低く、菊《きく》川・下小笠川の合流点近くに築かれている。試掘調査によって、四周を水堀で囲まれていたことがほぼ確実な状況で、水運を利用して横須賀城から物資搬入をしていたことが想定される。丘陵を二分するような堀切が見

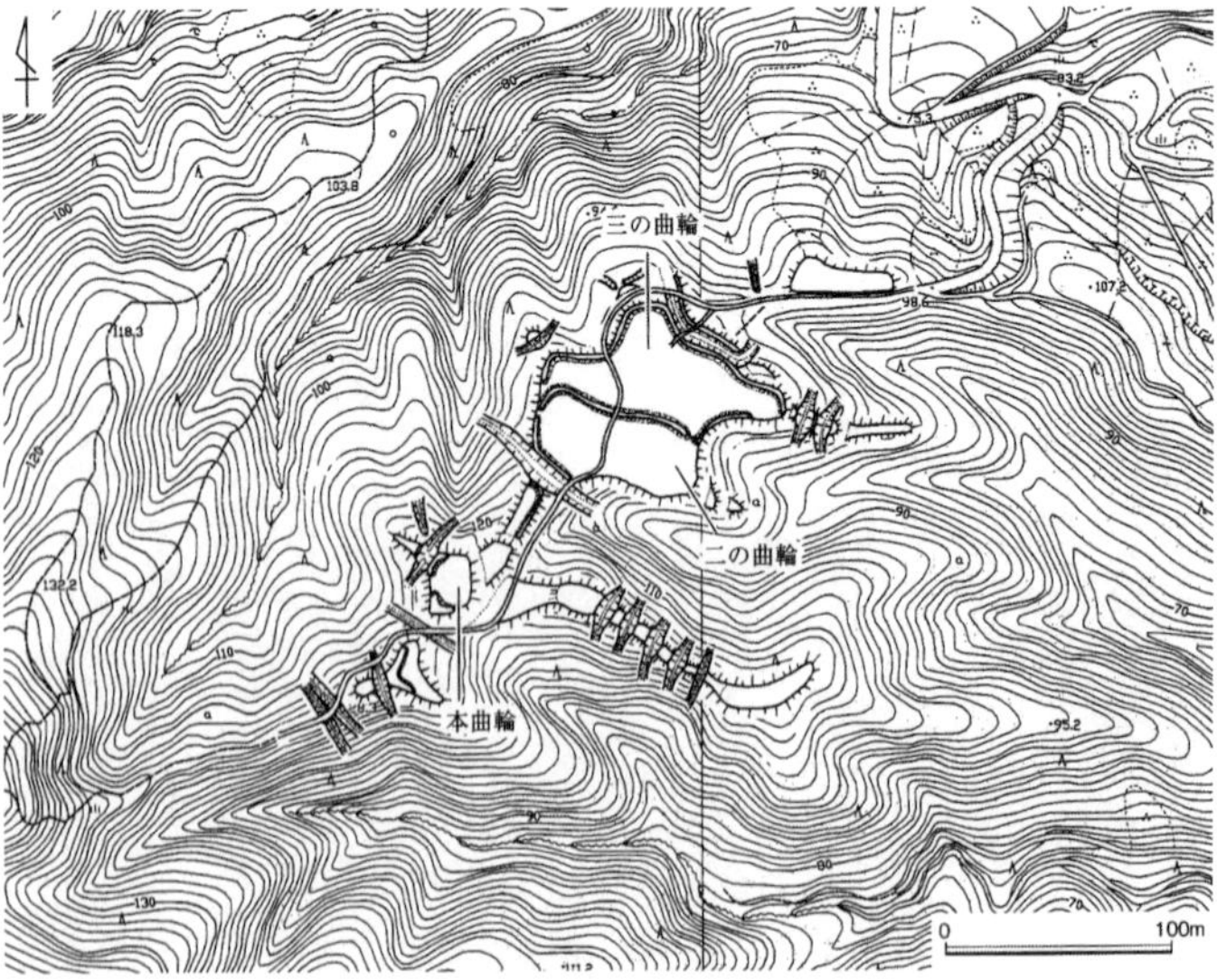

図40　勝間田城概要図（溝口彰啓作図）

牧之原台地から駿河湾へと注ぐ勝間田川の上流部の丘陵、標高約100～130mの中腹に位置し、中央部の大堀切を境に、構造が全く異なる城である。

られる他は、防御施設は確認されない。削平地は山麓部分に広くとってあり、頂部は物見台程度の広さである。このことから、山麓部分に平坦地を設け利用することがこの砦の主目的であったことが看取される。この砦が物資集散と兵力の駐屯基地として利用されたのは、最も水運に恵まれた場所に位置していたためであろう。高天神を囲む駐屯軍の補給物資は、中村砦に荷揚げされ、ここを経由して各砦へと運びこまれた可能性が高い。この砦以外の調査が実施されていないため、確実とは言いがたいが、砦個々にそれぞれの主目的があり、互いに補完しあうことで長期の攻城戦を可能にしていたことが考えられる。

横地城と勝間田城の改修

この他記録にはないが、高天神城の背後の補給路であった小山城攻めにあたって、横地《よこち》城（静岡県菊川《きくがわ》市）・勝間田《かつまた》城（静岡県牧之原市）が再利用されている。

勝間田城は、小山城から東へ約七キロの地点に位置し、北に五キロ程の距離に諏訪原城（牧野城）が存在する。牧之原台地から北東に向かって下降する標高一三一メートルの尾根上に築かれた。城は、本曲輪北下に設けられた、尾根を完全に遮断する幅約一〇メートルの堀切を境として、まったく異なる様相を示し、城内に二種類の城があるようだ。大堀切北側は、上下二段の広大な規模の曲輪で構成。共に、土塁で囲まれた曲輪であるが、二の曲輪では東端と北端を開口し、虎口としている。発掘調査が実施されており、礎石建物を含む一〇数棟の建物跡を検出。三の曲輪は、現道部分に堀と土塁が存在し、西側と区切られていたという。北側には、

写真21　小笠山砦より見た高天神城跡

土塁に沿って横堀が配され、東尾根筋には二重堀切、西側には堀切と、防御はかなり強固である。徳川氏段階では、大堀切南側の旧主郭部分は、切り離され利用されなかったのであろう。広大な規模の削平地を土塁で囲い込み、兵站基地及び駐屯地としても利用されたと考えたい。

高天神城と勝間田城のほぼ中間点、標高一〇一メートルの山頂部を中心に、東の城・西の城・中の城を配した広大な規模の山城が横地城である。家康による再利用が考えられるのが、西の城部分である。主郭南側に配された幅約六メートルの横堀状を呈す堀切、その南に基底部で五メートルを測る土塁を設け、尾根筋からの侵入を阻んでいる。西の城の南側には「千畳敷」と呼ばれる長さ約九〇メートル、最大幅約三〇メートルの平場が広がる。巨大な堀切、土塁は、中の城・東の城では見られず、明らかに異質な防御施設であり、家康による小山城攻めの時期の改修としても問題はない。千畳敷を兵站基地や駐屯地として利用し、安全確保のために西の城に防御施設を付加したとするのが妥当ではないだろうか。

変化した高天神城攻防戦

高天神城攻防戦は、当初馬伏塚城の持つ戦略的地位が極めて大きかった。馬伏塚城は、諏訪原城・高天神城を拠点に、西遠江に迫る敵方の監視と、最前線の役目を一手に担う重要拠点であった。徳川方の本陣であり、駐屯地・物資集散地でもあり、ここを拠点に徳川軍は、中遠江から東遠江奪還戦を戦ったのである。

馬伏塚城の特徴は何といっても、残存潟湖に面した立地の良さで、兵站確保が容易であること、東側からの攻撃に対し、潟湖が天然の堀の役目を担っていたことなど、極めて有利な地勢を誇っていた。この馬伏塚城を拠点に、残存潟湖の地勢を取り込み、武田軍の西進を阻むというのが初期の徳川方の戦略であったと推定される。ところが長篠合戦の大勝利によって、遠江情勢は大きく変化することになる。最も重大案件であった、二俣城の奪還がいとも簡単に完遂してしまう。これにより、家康は易々と戦線を東へと移動させ、諏訪原城を奪取する。二俣城に続き、諏訪原城も失い、武田軍は遠江の兵站基地を失ってしまった。高天神城は、孤立無援となったのである。凋落する武田軍に対し、家康は確実に一個撃破で城を奪還し、遂に高天神城包囲網を完成させる。徳川軍にとって大きな成果は、馬伏塚城からより高天神城に近い岡崎城、横須賀城へと兵站基地をスムーズに移動出来たことである。沿岸ルートの確保は、物資輸送と兵力の補充・交換を容易にした。これにより、長期包囲が可能になったことが最大のポイントであろう。高天神城に対する押さえは、当初北の小笠山砦と西の横須賀城で対応していたが、天正六年（一五七八）になると高天神六砦をはじめとする陣城を周囲に築き、完全に取り囲むことになる。

　これらの砦は、掛川城攻め、二俣城攻めとは異なり、個々に明確な役割が与えられ、相互に補完をしつつ城を完全に取り囲んでいた。高天神城に近接する五カ所に、城内監視と最終攻撃拠点とすることを目的に、北に矢本山《やもとやま》砦、東に山王山《さんのうやま》砦、西に林《はやし》ノ谷《や》砦、南に畑ヶ《はたが》谷《や》砦と星川《ほしかわ》砦を配置。万が一の武田軍の後詰に対応するために、東尾根筋、信州街道沿いに岩滑《いわなめ》砦、火ヶ峰砦、毛《け》森山《もりやま》砦、獅子ヶ鼻砦を構築、小笠山から続く間道沿いに宇峠《うとうげ》砦、能ヶ坂《のがさか》砦、安威《あい》砦を構築。武田後詰軍への対応を主眼としつつも、むしろ高天神城内に対し、後詰軍への期待を打ち砕くことに配慮された配置であった。高天神城への間道を押さえるために、北に小笠山砦、西に萩原口砦、芳峠《よしとうげ》砦、南に三井山砦を配している。これら砦軍への補給基地の役割を担ったのが中村砦であった。横須賀城から潟湖、菊川という兵站ルートを利用し、中村砦で物資を集散したのである。ここから、各砦に対し物資のみならず、兵力の補充・交換が実施され続けた。

　天正六年以降の攻城戦においては、明確に機能が分化され、西南からの物資輸送ルート、信州街道・菊川沿いの丘陵に構えられた対武田の防衛ライン、そして城を完全に取り囲む付城とに明確に機能が分化された。こうして高天神城を、完全に包囲し、確実に城方の戦意を喪失させ、持久戦・消耗戦の中で、味方の兵力の損失を抑え、自落するのを待っていたのである。

完全に追い込まれた高天神城側は、徳川軍に降伏開城を申し出るが拒絶され、最後は城から打って出て全滅することになる。実に七年間にわたる攻防戦となったわけだが、繋ぎの城を落とし、補給路を断ち、後詰軍への期待も断ち切り、確実に包囲網を狭めていった徳川軍の計算通りの勝利になったのである。

四　小牧・長久手の戦いと陣城

小牧山城の改修

本能寺の変後、五カ国領有を成し遂げた家康は、信長の後継者として台頭した羽柴秀吉とは、当初友好的な関係であった。だが、天正十二年（一五八四）、信長の遺児・信雄の要請を受け秀吉と戦うことになる。それが小牧・長久手の戦いで、両軍の主力が戦闘するまでには至らなかったが、局地戦が何度となく繰り広げられた。この戦いは、小牧陣と長久手合戦の二つの戦いであるが、連続した戦であったため、小牧・長久手の戦いと呼ばれる。

半年続いた戦闘の間に両軍は、従来からの拠点城郭を修築し、また駐屯基地とするため数多くの陣城を構築している。この間、徳川軍が築いた陣城で、構造が判明するものを見ておきたい。

まず、本陣として利用された小牧山城である。小牧山城は、永禄六年（一五六三）に美濃攻略の拠点として、織田信長の手によって築かれた。平成十六年（二〇〇四）からの調査により、主郭の四方を三段の石垣で囲い込んだ本格的な城であったことが判明してきた。

小牧・長久手合戦時、この信長の城に改修を施し、信雄・家康が本陣として再利用することになる。三月に入城し、普請が十月までも継続していたことが、『家忠日記』の記載から判明する。天正期の陣城は、山麓の土塁と堀、中腹を廻る横堀、堀相当の平場などによって二重に防御され、さらに中腹の防御ラインは、尾根を横断する形で南北に延びる堀と土塁によって東西に区分され、機能的に主郭、西側曲輪、大手曲輪、西側谷部、帯曲輪に分割されていた。

小牧・長久手合戦による徳川家康の改修を得た小牧山城は、機能面から五地区に区分されることが多い。城は、山麓を取り巻く二重の土塁と堀によって囲い込まれている。この内部が、家康の陣城の範囲となろう。さらに、中腹にも主郭を廻るように空堀（横堀）が配されている。山塊を形成する尾根筋は、東西に延びるため、鞍部《あんぶ》に南北方向の堀切を配すことで、東側主郭地区と、西側の西側曲輪地区に区画される。中腹に廻る空堀から山麓を取り巻く堀の間は、山麓の土塁の内側に沿って長く配置された帯曲輪地区、大手道周辺に見られる大型の曲輪が集中する大手曲輪地区、西側の谷沿いに分布する曲輪群の西側谷地区に区分されている。

中枢部となる主郭地区には、東西南北に各一カ所ずつ都合四カ所の虎口が見られる。南側が大手、北側が搦手《からめて》、西側が西曲輪との連絡口である。西側曲輪地区は、主郭を補完するための曲輪で、虎口も主郭との連絡口しか設けられていない。大規模な山麓曲輪群は、基本的には兵の駐屯地であり、物資の保管施設があったと思われる。帯曲輪地区が兵の駐屯地、大手曲輪地

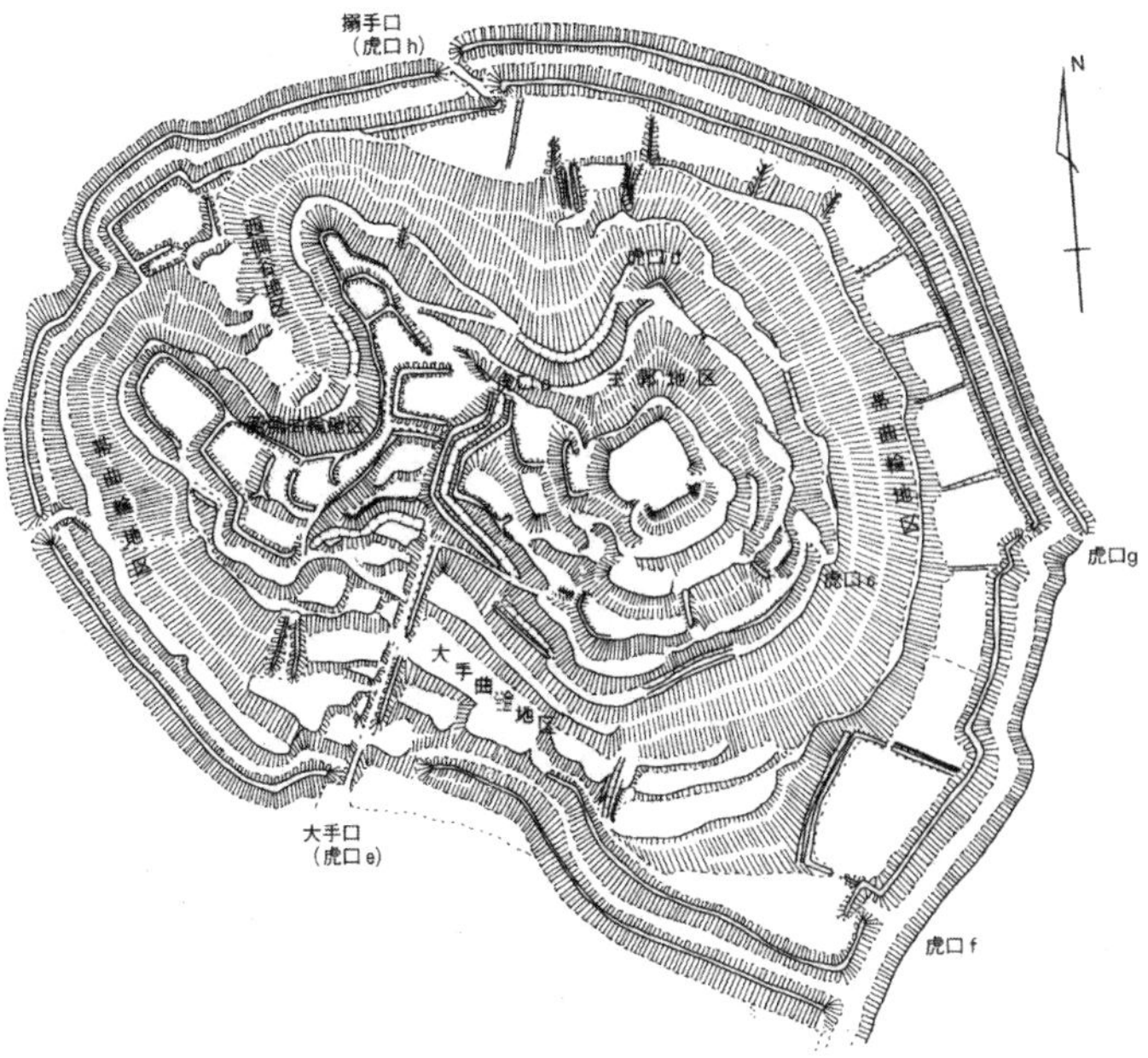

図41　小牧山城縄張図（小牧市教育委員会提供）

麓を取り巻く長大な二重の土塁とその間の堀（合計幅約30m）が、小牧・長久手の戦いの時に造られたことと、山麓部に残る５カ所の虎口も併せて造られたことが判明している。

区が物資保管のための施設、西側谷地区は、中世山岳寺院の遺構を利用した曲輪で、ここも兵の駐屯施設が想定される。

山麓には、合計三〇メートル程の大規模な二重の土塁と堀を構え、陣城の周囲を固める防御施設としていた。山麓部に見られる五カ所の虎口は、残された土塁や堀と対応するため、いずれも家康段階の改修を受けた虎口と理解されよう。

家康は、永禄十二年の掛川城攻めから、陣城を構築する攻城戦を実施している。小牧・長久手合戦以前に家康が行った攻城戦は、掛川城攻め、二俣城攻め、高天神城攻めの三回で、いずれの場合も多くの陣城群を構築している。家康の陣城は、天正三年（一五七五）前後から、横堀を多用する。これは、元亀年間（一五七〇〜七三）以降の武田氏との攻防戦から生まれたと考えられ、武田方の城を接収したことにより急激に数を増している。特に、高天神城攻めの本陣と言われる小笠山砦の横堀は、総延長二〇〇メートルを測り、尾根筋を完全に遮断している。

また、諏訪原城では、本曲輪を取り巻くように配され、さらに台地続きを遮断するために、幅広の巨大化が図られた。小牧山の山麓を取り囲む巨大な土塁と空堀は、まさに諏訪原城と同一のコンセプトであり、中腹に設けられた横堀は小笠山砦を彷彿《ほうふつ》させる。家康は、平坦面（曲輪）の新規造成などの大規模工事をすることなく、山麓と中腹に横堀を廻し、掘った残土で土塁を構築し、豊臣軍に対抗しようとしたのである。

小牧山城以外の陣城の構造

本陣小牧山城は、天正十二年（一五八四）三月二十二日に完成、宇田津《うたづ》砦、蟹清水《かにしみず》砦、北外山《きたとやま》砦（以上、愛知県小牧市）は、翌二十三日完成している。そして、二十七日夕刻家康が、二十九日に織田信雄が小牧山城に入り、秀吉と対決するための態勢が整った。しかし、秀吉に犬山城《いぬやま》（愛知県犬山市）を奪われた軍兵が田楽《たらが》の伊多波刀《いたはと》神社に逃げ込み集まっていることを聞いた家康は、急遽《きゅうきょ》篠木・柏井の村人二千人を動員し突貫工事で田楽砦（愛知県春日井《かすがい》市）を築かせ、その軍兵を収容して守備につかせたという。

『家忠日記』には、四月三日「外山へ番ニうつり候」、五日「又外山へ番ニ越候」、十七日「外山へ番ニ越候」と、松平家忠が数度に亘り在番したと記載されているのが北外山砦である。『武徳編年集成』には、「此砦ヲ御門葉譜第ノ諸将三人ヲ以テ交代シ、五箇日宛守ラシメ玉フ」とある。現在の砦跡は、市街地化が進みわずかに高さ一メートルたらずの土塁が残るのみで、全体構造は判然としない。『尾陽雑記《びようざつき》』には「東西へ二十七間、南北へ二十間、四方の土居高一間」とあり、おおよその砦の規模が判明する。

蟹清水砦は、織田・徳川連合軍の砦として改修され、松平家忠・西郷家員などが守備した。砦の規模は東西四六間、南北六一間と伝えられる。同年の織田信雄と羽柴秀吉の講和条件に「新儀ニ出来候城々、敵味方破却事」とあり（伊木文書／『一宮市史資料編六』）、当砦もこのとき廃された。

宇田津砦は、東西三四間、南北三八間の規模で、惣構は二町四方のかなり大きな平城であったとされる。秀吉方の二重堀《ふたえぼり》砦に近いため軍道を必要とし、家康は、北外山・宇田津・田楽を

写真22　小牧山城の大手道東側の横堀と土塁

結ぶ新道を敷設したとされる。田楽、宇田津、北外山、小牧山を繋ぐラインは、秀吉軍と対峙した家康軍の最前線であり、背後にある牛《うし》山《やま》は戦略的にも重要な役割を果たしていたようだ。宇田津砦の将は松下親乗《ちかのり》が任ぜられ、家康が秀吉を追撃して小幡《おばた》城（愛知県名古屋市）に向かった後も牛山、外山《とやま》を守備するために残ることになった。松下親乗配下の一五〇〇人の軍兵が牛山周辺の守備に当たっていることから、宇田津砦の規模は相当大きなものであったと推定される。

長久手での戦闘後、徳川軍の主力が入城したのが小幡城だ。翌日には、小牧山城へと戻っているため、長期滞在するまでの体裁が整っていなかったと推定される。小幡城は、織田信光の居城で、弘治元年（一五五五）信光の死により廃城となったが、小牧・長久手の戦いに際し、家康が修復・整備を実施している。名古屋市蓬左《ほうさ》文庫の絵図から、家康が修復したのは、全体で逆L字を呈す本丸・二の丸・三の丸の部分と推定される。本丸は、ほぼ四方を土塁で囲み、南側二の丸は本丸側以外の三方を土塁とし、東側三の丸も本丸側以外に土塁を設けた可能性が高い。これらの曲輪は土橋で接続し、堀によって囲い込まれていた。もともとあった構造に対し、堀を広げ、その土を盛り上げて土塁を高くしたと思われる。

対峙五カ月が過ぎた八月二十八日、『家忠日記』には「羽柴こほり筋へ押出し所〃放火候、家康も清須より岩くら迄御うつり候」と、清須城にいた家康が岩倉《いわくら》城（愛知県岩倉市）へと移ったことを記載する。また、九月七日には「茂吉へ惣人数御うつし候」と、重吉《しげよし》に主力部隊を移したことも記録されている。「岩くら」とは、岩倉織田家の居城で、永禄二年（一五五九）に落城し廃城となっていた城を、改修使用したと考えられる。岩倉城は、発掘調査結果や地籍図の検討から、五条川右岸に位置し、三重の堀に囲まれていたと推定されている。重吉城（愛知県一宮市《いちのみや》）は、永禄年間（一五五八～七〇）に信長に攻められ落城したと伝わる。蓬左文庫蔵の絵図に、堀と土塁で囲まれた東西に並列する本丸・二の丸と、南東部に馬出状に突出する部分が見られ、これらの部分が改修を受けた箇所と推定される。

徳川軍によって改修された城は、本陣となった小牧山城を除けば、堀と土塁によって囲むことを基本として改修されていたようである。虎口形態については明瞭でないため何とも言えないが、折れを利用したことと、馬出状の曲輪を付設していたことが推定される。本陣となった小牧山城は、土塁と堀の他に、中腹に横堀が廻らされた。これらは、天正八年からの高天神城包囲網のために築かれた陣城と共通した特徴で、この時期の徳川軍が堀と土塁の大規模化と横堀の利用、さらに馬出の付設をベースとして城の改修を実施していたことが窺える。

五　大坂城包囲網の城

関ヶ原合戦後の築城大盛況期

慶長五年（一六〇〇）関ヶ原合戦は、家康率いる東軍の大勝利で幕を閉じた。だが、この合戦は、徳川家臣団結集による勝利ではなく、豊臣恩顧大名の武力に依存した勝利であった。従って家康は、豊臣恩顧大名の大幅加増という戦後処理をせざるを得なくなる。だが、したたかな家康は、豊臣恩顧大名たちを大幅に増封し、中国・四国・九州に遠ざけてしまった。対して、徳川家臣団である譜代大名の加増は抑え、関東や東海・甲信に配置し、旧徳川領を回復するのである。

豊臣恩顧大名の遠国配置により、徳川政権の盤石化をねらった家康であったが、大きな誤算が生じてしまう。新領国を得た豊臣恩顧大名たちが、次々と城を構築し始めたのである。豊臣恩顧大名たちにとって、太閤《たいこう》秀吉の遺児秀頼こそ、天下政権の後継者であった。彼らにとって関ヶ原合戦は、あくまで政権内部の文治派対武断派の勢力争いであった。外様《とざま》大名たちは、家康を「豊臣政権の最高権力者で秀頼の代理執政者」としか見ていなかった。

慶長五年、新領土に配置された豊臣恩顧大名を中心に新規築城工事が開始された。天下政権に王手をかけた家康も、関ヶ原勝利の余勢を駆って、着々と徳川政権安定化をめざす行動を起こした。家康は、まず豊臣系の有力大名と婚姻関係を結び擬似縁戚《えんせき》を増やす策にでた。さらに征夷《せいい》大将軍となり江戸に開府、徳川政権を誕生させた。そして、わずか二年で二代秀忠へ将軍職を禅譲し、徳川世襲を高らかに宣言するのである。内政面だけでなく、「目には目を」と、豊臣恩顧大名の築城に対抗する徳川家の城の新築と改修にも乗り出した。家康は、この普請を天下普請として諸大名に割り当ててしまう。豊臣恩顧の大名たちは増封になったとはいえ、単独で徳川家に対抗するだけの力はなかった。天下普請に駆り出された大名たちは、計り知れない出費をしつつ、ただ黙々と城造りに従事したのである。

豊臣恩顧の大名が、その持てる技術を、自分のためと、徳川家康のために駆使した行為（天下普請）によって築城大盛況期が生まれた。豊臣恩顧の大名たちは、己が新領地を確実に守り、秀頼の後ろ盾として大坂城を守るために城を次々と築き上げたのである。

対して、徳川家の築城行為は、将軍のいる江戸を守ることと、大坂に残された太閤の遺児・秀頼を孤立させ、豊臣家を滅亡させることを最終目的としていた。秀頼を守る、攻めるというまったく正反対の目的を持って実施したことが、城を築くという同一行為となって表れたことは、歴史の皮肉であろうか。不安定な先の見えない政治状況が、軍事要塞を生み続け、結果として築城大盛況期となったのである。東西冷戦下、アメリカ、ソ連双方が必要以上の数の原子爆弾を造り続けたのと、まるで同じ状況である。

『当代記』の、慶長十二年八月の記事に「この二、三箇年中、九州・中国・四国衆、何も城普

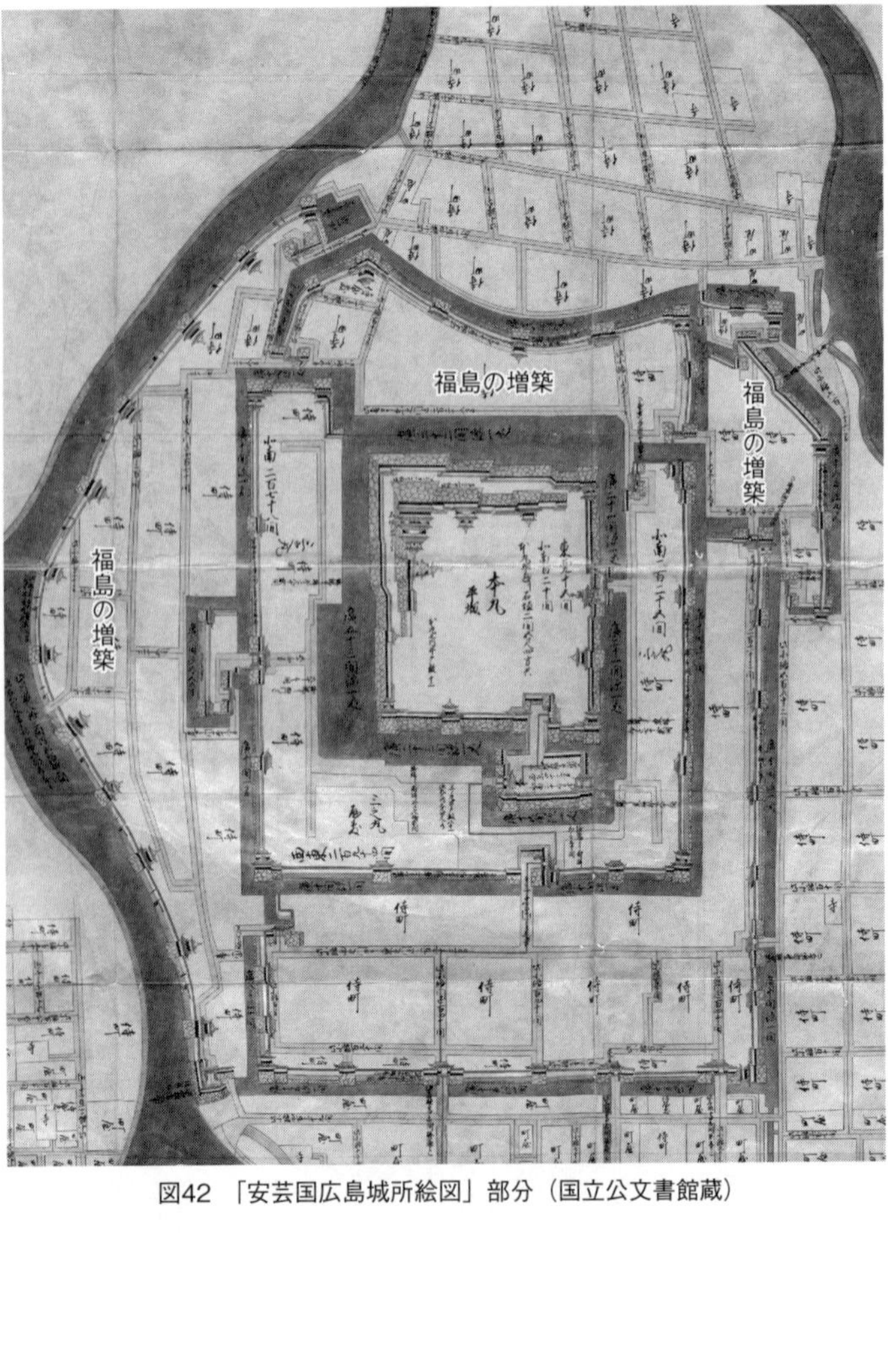

図42 「安芸国広島城所絵図」部分（国立公文書館蔵）

請専らなり」とある。また、『鍋島直茂公譜考補《なべしまなおしげ》』に、慶長十四年の佐賀城（佐賀県佐賀市）天守竣工《しゅんこう》を述べ、この時期いかに築城が盛況であったかを「今年、日本国中の天守数二十五立つ」と伝えている。同年五月、『慶長見聞録案紙』によると、岡崎に参着した家康が「中国・四国の大名衆、所々において城普請し丈夫に構う」と聞いて不興であったという。いずれも、関ヶ原合戦後に開始された西日本の外様大名の築城工事が、ほぼ十年を経て、各地で完成した状況を書き留めたのである。

確かに、元和の一国一城令発布（一六一五年）までの約十五年間に、豊臣恩顧大名が新築もしくは大改修を施した城は約五〇城を数え、天下普請を含めた徳川系城郭は三〇城近くも築かれた。豊臣恩顧大名たちの技術力が、この築城ブームといえるほどの建築ラッシュを可能にしたのである。

豊臣恩顧の大名による築城

豊臣恩顧の大名が新たに築いた城は、土木建築技術の飛躍的な進歩、特に算木積《さんぎづみ》の完成という石垣構築技術の発展に大きく影響されている。この時期築かれた城の特徴は、軍事面をより強固にし、いかに要塞化するかを主目的としていた。

秀吉子飼いの福島正則は、尾張清須二四万石から安芸・備後四九万石と倍増する石高を得た。前任毛利氏が百二十万石の居城として新築したばかりの広島城の城域を、半分の石高で、毛利氏時代の倍ほどに広げただけでなく、西側太田《おおた》川沿いに二重櫓《やぐら》を約一五〇メートルの間に十二基も新設したのである。さらに安芸国内に神辺城、鞆《とも》城（以上、広島県福山市）、三原《みはら》城（広島県三原市）、三次《みよし》城（尾関山《おぜきやま》城）（広島県三次市）、東城《とうじょう》城（広島県庄原《しょうばら》市）、小方《おがた》城（亀居《かめい》城）（広島県大竹《おおたけ》市）の六カ所の支城を築きあげた。支城とはいうものの、いずれの城も三万～五万石大名の居城の規模を持つ大城郭であった。特に西側の毛利領と接する小方城は、天守を構えた総石垣の城で、十万石の大名の居城をも凌駕《りょうが》する姿であった。正則の大改修は、すぐにでも大戦争が勃発するのに備えるかのように、まさに臨戦下の対応であった。

加藤清正は、一躍肥後五四万石の大大名となり、その居城熊本城の本格的完成をめざし築城工事を再開した。大小天守以外に、五基の五階櫓が存在する城として完成。これらの五階櫓は通常の城の天守に匹敵し、三重天守を優に超える規模であった。各曲輪は、高石垣で明瞭に独立させ、曲輪間を繋ぐ通路も、複雑な折れを入れたり、枡形《ますがた》虎口を多重に構えたりと、独自の工夫が見られる。各曲輪縁辺部に多門櫓を連続させ、高低差を利用し常に通路を見下ろし横矢が掛かる構造でもあった。さらに肥後一国の城塞化をはかるため、領内に天守を有する宇土《うと》城（熊本県宇土市）、麦島《むぎしま》城（熊本県八代《やつしろ》市）、佐敷《さしき》城（熊本県葦北《あしきた》郡）、南関《なんかん》城（熊本県玉名《たまな》郡南関町）という総石垣の支城網を構築していったのである。

筑前《ちくぜん》五十二万石の太守となった黒田長政は、虚飾を排した軍事一辺倒の支城網によって、国境を固める方策に出た。黒田長政は、俗に筑前六端城と呼ばれる支城を、豊前細川氏との国境沿いに築いたのである。中でも、重臣母里《もり》太兵衛《たへえ》友信《とものぶ》を入れた筑前鷹取《たかとり》城（福岡県直方《のうがた》市）は、軍事面のみを追求した要塞そのものであった。四周を高石垣で囲い込み、さらに多門櫓を連続させた。高石垣の天端一杯に建てられた多門櫓は、守城側から見れば、死角をなくした上、安全な横移動と攻撃交代が可能な、不沈艦のような施設であった。対して、攻城側にとっては、そそり立つ石垣の上の多門櫓によって、高さが倍以上の圧迫感をもたらす上に、絶え間ない射撃が降り注ぐ、攻め手のない施設となった。これ程、軍事一辺倒の施設を国境に築き上げたのは、今後さらなる大戦が来ることを予想していたために他ならない。

銃火器の発達した関ヶ原合戦での攻城戦を体験した武将たちは、もはや従来の城が籠城戦において通用しないことを知ってしまったのである。この結果、新領における築城は、重層構造を持つ石垣構築、虎口の連結、戦闘正面の拡大、銃火器の射程から中心域をより離すための外郭ラインの充実こそが、焦眉の問題であった。併せて本城死守のための支城網の充実も急がれた。来るべき再戦に備え軍事機能最優先の築城こそが、この時期最大の特徴となった。

家康による築城工事の開始

関ヶ原合戦後、豊臣恩顧の大名たちの増封移動によって、旧徳川領を回復した家康の最大のメリットは、東海道・中山道を共に領内に確保したことである。慶長六年（一六〇一）、家康は諸国の大名を動員する初の天下普請として、膳所築城を開始する。京都を押さえる拠点確保のためであった。同年続いて、関ヶ原合戦で焼失した伏見城を天下普請で再築し、新たに二条城も天下普請で造営した。この三城の築城により、軍事的に京都を完全に掌握するのである。さらに慶長九年、天下普請で彦根築城が開始された。彦根の地は、中山道と北国街道、琵琶湖

写真23　伊賀上野城本丸、西面高石垣

水運を押さえる畿内の重要拠点であった。

天下普請により畿内に続々と城を築いた家康は、次なる策として、西国境の拠点城郭掌握に乗り出していく。それは、外様大名を徳川家に取り込むことであった。最初の標的となったのが、家康の次女を継室にしていた姫路城（兵庫県姫路市）の池田輝政である。徳川、池田両家の関係強化のため、弟長吉《ながよし》を鳥取六万石に封じ、わずか五歳でしかない輝政の次男忠継《ただつぐ》を岡山二八万石の大名とした。家康からの並々ならぬ厚遇を受けた池田家は、除々に徳川家の政策に抗しきれなくなっていく。一石二鳥をねらった家康は、池田家の親徳川の方針によって、池田縁戚の松江城主・中村忠一《ただかず》、津山《つやま》城（岡山県津山市）主・森忠《もりただ》政《まさ》をも味方に引き入れようとしたのである。こうして山陽道・山陰道に、城を築くことなく徳川方の拠点が出来上がってしまった。

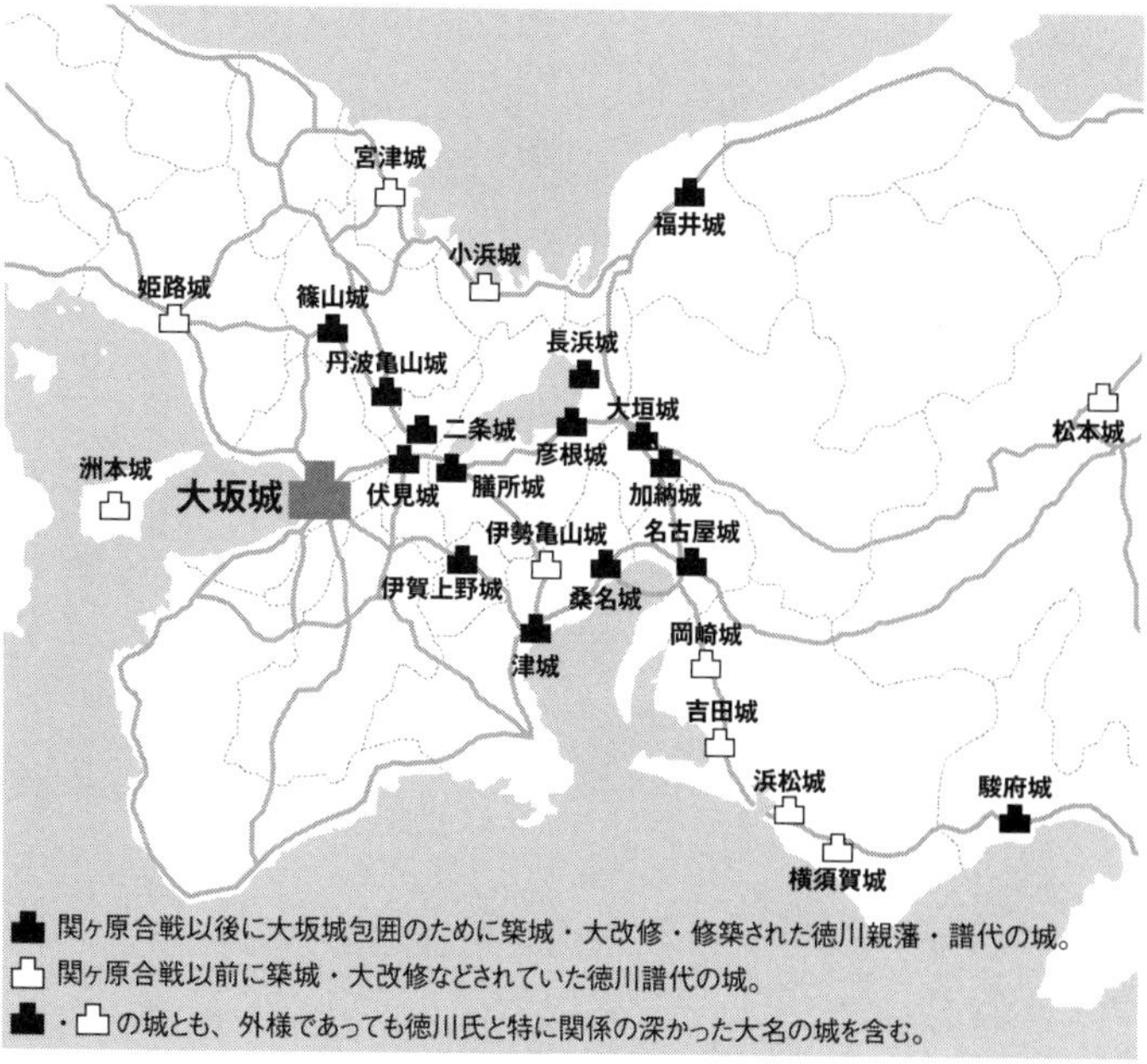
宮津城
福井城
小浜城
姫路城
篠山城
丹波亀山城
長浜城
大垣城
松本城
二条城
彦根城
洲本城
大坂城
伏見城
膳所城
加納城
伊勢亀山城
名古屋城
伊賀上野城
桑名城
岡崎城
津城
吉田城
浜松城
駿府城
横須賀城
関ヶ原合戦以後に大坂城包囲のために築城・大改修・修築された徳川親藩・譜代の城。
関ヶ原合戦以前に築城・大改修などされていた徳川譜代の城。
・の城とも、外様であっても徳川氏と特に関係の深かった大名の城を含む。
図43　大坂城包囲網を形成した主な城

老獪《ろうかい》な家康は、縁戚関係だけにたよらず、確実に中国地方の喉元《のどもと》を押さえる次の策を実行に移す。それは、さらなる天下普請の開始であった。慶長十四年、西国十五大名による天下普請で完成を見た篠山城（兵庫県丹波篠山市）に、松平康重を入れ、街道の要衝を押さえた。さらに翌年、山陰道の京の入口にあたる丹波亀山城（京都府亀岡市）も天下普請で構築。こうして、豊臣恩顧の西国大名に対する京都前線の防衛ラインが完成を見たのである。篠山城最大の特徴は、高石垣と四周を廻る多門櫓による防御構造であった。天守台は築かれたが、天守は上げられていない。立地・規模こそ異なるが、根底となるプラン・目的は、黒田の鷹取城と同様である。言うなれば、西国大名の壁となるために築かれた要塞であった。黒田家が築き上げた鷹取城が、豊前との国境を守るトーチカなら、篠山城は畿内を守る防壁なのである。都周辺域に防衛ラインを構築した家康のもう一つのねらいは、大坂城を包囲することにあった。

大坂城包囲網の構築

慶長十二年（一六〇七）、家康は隠居城という名目で、駿府に城を築いた。当然のごとく天下普請での築城である。完成間近、失火によって本丸の建物が全焼してしまうが、直ちに再築工事が開始され、同十三年完成を見た。休む暇のない築城は、大坂城攻めが近くなっていることの証《あか》しでもあった。駿府城は、大坂城攻めの際の江戸の前線基地としての役割を担う、重要な城となったのである。

篠山城、亀山城、二条城、伏見城、膳所城、彦根城、駿府城と、大坂城を取り囲むように城を築いた家康であったが、その手をゆるめようとはしなかった。包囲網の仕上げとして、まず家康の信任厚い藤堂高虎を、伊予今治から伊賀・伊勢二十万石に増封し、伊賀上野城（三重県伊賀市）の築城を命じたのである。高虎は、本丸を西へ拡張し、西側に高さ一五間・長さ一八六間の高石垣を廻らせ、大坂方との有事に備えた。伊賀に拠点を築くことによって、伊賀越えルートが封鎖されたのである。総仕上げが、慶長十五年の名古屋築城であった。二〇大名による天下普請で工事は急ピッチに進み、十七年には主要部が完成。大坂城包囲網をなす中では、最大規模の城として完成した。これ程の大城郭を築き上げた目的は、大坂方と一戦に及んだ場合、東海道防衛の拠点とするためであった。万が一近畿圏を突破され、大坂方が江戸に向かった場合の備えだったのである。

そのため名古屋城は、当初から数万の寄せ手を想定した軍事要塞として築かれたのである。北西側は広大な低湿地帯に囲まれ、南東側に中心部から敵を遠ざける三の丸が築かれた。これによって、大軍の中枢部侵攻は、ほぼ不可能となった。ということは、最も危険な銃火器の射程内に中枢部が入らないということでもある。城の構造そのものは単純で、本丸を中心に方形プランをずらして連続接続させただけの城である。中枢部は、多門櫓で囲み込み、虎口には完成した枡形虎口を採用。各曲輪は、互いに両端の狭い橋台（土橋）で連結されているだけだったため、万が一ひとつの曲輪が敵の手にわたったとしても、二方向の曲輪から挟撃が可能であった。各曲輪が独立して機能を果たす構造だったのである。名古屋城は、あらゆる無駄を省いた最も単純で強固な徳川最新の城でもあった。

徳川の城には、豊臣恩顧の大名が駆使した縄張りの妙（多角形構造の曲輪の連結や屈曲横矢の城壁等）や、複雑に凝った防備施設は存在しない。ひたすら単純に、直角と直線を生かすために長大な多門櫓や長大な雁木《がんぎ》を設けただけである。この単純明快さこそが、実は大兵力に対して最も効果的な、「面」での防備と攻撃を可能にしたのであった。明確に無駄を省いた徳川の城と、過剰防衛と呼べる程の工夫を凝らした豊臣の城、大坂の陣を前に双方がしのぎを削って強固な城を築き上げたのである。

第六章　徳川政権の城

一　関東支配の城郭戦略

江戸城の防備体制

戦国期における小田原北条氏は、本城小田原城の直轄地には代官を派遣、領国内には有力支城を配置し、支城ごとに「衆」と呼ぶ軍団を組織する管理体制が確立していた。

天正十八年（一五九〇）、北条氏に替わり関八州を領国とした家康は、北条氏の居城・小田原城ではなく江戸城に入り、北条氏時代の主要支城に重臣を配した。小田原では、関八州の中心として西に寄りすぎであること、江戸の背後に広がる広大な平野と、江戸湾の海運利用を視野に入れた選地であろう。本城が小田原城から江戸へと移転したため、江戸防御の要《かなめ》は、当時江戸に河口があった利根川沿岸地域と、甲信国境と接する旧八王子《はちおうじ》・旧鉢形《はちがた》地域、東海道筋であった。ここは徳川家の直轄領とし、伊奈忠次、大久保長安、彦坂元正《ひこさかもとまさ》、長谷《はせ》川長綱《がわながつな》の四名を関東代官頭（後の関東郡代）として配置し、江戸防備と政務に当たらせた。

伊奈忠次が江戸背後を警備し、大久保長安が八王子を中心に江戸城西の軍事拠点を押さえ、彦坂元正が東海道・鎌倉と相模・伊豆を掌握、長谷川長綱は三浦半島及び江戸湾を押さえた。四代官は、軍事的拠点の押さえだけでなく、幕府財政基盤の要となる検地や水利整備、知行割、寺社政策などをも管轄し、絶大な権力を持って家康を支えたのである。

有力重臣の配置

江戸周辺域には、国境からの侵入に対し江戸城を防備するかのように、有力重臣が配置された。江戸の入口を押さえる小田原城には、大久保忠世を入れ、本多正信の玉縄《たまなわ》城（神奈川県鎌倉市）と併せ東海道と鎌倉の防御を担った。ここに、天領支配の岡津《おかづ》陣屋（神奈川県横浜《よこはま》市）が加わることになる。本多忠勝の大多喜城、大須賀忠政《ただまさ》の久留里《くるり》城（千葉県君津《きみつ》市）、内藤家長の佐貫《さぬき》城（千葉県富津《ふっつ》市）は、安房《あわ》の里見氏への対応であった。井伊直政の箕輪城、平岩親吉の廐橋《まやばし》城（群馬県前橋市）は、武田旧勢力を代表する真田氏への備えであり、榊原康政の館林城、小笠原秀政《ひでまさ》の古河城、松平康元《やすもと》の関宿城（千葉県野田《のだ》市）、酒井家次《いえつぐ》の臼井城は、宇都宮氏、佐竹氏への対応に他ならない。また、岩槻城、河越城は、江戸城背後の防備の要だったのである。このように、北から東にかけて、主に利根川沿いに江戸防備を担う拠点が配されたことが判明する。

慶長八年（一六〇三）に、家康が征夷《せいい》大将軍となり江戸に幕府を開くと、関東の情勢は大きく変化する。まず常陸の佐竹氏を秋田へと転封させ、水戸徳川家を中心に、笠間《かさま》城（茨城県笠間市）や土浦城によって、常陸全域を確実に支配下とする。下野は、奥平家昌に十万石を与え宇都宮城へと入れ、北の備えとした。同様に、下総は、松平忠輝を佐倉五万石とし、江戸城東方の押さえとしている。上野では、真田家が徳川方となったため北上野支配を担い、南上野は高崎城の酒井家次、前橋城の酒井重忠によって対応。さらに、房総半島の里見氏が徳川政権へ

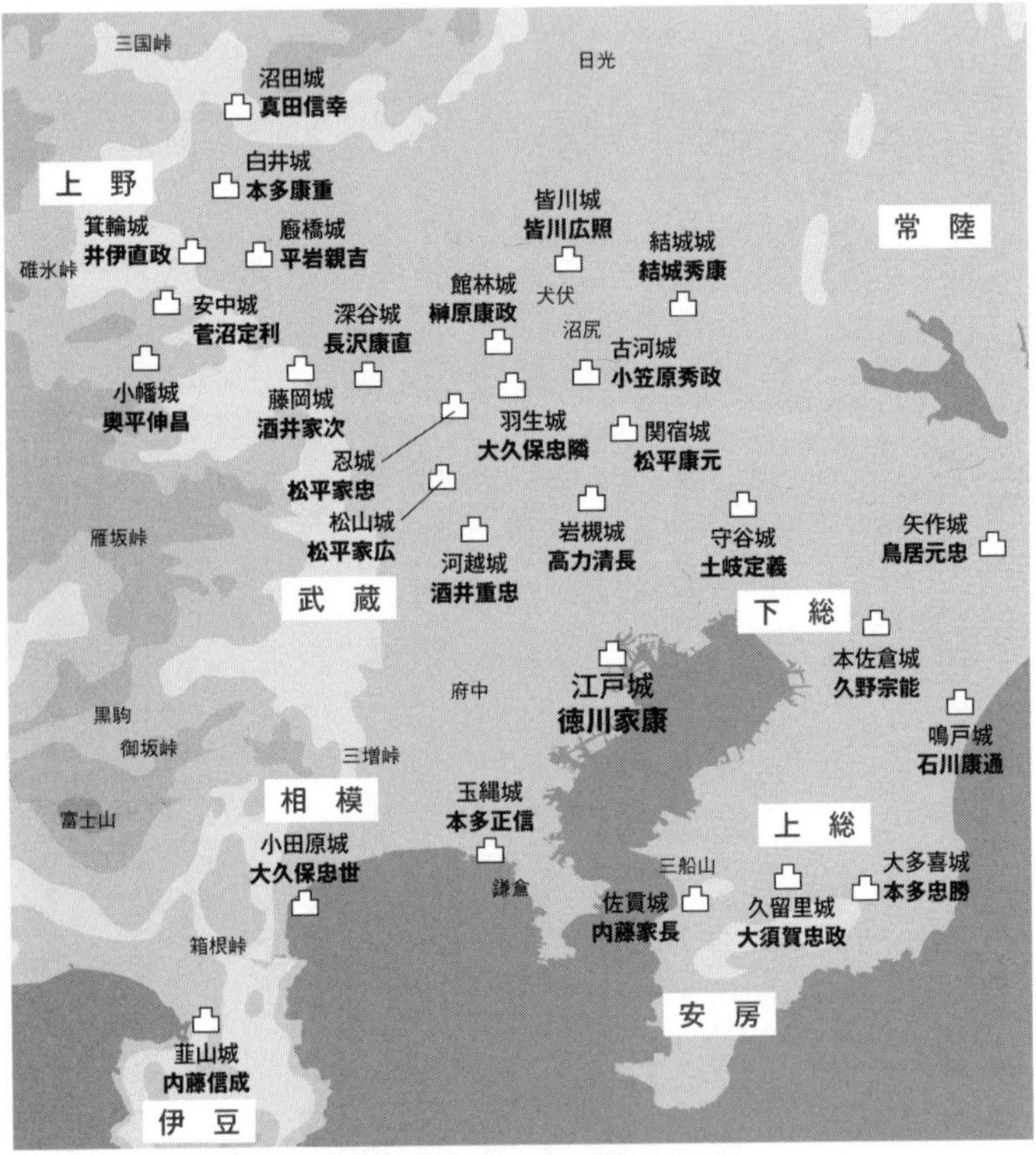

図44　関東入国当初の重臣配置図

と組み入れられ、関八州が名実共に徳川領国となったのである。このように、江戸城を中心として、それを取り囲むような支城網が、江戸開府直後にほぼ完成を見た。

豊臣家が滅亡し、徳川政権が安定期へと入り、元和一国一城令が発布されると、関八州の諸城が次々と廃城となった。この時、山城や要害に立地する城がほとんど廃城となったばかりか、小さな陣屋までもが廃されている。関八州は、各地域に拠点城郭を配し、それを補完する支城体制となった。残されたのは、地域の拠点として、交通の要衝を押さえ、江戸城の守りを固める役割を担った城のみであった。この頃から、関八州では天守建築を建てることをはばかり、御三階櫓《やぐら》で天守代用とするケースが相次いだ。幕藩体制が確立し、明確な大名家格制の機能により、幕府に対する遠慮、自主規制が生まれ、より幕府の支配力・影響力が増していったことが、城郭配置・規模から判明するのである。

二　徳川の城の特徴

広域に展開する城郭網

徳川系城郭の最大の特徴は、広域に展開させた城郭網を連動させ、防御網を築き上げていたことである。これは、統一政権であったがために可能な戦略で、一国防備を最優先せざるを得なかった一大名と大きく異なる点であった。徳川軍の最終目的は、江戸防備であり、西国に追いやった大名たちが大挙して江戸をめざした場合、近畿《きんき》圏、中部圏で戦力を消耗させ、江戸に

写真24　門二階櫓部分より見た大阪城桜門枡形

たどりつく時点で、徳川直属軍に有利な状況を生み出すことに尽きる。そのための天下普請であり、超弩級《どきゅう》城郭の構築だったのである。

関ヶ原合戦後の大幅な配置替えにより、新領を得た大名たちはこぞって新城を築きあげた。いずれの城も、関ヶ原合戦の前哨《ぜんしょう》戦によって炎上落城した、伏見城、伊勢・津城、近江・大津城の教訓を生かし、大砲を始めとする火力対策が施されていた。また、岐阜城落城は、圧倒的な歩兵集団の突撃が生んだとも評価されよう。そのため、大軍の侵入を防ぐ高い防御能力も求められた。

徳川・豊臣両勢力共に、銃火器と圧倒的な歩兵対策を目指した。豊臣系の城は、過剰防衛とも呼ぶべき複雑な構造で、内部を知り尽くした城主や家臣団によってのみ、その戦闘能力を充分に発揮できる城であった。ところが、徳川系城郭は、まったく逆で、誰が入ろうとその能力をフルに発揮できることを目指していたのである。高い石垣、直線を連ねた塁線上に建ち並ぶ多門櫓、要所に構えられた枡形虎口《ますがたこぐち》、そして角地を扼《やく》す巨大隅櫓。天下普請で築き上げられた城は、どのパーツをとってもほぼ同一構造である。徳川軍なら、どこの城へ入城しても、同等同一の戦闘が可能だったのである。簡単に言うなら、標準化された常備軍が守る城を目指したのである。ある意味、ここが最も豊臣系城郭と異なる部分であった。篠山城を守ろうと、二条城に入ろうと、名古屋城を守備しようと、そこには同じシステムが配置配備されていたのである。西国からの侵攻という仮想戦闘の阻止のため、広域に城郭網を展開し、必要な城へと兵力集中が可能なシステムの構築。天下政権だからこその発想であり、実戦経験の少なさを補うための築城とも理解される。

多門櫓と巨大な堀の設置

長大な塁線上に築かれた多門櫓と、それを取り囲む幅広の巨大な水堀。徳川幕府が築いた城郭最大の特徴である。豊臣系城郭の持つ複雑な塁線と高低差を生かした迷路のような通路。これとは、確実に一線を画すものであった。これが、常備軍をフルに活用しようとした徳川系城郭最大の特徴として理解される。この多門櫓とは、城壁の上に長く続く櫓の総称で、幕府が諸大名に命じて築かせた天下普請の城に極めて多く採用されていた。

多門櫓は、単体で機能することは極めて稀《まれ》である。ほとんどの多門櫓は、天守や隅櫓、櫓門と接続して建てられていた。従って、それらと組み合わせることによって、より戦略的兵器と

写真25　駿府城二の丸東御門枡形多門櫓

して機能した建物であったと理解されよう。塁線上に築くなら、多門櫓でなく土塀としても、それを角地の隅櫓と接続すれば、十分効果的な防衛ラインが構築出来たはずである。あえて、多門櫓とすることで、土塀と何が異なったのかが重要ポイントである。まず、塁線を越えようとする敵は、土塀を乗り越えれば内部へ侵入することが可能となる。ところが、多門櫓という建物になれば、それを乗り越えて内部侵入することはまず不可能となる。次に、土塀の場合、攻め寄せる敵に対して、鉄砲等の攻撃をしかける場合、雨中ではその効力が半減してしまう。ところが、多門櫓となれば、天候に左右されることもなく、内部移動や交替休憩も容易となる。さらに言うなら、攻め手側には、内部の兵力や移動等が、まったく見えないのである。このように多門櫓にすることで、当時の兵力や戦術ではほとんど破ることの出来ない鉄壁の防衛ラインとなった。

また、平時においても多門櫓は極めて便利で、有効な利用方法があった。屋根がかかった長屋であるため、倉庫には適していて、内部を適宜仕切って、武器や兵糧等様々な物資保管庫となった。本来の機能は長屋であるため、御殿建築の側にある多門櫓はそのまま御殿奉公の人々の集合住宅に転用も出来た。このように、有事に限らず、平時においても様々な用途に利用できる実に便利な建物だったのである。

この多門櫓をさらに効果的な防衛線とするためになくてはならない施設が堀であった。広大な広さを持つ堀と連動することによって、さらに防備力の増強がはかれたのである。幕府系の城は、広大な規模を持つ幅広の堀が採用されることが多かった。長大な規模を持つ多門櫓の機能を引き出すには、幅三〇メートル程の堀とセットにすることが最適である。幅広の堀、高い石垣、石垣上の多門櫓によって、外からの弓矢や鉄砲の攻撃でもびくともしない防衛ラインが構築されたのである。幕府系の堀を見ると、かなり空堀が多用されていることに気付く。これは、水堀と比較し、より防御性が高いからに他ならない。高石垣の利点、多門櫓の長所を生かすためには、水堀より空堀が適していた。それは、多門櫓を乗り越えることが極めて難しい上に、水がなければあまりの高さに飛び降りることすら不可能であり、水に潜って隠れるスペースもないからだ。このように、空堀の防御能力は非常に高かったことが判明する。

では、なぜ水堀が多いのであろうか。それは、城の立地と、恒久施設となったことによる建物の多さが理由である。平地、特にデルタ地帯等に求めた城には、必ず湧水《ゆうすい》処理が伴い、建物の多さは、雨水や排水処理の施設を必要とした。そのため、広大な規模の堀を水堀として対応したのである。より、防御能力の高い空堀を本丸等の主要部に設け、他は空堀以上の規模を持つ水堀で対応。徳川大坂城では、実に幅一〇〇メートルを超える堀すら採用されたのである。

巨大櫓と枡形門の設置

曲輪の角地、塁線の折れ曲がる箇所、城門の近く、これらの場所には重層櫓が配された。重層櫓は、通常の櫓と比較し、より高いため、視界が広く、敵方の監視に有利であった。また、三重櫓とすると、天守ほどの規模を持ち、権威を示すにはうってつけの建物ともなったのである。

天守と同等の規模を持つ三重櫓は、天守代用櫓（御三階櫓）以外の目的で、城内に建てることは珍しかった。なぜなら、二重櫓で十分その機能を持たせることが可能だったからである。天守に相当する規模を持つ三重櫓は、高額な上、建築日数もかなりを要した。そのため、特別な城でない限り採用されず、権威を示す建物の象徴ともなった。三重櫓を最も多く城内に建てた城は徳川大坂城で、実に十二基を数える。いずれも高さ一八メートルを超え、現存する高知城天守とほぼ同一規模であった。徳川大坂城本丸には、十二基の三重櫓と五重天守が設けられた。高知城天守が何と十二基も聳《そび》え立つ本丸だったのである。まさしく、空前絶後の規模を持った城と言えよう。宇土櫓という三重五階の規模を持つ櫓が林立すると評価される熊本城ですら、三重櫓はわずか六基だったことからも、その雄大さが判明しよう。

写真26　大坂城本丸東側に連なる三重櫓と多門櫓（大阪城天守閣蔵）

幕府系の城は、実に巧みに重層櫓を利用した例が多い。直線的な多門櫓を配したため、角地や折れ曲がりが少なくなっている分、重層櫓の数は少なくてすむ。そのため、大手口や街道に面した正面からの景観を重視し、重層櫓を配し、省力化を図ったのである。その外観意匠には、多くの共通点が見られる。①初重に出窓（張出）を配し、そこを石落しとする。②出窓屋根に、異なる破風を採用し、変化を持たせる。③長押《なげし》形を見せることで、建物の格式を引き上げる。これが幕府系城郭の共通点である。これは、幕府系全体の築城、改修、整備を担う共通の技術者が存在していたことを示し、幕府が、城を一元管理していたことを示す事例でもある。

城の最も重要ポイントの一つ、虎口にも、前記のような共通点が存在する。幕府系の

写真27　駿府城巽櫓と東御門枡形

城の重要虎口には、いずれも枡形虎口が採用されている。基本的には、方形（四角形）の広場を作り、その前面両側に土塀が接続する二の門となる高麗《こうらい》門を配し、内側の両袖《りょうそで》に石垣を持つ櫓門を一の門とし、内外二重の門によって、虎口を厳重に防備していた。

枡形最大の特徴は、通路が直角に折れ曲がることにある。枡形は、圧倒的に右折れが多いが、これは櫓門二階からの攻撃を想定しているためで、弓矢や鉄砲を射掛けるに便利な方向を考慮してのことであった。天下普請で築かれた幕府系の城は、ほとんどがこの枡形虎口を採用、枡形周囲の城壁上の建物を土塀ではなく多門櫓としたのである。多門櫓で囲い込むことによって、厳重このうえない枡形虎口となった。

江戸城、名古屋城、徳川大坂城の主要虎口は、全てがこの厳重な枡形虎口となっている。この枡形虎口を各曲輪入口に配置することで、強固な防備が完成。この枡形虎口をさらに増強するために、前述の重層櫓が利用された。枡形虎口の二の門前面の通路に殺到する敵に対し、側面攻撃を仕掛ける目的を持って重層櫓が配されたのである。高所からの一斉射撃によって、門に取り付くことすら難しくなる。大坂城大手口と千貫櫓、玉造《たまつくり》口と巽《たつみ》櫓がこの好例であろう。

白亜の城

天守は、統一政権誕生を示すシンボルとして登場し、その豪華絢爛《けんらん》な姿は、人々に戦国の終《しゅう》焉《えん》を知らしめた。織田信長の安土城天守を凌駕《りょうが》する天守を築くことこそが、秀吉政権誕生を示す証《あか》しとなったため、秀吉は性急に大坂城天守の造営に力を注いだ。秀吉領の拡大に伴い、全国津々浦々に天守が築かれることとなったが、大坂城以上の天守が築かれることはなかった。これは、天守こそが政権のシンボルであり、その経済力と豊かな基盤を知らしめる道具だったからに他ならない。

慶長五年（一六〇〇）、関ヶ原合戦で勝利した徳川家康は、豊臣から徳川へと政権が移ったことを知らせるために、天守建築をフルに利用することになる。まず、関ヶ原の前哨戦で焼失した伏見城を再築。京洛《きょうらく》における徳川氏の拠点とするため、急ピッチで築城工事が進められ、わずか一年ほどで完成を見ている。

伏見城は朝廷に向けた江戸幕府の窓口であると同時に、大坂に存続している豊臣氏を牽制《けんせい》する城でもあった。家康を最初に、秀忠・家光と三代までの将軍宣下式はこの伏見城で行われており、朝廷との折衝などの役割を担う幕府の拠点であった。この伏見城天守がどのような外観であったかは、図面等が存在しないため、詳細は判然としない。だが、「洛中洛外図屏風《びょうぶ》」に描かれた天守は、長押形を見せる白亜の五重天守となっている。

家康は、将軍宣下の拝賀の礼のために、慶長七年天下普請で二条城の造営を開始した。この天守も伏見城同様、長押形を見せる白亜の六重天守として屏風に描かれている。幕府の朝廷対策と、西国を押さえる拠点となった二城は、共に信長・秀吉の城とは正反対の白亜の姿であった。

将軍宣下により、江戸城は、一大名徳川氏の居城ではなく「将軍の城」となったため、それに相応《ふさわ》しい体裁を整える必要が生まれた。家康は、諸大名に工事を分担させる天下普請によって築城を本格化させた。将軍の城に相応しい巨大天守が造営されたが、その姿を伝える資料は極めて少ない。近年、慶長十二~十四年(一六〇七~〇九)頃の家康が築いた江戸城の絵図である「江戸始図」が発見され話題となった。これによれば、家康段階の天守は、小天守と接続する連結式の天守を南東隅に置き、南西隅と北東隅に重層櫓(隅櫓)を設け、それを厳重な中仕切り門で接続し、さらに北側に鉤の手に折れる多門櫓、西側高石垣上は、土塀が廻る構造とし、天守曲輪を形成していたのである。この天守曲輪の考え方をさらに発展させ、巨大化すると名古屋城本丸へと行きつくことになろう。江戸の前線を守り、西国からの攻撃の前線基地として、天下普請で築かせた名古屋城の祖型となったのが、江戸城だったのである。当然、天守の規模は、当時全国最大であった。

江戸城の体裁を整えた家康は、大坂に残る豊臣家に備え、西国から京洛へ入る街道を押さえる城を築くことになる。篠山城と丹波亀山城で、この二城によって、西国大名に対する京都前線の防衛ラインが完成を見た。

京都以東の要塞化は、慶長十二年の、家康の隠居城・駿府築城に始まる。その総仕上げが、同十五年の名古屋築城であった。天下普請で工事は急ピッチに進み、十七年には主要部が完成。史上最大の面積を持つ、天守も造営された。篠山城には、天守は造営されなかったが、三城共に白漆喰を多用した白亜の姿で完成する。家康のねらいは、豊臣と対になる白の城を数多く築き上げることで、豊臣政権から徳川政権への変化を、視覚から訴えようとしたのであろうか。真の目的は判然としないが、家康は数多くの白い城を築いている。

三　江戸幕府の城郭政策

一国一城令の発布

織田信長は、天下統一過程で旧領主から織田政権へ支配が変わったことを、城を破壊すること（城割）で訴えた。松永久秀の多聞城（奈良県奈良市）破却などがその代表である。その後、伊賀一国、大和国中という一国破城を実施している。織田政権を引き継いだ秀吉も、当初信長の破城に倣うが、やがて領国体制の整備を目的とした破城に変化する。必要な城を残し、不要な城は破却という、一国一城令のさきがけとも理解される。

一国一城令は、慶長二十年（一六一五）に江戸幕府が発令した法令で、立案者は大御所徳川家康である。内容は、一国（大名の領国、後の藩）に一つの城（居城）のみを公式に認めて残し、他の支城をすべて廃城にするというものであった。一国を複数の大名で分割統治している場合は、大名ごとに一城を居城として認めたため、伊予国（愛媛県）では、今治城・松山城・大洲城・宇和島城（愛媛県宇和島市）の四城が残されることになる。

一大名が複数の領国を領有している大藩の場合は、文字通り一国ごとに一城を残すことが出来た。例えば二カ国を領有する藤堂家では、伊勢国で津城、伊賀国で上野城という二城の保有が許されている。また、鳥取池田藩は、因幡《いなば》国と伯耆《ほうき》国の二カ国領有であったため、鳥取城（鳥取県鳥取市）と米子《よなご》城（鳥取県米子市）の二城となるところ、倉吉《くらよし》城（鳥取県倉吉市）を陣屋扱いとし三城存続が許された。池田家が将軍家の親戚であり絶対的信用があったためと、毛利家への備えのためである。対して、毛利家は、周防《すおう》・長門《ながと》の二カ国を領有していたため、萩城（山口県萩市）と岩国《いわくに》城（山口県岩国市）を残すことが可能であったが、幕府への配慮もあり萩城のみが残された。幕府は「岩国破却は必要なし」という見解であったため、毛利家の勇み足である。幕府と交渉した細川家は、本城の小倉《こくら》城（福岡県北九州市）のほかに支城として中津《なかつ》城（大分県中津市）の存置を認められている。伊達家に至っては、本来なら廃城とすべき支城を「要害《ようがい》」と称して存続させてしまった。金山《かねやま》要害（宮城県伊具《いぐ》郡丸森町《まるもりまち》）、涌谷《わくや》要害（宮城県遠田《とおだ》郡涌谷町）など中世の山城とも言うべき城を、二十一城も残したのである。土佐《とさ》藩の山内《やまうち》家も、「土居《どい》」と呼ばれる支城を館として六カ所残している。薩摩《さつま》藩は、一国一城令後も、中世の城を「麓《ふもと》」と称し残している。麓とは、地域に配置された武士たちの集落（外城《とじょう》）のことで、島津一門や重臣の外城が二十一カ所、直轄の地頭所が九〇カ所近くあったと言われる。このように、この法令は、当初は、画一的に実施されたわけではなく、かなり弾力的に運用されたのである。

この一国一城令で廃城となった城の大部分は、領内に支城として温存されてきた中世の土造りの城であった。これらの城は、大名家の家臣、あるいは在地の家臣たちのもので、この法令によって家臣のほとんどは城を持つことが出来なくなったのである。いうなれば、城を持つことが出来るのは藩主だけの特権となり、藩主と家臣の身分差が明確になり、幕藩体制の強化に繋《つな》がることになったと評価されよう。

修復届け出と新規築城禁止

元和元年（一六一五）、一国一城令に続いて幕府が公布した武家諸法度は、その後の幕政の根幹となった法令である。その中で城についての定めは一条項だけで、「諸国居城修補を為すと雖《いえど》も必ず言上すべし、況《いわ》んや新儀の構営堅く停止せしむる事」と、大名が居城を修復する場合は必ず幕府に届け出ることを定め、修復以外の新たな工事は禁止するというものであった。続いて寛永十二年（一六三五）の武家諸法度改訂で、堀・土居・石垣の修復は幕府に届け出て許可を得ることとし、櫓・土塀・城門などは元のままに修復することを条件に届け出の必要を

図45　「嶋原陣図御屛風（戦闘図）」（朝倉市秋月博物館蔵）

なくしたのである。一国一城令による廃城は、城郭建築の取り壊しが中心で、石垣や堀、土居などは、そのまま残されることが多かった。言うなれば、建物がなくなってしまえば二度と使えないと考えたということである。

ところが、寛永十四年、幕府を揺るがす大事件が勃発《ぼっぱつ》する。九州の島原《しまばら》半島南部と天草《あまくさ》諸島のキリシタン農民が主体となり、重い年貢負担からの解放、併せてキリシタン信仰の復活を意図して、藩主に抵抗する一揆《いっき》（島原・天草一揆）を起こしたのである。この一揆で、幕府を慌てさせたのが、一揆勢力が有《あり》明《あけ》海を渡って島原半島に移動し、島原領民の旧主有馬《ありま》家の居城で一国一城令によって廃城となった原《はら》城（長崎県南島原市）址《あと》に籠城《ろうじょう》したことである。一揆軍は原城址を修復し、藩の蔵から奪った武器弾薬や食料を運び込んで討伐軍の攻撃に備えた。一揆勢の正確な数は不明だが、三万七千人程と言われる。四カ月に亘《わた》って、徹底抗戦するも、最後は兵糧攻めにより、一揆勢の食糧欠乏の状況をみて、総攻撃をかけた。一揆民は老人、女子、子供の非戦闘員に至るまで大半が殺され落城した。

この一揆勢力が、一国一城令によって廃城となった城へ入り、修復して立て籠《こも》ったことを受けて、幕府は諸国の廃城の徹底的破却を命じた。特に、西日本諸国において厳しく、南関城（熊本県玉名郡南関町）では、石垣を破却し、石材を堀底に一石ずつ並べた上で、土をかぶせ埋め戻している。また、岩国城では、城下から見える箇所については、石垣と解らないように徹底的に崩されている。島原・天草一揆が与えた影響の最たるものが、廃城の徹底的破却であった。

なお、幕府が特に厳しく統制したのは、城の普請（土木工事）であって、作事（建築工事）については、元のままに修復するなら届け出の必要はないということであった。だが、これはあくまで原則であり、個別事例については大名が幕府に届け出て可否を仰ぐことが一般化してゆくことになる。修復を行う場合は、書状で幕府に申請することになるが、城絵図に修復箇所を図示して書状に添えて届け出ることが一般化されていった。部分的な修復であっても、全城域を描き、石垣・土居・堀等の修復箇所を朱線で示し、それぞれの修復箇所に破損の状況（範囲と寸法）が細かく記入された。

修復以外の新たな工事は禁止とされたが、例外として認められた城は四〇前後存在する。島原城（長崎県島原市）、八代城（熊本県八代市）などは新規築城で、島原城の場合はキリシタン

写真28　南関城本丸と二の丸間の堀切に並べられた破城に伴う石垣石材

写真29　岩国城搦手北虎口の破城の状況

に対する牽制と九州西国大名の押さえとして特別許可された。また、いったん廃城となっていた城を大規模に改修して再興したのが、丸亀城《まるがめ》（香川県丸亀市）、沼田城《ぬまた》（群馬県沼田市）などで、立藩によるものである。

四　江戸期の江戸城と大坂城

明暦の大火と江戸城の改造

「火事とけんかは江戸の華」と言われる程、江戸は人家が密集していたため大火事が多かった。中でも、明暦《めいれき》三年（一六五七）一月に起こった明暦の大火は、江戸時代最大の大火で、単独の火事としては我が国最大の火災であった。

この火災は、本郷丸山本妙寺《ほんごうまるやまほんみようじ》で、法会《ほうえ》供養のため、振袖を火に入れたところ、火のついた布切れが風で舞い上がり、寺の軒先に燃え移ったのが出火原因となったため、振袖火事とも呼ばれる。火災は強風を受けて神田《かんだ》・京橋《きようばし》方面へ燃え広がり、湯島《ゆしま》天神・神田明神・東本願寺《ひがしほんがんじ》を焼いて、隅田《すみだ》川対岸にも及んだ。霊巌寺《れいがんじ》で炎に追い詰められた一万人近くの避難民が死亡、浅草《あさくさ》橋では脱獄の誤報を信じた役人が門を閉ざしたことで、逃げ場を失った二万三千人程が犠牲になった。

この火災は、一時鎮火するものの、翌日十時頃、今度は小石川伝通院《こいしかわでんずういん》表門下、新鷹匠町《しんたかじようまち》の大番衆与力の宿所より再び出火。強風にあおられ松平（榊原）式部大輔《しきぶたゆう》屋敷へ火が移り、飯田橋《いいだばし》から九段《くだん》一帯に延焼し、十二時頃には江戸城天守に火が入り、本丸・二の丸が全焼し、将軍家《いえ》綱《つな》は十五時頃に西の丸へ移ったという。『後見草《のちみぐさ》』によれば、「二重目の銅窓の戸内より開き、是より火先吹込、移り申し候よし」とあり、天守は銅窓から火が入ったと記録されている。火事は、その後、桜田《さくらだ》一帯の大名屋敷、通町《とおりちょう》、愛宕《あたご》下から芝浦《しばうら》まで広がった。また、十六時頃、麹町《こうじまち》五丁目の在家より三度出火。南東方面へ延焼し、新橋の海岸に至って鎮火したとされる。
この火災により、江戸城は西の丸を除きその四分の三が灰燼《かいじん》に帰したのをはじめとし、大名屋敷一六〇余、旗本屋敷八一〇余、町人町は八〇〇町余と、当時の江戸の市街地の約六割が焼亡したことになる。この他、神社仏閣三〇〇余、橋六〇余、倉庫九〇〇〇余が焼失したと伝わる。死者は、三万七千人余〜一〇万人台まで諸説があるが、『元延実録《げんえんじつろく》』では、大火の後、牛島《うしじま》新田（墨田《すみだ》区両国《りょうごく》）に葬った死者六万三四三〇余人のほかに、漂着した死体四六五四人とし、合計で七万人程が犠牲になったとするのが、実態に近い数ではないだろうか。余りの被害に、幕府は明暦の大火があった翌日に、全国に混乱が波及しないよう各藩に向けて「江戸城は焼失したが、将軍は無事であり問題ない」との飛脚を発している。

江戸城焼失、江戸壊滅という事実は幕府首脳を驚愕《きょうがく》させた。幕府は大火後、再び火災被害がないよう都市改造を実施することになった。火災復興に併せ、江戸再興・改造策を実施したのである。そのため、火災後、幕府は城の再建を修復程度にとどめ、町人地と武家地の屋敷の復興から始めた。市街地では避難と延焼防止のため道幅を拡張。延焼防止のために町中に広場を設定。神田と日本橋《にほんばし》に火除《ひよけ》土手をつくり松を植えた。武家屋敷・寺社・町屋の移転のため各地に造成工事を実施し、江戸の市街地を拡大。こうした改造によって、火災に強い都市を目指したのである。

　復興が一段落した九月、幕府は翌年に本丸の再建工事を行うことを決定し、御手伝普請（天下普請）の助役大名は一万石につき一〇〇人の人夫を出すことを命じた。これと同時に、前田綱《つな》紀《のり》に天守台築造を命じた。綱紀は、天守台に用いられていた黒色の伊豆石（安山岩）を取り除き、白色の御影石《みかげ》（花崗岩《かこう》）だけを用いた天守台を築造した。旧天守台の石垣は、焼け爛《ただ》れていたが、巨石であったため再利用された。角石は玄関前枡形見付（中雀門《ちゅうじゃくもん》）に用いたと記録にあるが、現在の中雀門の両脇石垣は、火熱を帯びた石材が積まれており、記録が正しいことを証明している。また、天守台造営にあたって『江府天守台修築日記』は、家光が寛永天守を見たときに、石垣が多門櫓の上に少し見えるのがよろしくないと嘆いたことを受け、家光好みに一間低い六間に変更したと記す。天守台修築は、明暦四年五月に着手し、万治元年（一六五八）十月に竣工した。上部構造物の天守については、保科正之《ほしなまさゆき》が「実は軍用には益なく唯観望に備ふるのみなり。これがために人力を費やすべからず」と提言。この廃止案に対し、井伊直《なお》孝《たか》・酒井忠勝《ただかつ》ならびに老中による会議で協議し、本来の軍用としての機能が失われ、展望用のみとなっている点、出費がかさむ点などから造営しないと決定し、以後江戸に再び天守が建つことはなかった。

　本丸御殿も、大火後に本丸の二の丸側への拡張や本丸東側石垣の修改築が実施され、万治二年九月に将軍が移り住んでいる。御殿は火災後、大広間の中で対面に不要な闇之間を中庭にするなどして、建物全体に屋根がかかる構造を変化させた。ただ、将軍の私的空間である奥向御殿は、充実する方向となった。また、城内が一気に焼失しないよう、今後の延焼防止策として、吹上の紀伊・尾張・水戸の御三家の屋敷は麴町と小石川に移動し、その跡地は吹上の庭（約一三万坪）とし城内に広大な空き地を設けた。

大火前、豪華絢爛さで覇を競った大名屋敷は完全に姿を消すことになった。すでに作事の倹約の法度が出ていたが、さらに瓦葺《ぶ》きや三階建て禁止という規制が加わり、火災に強い土蔵造り・塗屋造りが奨励された。併せて、城内への延焼防止のため、城の周辺部にあった大名屋敷を移転させ空き地を確保した。さらに、多くの寺院を外堀の向こう側か新開地に移した。西本願寺（横山町《よこやまちょう》から築地《つきじ》へ）、東本願寺（神田明神下から浅草へ）、霊巌寺（霊巌島から深川《ふかがわ》へ）、山王権現社《さんのうごんげんしゃ》（三宅《みやけ》坂上から溜池《ためいけ》上へ）、吉祥寺《きちじょうじ》（本郷元町から駒込《こまごめ》へ）などで、社寺は、浅草、駒込、芝、目黒などへ移し、空き地としたのである。

正徳の天守再建案

保科正之が天守無用論を唱えて四〇年後、六代将軍家宣《いえのぶ》と七代家継の治世に、主に将軍侍講（政治顧問）の儒学者・新井白石《あらいはくせき》と側用人《そばようにん》の間部詮房《まなべあきふさ》らが実権を担った。白石の儒学思想を基に、文治主義と呼ばれる諸政策を推進し、正徳二年（一七一二）天守の再建計画を推し進めた。再建案として家光が築いた寛永度の図面を基に「江戸城御殿守正面之絵図・横面之絵図」という天守の姿図や、翌年には細部を修正した「御天守絵図」が描かれ、再建を言上した。四代目

写真30　明暦の大火後、加賀前田家が復旧した江戸城天守台

となる正徳度天守は、妻側と平側に千鳥破風と比翼千鳥破風を逆に並べることや、四重目に唐破風出窓が付くことなど、寛永度天守の規模やデザインと比較して、変化は見られない。よく見れば、比翼千鳥破風の大きさや破風内の装飾が若干異なる程度でしかない。計画図が彩色された絵図であるため、屋根は真新しい銅板で赤銅色に輝いている。

　この絵図でもう一つ気になるのが、銅板張の下見板・屋根の棟・破風内の棟飾が黒色に塗られていることである。これは銅板の上に何らかの塗装が施されているということである。この黒色の塗料は「チャン」と言われている。「チャン」が記録に出てくるのは、出《いず》雲《も》大社の延享元年（一七四四）の遷都の際の記録である『延享造営伝』で、棟包《むねづつみ》や鬼板、破風板、千木《ちぎ》、勝男木《かつおぎ》に、「銅つつみちゃんぬり」「ちゃん塗仕立」と記されているので

図46　江戸御城御殿守正面之絵図［正徳の天守再建案］
（東京都立中央図書館特別文庫室所蔵）

ある。銅を「チャン」塗りしたということである。「チャン」は、江戸時代に秋田県で土瀝青《どれきせい》から盛んに作られたという。土瀝青とは、天然アスファルトのことで「チャン」とよばれていた。防水・防腐作用があると考えられていたのであろう。こうしたすぐにでも建ち上がる設計図等を用意して、再建に備えた白石たちであったが、正徳二年十月、家宣の逝去で計画は中断、再度俎上《そじょう》に上がるが、同六年に七代将軍家継が没した。この間、新井白石らの失脚によって再構築には至らず、これ以後、天守再建計画が起こることはなかった。

燃える江戸城

江戸の町は、世界でも例がない程、大火に見舞われた大都市であった。関ヶ原合戦のあった翌年の慶長六年（一六〇一）から、大政奉還のあった慶応三年（一八六七）に至る二六六年の間に、実に四九回もの大火が発生している。ほぼ五年に一回の割合となる。

江戸城も、多くの火災被害を受けている。以下、主な火災を挙げておく。

寛永十一年（一六三四）　西の丸御殿焼失。
寛永十六年（一六三九）　本丸御殿焼失。翌年、再建が完成。
明暦　三年（一六五七）　天守・本丸、二の丸、三の丸の各御殿焼失。
万治　二年（一六五九）　本丸御殿再建。
延享　四年（一七四七）　二の丸御殿焼失。同十年、再建。

天保　九年（一八三八）　西の丸御殿焼失。翌年、再建。
弘化　元年（一八四四）　本丸御殿焼失。翌年、再建。
嘉永　五年（一八五二）　西の丸御殿焼失。同年中に再建。
安政　六年（一八五九）　本丸御殿焼失。翌年、再建。
文久　三年（一八六三）　西の丸御殿焼失。本丸、二の丸御殿焼失。以後、本丸御殿再建されず。西の丸御殿、翌年、再建。
慶応　三年（一八六七）　二の丸御殿焼失。
明治　六年（一八七三）　西の丸御殿焼失。江戸時代からの御殿建築、全て消失。

このように、江戸城の御殿は、火災焼失、再建が繰り返された。幕府御殿の構成は、三代将軍家光の治世以降ほとんど変わらず、寛永度の本丸御殿の構成が基本的に踏襲された。それは、対面施設の大広間・白書院・黒書院・御座之間が雁行《がんこう》しながら南から北へ連なる平面の構造である。御殿のこの構成は、二の丸御殿、西の丸御殿でも、ほぼ同様であった。このように、平面構成を変更しないことで、火災のたびに御殿を速やかに再建することが可能となった。事実、焼失した御殿は、同年中か翌年には再建が終了している。火災で焼失した御殿建築は、ほぼ同じ位置に、同じ構造で再び建設されることを繰り返したのである。
度重なる自然災害や火災によって、三御殿が代わるがわる被害を受け焼失を繰り返し、その都度復興してきた。だが、幕末を迎える一八〇〇年代になると、十年に一度の頻度で火災が発

写真31　江戸城天守台南東隅部
文久３年の本丸御殿焼失によって火を受け焼け爛れている。

生し、もともと財政難であった幕府は、再建の費用に苦慮することになる。元治元年（一八六四）、三御殿全てを失った幕府は、西の丸に極めて簡略化した仮御殿を造営し急場をしのいだ。これは、いずれ本丸御殿を再建するためで、資金や材料を温存するための方策であった。だが、三年後に十五代将軍慶喜《よしのぶ》が大政奉還をしたため、本丸御殿は再建されないまま、明治維新を迎えるのであった。

慶応三年、幕府軍は、鳥羽・伏見の戦いで敗れ、翌年慶喜追討の兵が江戸に到着する。江戸城総攻撃も決定していたが、勝海舟《かつかいしゅう》と西郷隆盛《さいごうたかもり》が話し合い、慶喜を水戸へ隠居させることで、無血開城することになった。明治二年（一八六九）東幸した天皇は、元治元年に再建された西の丸御殿へ入り、これ以外の江戸城の多くの建物が撤去された。明治六年五月五日、皇居としていた西の丸御殿が出火で焼失。ここに、江戸城の御殿はすべて失われてしまったのである。

大坂城を管轄した人たち

元和五年（一六一九）、江戸幕府は大坂藩を廃して大坂の地を幕府直轄領（天領）とした。翌年、二代将軍秀忠は大坂から豊臣色を一掃するために、豊臣大坂城を完全に埋め立て、その上へ徳川氏による新たな城を築く工事を天下普請によって開始したのである。築城工事は、三期に分けて、足かけ九年に亘り続けられ、寛永六年（一六二九）に完成した。豊臣色の払拭《ふっしょく》と言いながら、幕府の真の目的は、この改修工事を口実として、諸藩に財政を支出させ、抵抗する勢力を削《そ》ぐことであった。そのため、西国外様《とざま》大名を中心に、実に延べ一六二大名に普請を割り当てたのである。

幕府直轄の城となったことで、大坂城主は徳川将軍となることになった。しかし、歴代将軍で、大坂城へと入城した者は、ほとんどいなかった。寛永十一年閏《うるう》七月二十五日から同二十八日まで、三代家光が城に滞在したが、この日を最後にして、次の入城まで、実に二百三十年の歳月が必要であった。従って、大坂城は城主である将軍に代わって、「城代」が預かり、主人（将軍）が来訪するのを待ちつつ、守っていたことになる。

ではどのような体制で、この巨大城郭を守っていたかである。将軍に代わって、城をおさめていたトップが「大坂城代」で、五万から一〇万石を領する譜代大名の中から、有能な人物が抜擢《ばってき》された。大坂城代最大の任務は、大坂城を守ることで、それと共に大坂在勤の幕府諸役人の統括、大坂の町と堺の支配、西国外様大名の監視の役割もあった。城代は、西国三十三カ国の訴訟の裁断権も持つなど、重大な任務と共に権限も強かったため、将軍の直接の管轄下に置かれていた。「城代屋敷」は、千貫櫓北側に上屋敷（二六一〇坪）を与えられ、下屋敷は現在の大阪府立清水谷《しみずだに》高等学校（天王寺区）の場所にあった。役料は、一万石であった。この大坂城代を補佐する役職が定番《じょうばん》（城番）で、城代を助け、城の警護に当たるのを任務とし、定数は二名、京橋口定番と玉造口定番で、譜代大名から選ばれた。定番も、城内に上屋敷、城外に下屋敷が与えられていた。実働部隊として大坂城内に起居して、城の警備に当たったのが大番二組である。大番は、旗本で編成された幕府の常備軍で、大番衆五十人（うち大番組頭四人）、与力十騎、同心二〇人で編成され、合計で十二組の大番を二組ずつ組み合わせ、大坂城と二条城とを任期一年で交代勤務とした。大番に加勢する四名の加番も任期一年で任命された。加番は、山里加番・中小屋加番・青屋口加番・雁木坂加番であった。この他、半年交替の目付、軍船を管理する船手、城内の施設や武器、その他備品・金銀・食料などの管理に当たる奉行も置かれた。

大坂城の損傷と修復

大坂城が完成し、明治維新を迎えるまでの約二四〇年の間に、城は三度の落雷被害を受けている。最初の落雷被害は、万治三年（一六六〇）六月十八日のことで、城中の青屋門近くにあった土蔵造りの焔硝蔵《えんしょう》（火薬庫）に落雷、大爆発が起きている。幕府の公式記録である『徳川実紀』によれば、焔硝蔵に貯蔵中の二万一九八五貫六〇〇匁《もんめ》（約八二・四トン）の黒色火薬のほかに、鉛弾四三万一〇七九発、火縄三万六六四〇本が爆発飛散した。この爆発による被害は凄《すさ》まじく、青屋口引橋や石垣が大きな被害を受けただけでなく、遠く離れた本丸の御殿群、天守や多門を含む櫓群、山里丸の櫓、市正曲輪の加番小屋、米蔵などまでが破損した。人的被害としては、二十九人が死亡、およそ一三〇人が負傷した。城外では、役人屋敷・与力同心屋敷や市街家屋一四八一戸が倒壊し、三人が即死、その他多数の家屋の屋根が破損した。また、青屋門の扉が城から約一四キロメートル離れた暗峠《くらがり》まで飛ばされたと記録（『板倉重矩《しげのり》公常行記』）され、青屋口引橋が折れた三つの木材が天満町《てんまちょう》へ飛来したとか、備前島《びぜんじま》へ飛んできた木材が、十二、三歳の子供に当たり死亡させたなどとも言われる。この爆発被害が余りにすさまじかったため、後に幕府は石造りの焔硝蔵を建造することになる。

二度目の被害は、寛文五年（一六六五）正月二日、午後十時頃の落雷で、天守の北側の鯱《しゃちほこ》に落ちた。落雷と共に天守最上階に引火、しだいに下層へと燃え広がり、翌朝六時頃までに天守は全焼してしまった。明暦三年、江戸城天守が焼失したため、我が国一高い天守となっていたが、わずか八年間でその地位を失うことになった。徳川再建天守は、竣工後三十九年目に姿を消し、江戸城同様ついに再建されることはなかった。

その後一〇〇年程、落雷被害はなかったが、天明《てんめい》三年（一七八三）十月十一日に、大手口多門櫓に落雷が直撃し全焼してしまった。大手口という最も重要な部分にもかかわらず、財政難

写真32　大坂城青屋門の現状
万治３年に焔硝蔵（火薬庫）に落雷、青屋門が甚大な被害を受けてほぼ壊滅した。

のため再建はままならなかった。

　天保八年（一八三七）、元大坂町奉行所与力で優れた儒学者でもあった大塩平八郎《おおしおへいはちろう》が同志多数と共に天満に決起した。身内からの反乱とあって、大坂城内も大混乱に陥り、何とか武装を整え乱の鎮圧に乗り出したが、石垣だけの大手門からの出兵は、はなはだ間抜けと思ったのではないだろうか。

同十四年、幕府は大坂・兵庫・西宮《にしのみや》・堺の町人たちに対し二〇〇万両もの御用金を命じ、大手口多門櫓の再建をはじめ城内のすべての建物の全面的な修復を計画した。この幕府の要請に対し、鴻池善右衛門《こうのいけぜんえもん》ら三名が一〇万両、辰巳屋弥吉《たつみややきち》ら二名が六万両を拠出するなど、大坂町人が協力し、百五十五万両余が集まったのである。

　こうして、弘化二年（一八四五）十一月より修復工事が開始され、本丸の殿舎群をはじめ城門・櫓・土塀を含め建築物のほぼ全面的な改修が実施された。工事は、足かけ一三年の歳月を要し、最終的に完成を見たのは安政五年（一八五八）のことであった。なお、大手口多門櫓は工事が急がれ、嘉永元年（一八四八）に再建され、大手口の体裁は再び整ったのである。

大坂城の落日

文久三年（一八六三）三月四日、十四代将軍家茂は陸路上洛して二条城に入った。当初の上洛目的は和宮《かずのみや》との婚儀に対する天皇への答礼、公武合体の確認であった。だが、世相は全く反対の尊王攘夷《じょうい》運動のまっただ中であった。朝廷はこれを好機と捉《とら》え、幕府に攘夷の決行を迫り、京都にとどめられた家茂は、苦境に立たされた。四月二十日、家茂は、攘夷実行期日を五月十日と天皇に奉答せざるを得なくされてしまう。

翌二十一日の夜、家茂は、一時的に都を離れ大坂城へと入った。徳川将軍が大坂城へと入城するのは、三代将軍家光以来、約二三〇年ぶりのことであった。御座所は、本丸御殿の中の銅《あかがね》御殿であったという。翌月十一日に再び上洛するまで家茂は城内の櫓を巡視し、大坂夏の陣で大坂城が落城した日にあたる五月七日には、火災により天守を失っていた天守台にのぼっている。また同日、筋鉄《すじがね》門内側に設けられていた調練場を視察。その後、いったん京都に戻り、再び大坂城へ戻り、六月十三日、海路江戸へと向かった。

翌文久四年（元治元年／一八六四）の一月、家茂は幕府軍艦で再び大坂城へと入城し、上洛して長州《ちょうしゅう》処分をすませ、同月中には大坂から海路江戸へ向かった。七月、禁門の変が起きると、幕府は西国二十一藩に、長州出兵を命じる。総督となった元尾張藩主の徳川慶勝《よしかつ》は十月二十二日、大坂城に諸大名の重臣等を集め、軍議を開いた後出陣した。ここに大坂城は築城後初めて、本来の役割である西国への出撃拠点の役割を果たしたのである。この頃、大手門・京橋門・玉造門の外側に土塁の馬出《うまだし》曲輪が新設された。だが、本格的な戦争は回避され、長州藩が恭順することで決着した。

この後、再び長州藩が幕府への対決姿勢を取り始めたため、再度長州攻めを決断した家茂は、慶応二年（一八六六）五月十六日上洛、閏五月二十五日大坂城へと入った。六月七日、幕府軍艦による砲撃が開始された。だが、開戦後の七月二十日、将軍家茂が突如病没する。二十一歳の若さであった。家茂の死は、約一カ月秘匿され、八月二十日に公表、翌日朝廷から休戦勧告が出され、九月二日休戦協定が締結された。

これを受け、同年十二月五日、徳川慶喜が十五代将軍に就任。慶喜は将軍在職中一度も畿内を離れず、政権運営は二条城で行い、外交交渉の拠点は大坂城とした。将軍在任中、一度も江戸城に入らなかった唯一の将軍であった。将軍となった慶喜は、京都にいる優位性から、武力衝突を避け、将軍職という優越性を確保した、新たな政権への移行を主導出来るという見通しがあったため、翌三年十月十四日に大政奉還を表明した。これに対し、武力討幕を目指す勢力は、国政の主導権を慶喜から奪うために、王政復古の大号令を発し、幕府の廃止と慶喜の辞官納地を決定する。二条城にいた慶喜は、すぐさま大坂城に入り、京都へ圧力をかけ、優位性を取り戻そうとしたのである。慶喜の作戦は功を奏し、新政府への参加と議定《ぎじょう》就任がほぼ確定した。

大坂落城と徳川政権の崩壊

当時の大坂城は、安政五年（一八五八）の修復完成により、文字通り西国の拠点で、難攻不落の堅城であった。融和路線をめざした慶喜であったが、慶応四年（一八六八）一月、幕臣たちの薩摩藩に対する強硬姿勢を抑えることが出来なくなってしまう。そこで、慶喜は、天皇の側の奸臣《かんしん》を除くために軍事行動を起こすとし、あくまでも「徳川家と薩摩藩の私戦」という認識を示した。大坂城にいた慶喜は、鳥羽・伏見の緒戦での敗退の報とともに、薩長《さっちょう》軍が錦《にしき》の御《み》旗《はた》を掲げたことを知った。これにより「徳川家と薩摩藩の私戦」という慶喜が描いていた構図は崩れた。さらに、この戦いで敗れた幕府軍が大坂城へ逃げ戻り、城内は大混乱となったのである。

開戦に積極的でなかったといわれる慶喜は、表では旧幕府軍へ大坂城での徹底抗戦を説いたが、自らが朝敵とされることを恐れ、自軍に戦闘継続の能力がまだあり、大坂湾の制海権も握っていたにもかかわらず、一月六日の深夜にひそかに城を脱出し、海路江戸へ向かった。これを知った幕府兵の大半は脱走し、城内はもぬけの殻となったという。大坂城の放棄は畿内と西国における支配権の放棄であり、これにより全国政権としての幕府は滅亡したことになる。

一月九日早朝、大坂城京橋口に到着した薩長兵は、残っていた幕府代表と大坂城の無血明け

図47　城中大火図（大阪府立中之島図書館蔵）
慶応４年（1868）の大火で城内の建物がほとんど失われた。

渡し交渉を成立させたと言われる。だが、薩長兵が城へ入る前に、本丸台所付近から火の手が上がり、瞬く間に本丸内の他の建物へ引火類焼、火勢は強まり一晩中燃え続け、本丸を焼き尽くしただけでなく、二の丸南面にも引火してしまう。さらに、燃え続ける火の手は翌十日の午前十時頃、二の丸青屋口付近の焔硝蔵に迫り、猛烈な轟音《ごうおん》と共に爆発が起こり、二の丸北面の多くの建造物が類焼してしまった。この火災により、本丸御殿以下本丸にあった十一基の三重櫓や桜門、山里門、姫門などすべての門、二の丸の巽、艮《うしとら》、太鼓、四、五、七番櫓など、城内の建造物のほとんどが焼失した。まさに徳川大坂城の落城であり、徳川幕府の崩壊を大坂の街中の人々に知らせる象徴的な出来事であった。

主要参考文献

愛知県教育委員会　一九九一～九八『愛知県中世城館跡調査報告』Ⅰ～Ⅳ　愛知県教育委員会
愛知県史編さん委員会編　二〇〇三『愛知県史』資料編11　織豊1　愛知県
愛知県史編さん委員会編　二〇〇七『愛知県史』資料編12　織豊2　愛知県
愛知県史編さん委員会編　二〇〇九『愛知県史』資料編10　中世3　愛知県
愛知県史編さん委員会編　二〇一一『愛知県史』資料編13　織豊3　愛知県
愛知県史編さん委員会編　二〇一四『愛知県史』資料編14　中世・織豊　愛知県
愛知県史編さん委員会編　二〇一八『愛知県史』通史編3　中世2・織豊　愛知県
愛知中世城郭研究会・中井均編　二〇一〇『愛知の山城ベスト50を歩く』サンライズ出版
秋本太郎編著　二〇〇〇～〇二『史跡箕輪城跡』Ⅰ～Ⅲ　群馬県箕郷町教育委員会
井口智博他　二〇一七『二俣城跡・鳥羽山城跡総合調査報告書』浜松市教育委員会
石川浩治　二〇一四「武田系城郭の最新研究―丸馬出を中心に―」『戦国武将と城』小和田哲男先生古稀記念論集　サンライズ出版
一宮市　一九七〇『新編一宮市史』資料編六　古代・中世資料集　一宮市
岡野友彦　一九九九『家康はなぜ江戸を選んだか』（江戸東京ライブラリー）教育出版
奥野高廣、岩沢愿彦校注　一九六九『信長公記』角川書店
小野友記子他　二〇一九『史跡小牧山（小牧山城）発掘調査報告書2』小牧市教育委員会

小和田哲男　一九七八「新・図説家康実紀」『徳川家康―その重くて遠き道』新人物往来社
小和田哲男編　一九七九『日本城郭大系』9　静岡・愛知・岐阜　新人物往来社
加藤理文　一九九四「浜松城をめぐる諸問題」『地域と考古学』向坂鋼二先生還暦記念論集
加藤理文　一九九五「宇津山城の歴史と構成」『宇津山城跡　平成6年度』湖西市教育委員会
加藤理文　一九九七「二俣城、鳥羽山城の創築・改修・廃城」『研究紀要』第5号　静岡県埋蔵文化財調査研究所
加藤理文　二〇〇二「千頭峯城の再検討」『考古学論文集　東海の路　平野吾郎先生還暦記念』「東海の路」刊行会
加藤理文　二〇〇二「徳川家康による掛川城包囲網と杉谷城」『東名掛川I・C周辺土地区画整理事業に伴う埋蔵文化財発掘調査報告書I』掛川市教育委員会
加藤理文　二〇〇四「遠江・馬伏塚城の再検討」『財団法人静岡県埋蔵文化財調査研究所設立20周年記念論文集』静岡県埋蔵文化財調査研究所
加藤理文　二〇一一『静岡の城　研究成果が解き明かす城の県史』サンライズ出版
加藤理文　二〇一一「山城の補修と改修」『戦国時代の静岡の山城』考古学から見た山城の変遷　NPO法人城郭遺産による街づくり協議会編　サンライズ出版
加藤理文　二〇一四「徳川家康五ヵ国領有時代の城」『戦国武将と城』小和田哲男先生古稀記念論集　サンライズ出版
加藤理文　二〇二〇「発掘調査から見た武田氏・徳川氏の築城術」『駒沢史学』第九四号　駒沢史学

会
加藤理文編著　二〇一六『静岡県の歩ける城70選　初心者から楽しめる名将ゆかりの城跡めぐり』静岡新聞社
加藤理文・中井均編　二〇〇九『静岡の山城ベスト50を歩く』サンライズ出版
加藤理文他　一九九四～二〇〇〇『高根城Ⅰ～Ⅵ』水窪町教育委員会
加藤理文他　二〇〇二『高根城（久頭郷城）総合研究報告書』静岡県水窪町教育委員会
掛川市史編纂委員会　二〇〇〇『掛川市史　資料編　古代・中世』掛川市
金森安孝　二〇〇四～〇九『仙台城本丸跡1次調査』第1～4分冊　仙台市教育委員会
川根本町教育委員会　二〇〇八『小長谷城址』川根本町教育委員会
鬼澤勝人他　二〇〇四『史跡高天神城跡　二ノ丸ゾーン発掘調査報告書』大東町教育委員会
木村　聡他　二〇一九『史跡興国寺城跡調査報告書　発掘調査報告編』沼津市教育委員会
久保田昌希編　二〇一一『松平家忠日記と戦国社会』岩田書院
黒澤　脩他　一九九九『大御所徳川家康の城と町　駿府城関連史料調査報告書』静岡市教育委員会
静岡県　一九九二『静岡県史』資料編6　中世二　静岡県
静岡県　一九九四『静岡県史』資料編7　中世三　静岡県
静岡県　一九九六『静岡県史』資料編8　中世四　静岡県
静岡県　一九九七『静岡県史』通史編2　中世　静岡県
静岡県教育委員会編　一九八一『静岡県の中世城館跡』静岡県文化財保存協会

静岡県考古学会　二〇一〇『静岡県における戦国山城』静岡県考古学会
静岡市　二〇二〇『駿府城天守台まるごと発掘④』令和元年度発掘調査概報　静岡市
鈴木一有他　二〇一〇〜一九『浜松城跡』４次〜13次　浜松市文化振興財団
大東町教育委員会　一九九六『史跡　高天神城跡保存管理計画策定報告書』大東町教育委員会
高田徹　二〇〇一「小牧・長久手の合戦における城郭—尾張北部を中心に—」『中世城郭研究』第一五号　中世城郭研究会
竹内理三編　一九八一『増補　続史料大成　家忠日記』臨川書店
坪井俊三　一九八一「戦国時代」『天竜市史　上』天竜市
戸塚和美　二〇一四「掛川城攻めにおける徳川家康の陣城跡」『戦国武将と城』小和田哲男先生古稀記念論集　サンライズ出版
中井均　二〇二〇『信長と家臣団の城』ＫＡＤＯＫＡＷＡ
中井均・内堀信雄編　二〇一九『東海の名城を歩く』岐阜編　吉川弘文館
中井均・加藤理文編　二〇二〇『東海の名城を歩く』静岡編　吉川弘文館
中井均・鈴木正貴・竹田憲治編　二〇二〇『東海の名城を歩く』愛知・三重編　吉川弘文館
七原惠史　二〇〇四『長篠城址試掘調査報告書　第１次試掘調査—第４次試掘調査』鳳来町教育委員会
萩原佳保里他　二〇一八『史跡諏訪原城跡』平成二十一年度〜平成二十七年度発掘調査報告書　島田市教育委員会

平野明夫編　日本史史料研究会監修　二〇一六『家康研究の最前線　ここまでわかった「東照神君」の実像』洋泉社
平野吾郎・小和田哲男他　一九八三『千頭峯城跡』三ヶ日町教育委員会
平山優　二〇〇六『武田信玄』吉川弘文館
福井健二・竹田憲治・中井均編　二〇一二『三重の山城ベスト50を歩く』サンライズ出版
本多隆成　二〇一〇『定本徳川家康』吉川弘文館
本多隆成　二〇一九『徳川家康と武田氏 信玄・勝頼との十四年戦争』吉川弘文館
松井一明　二〇〇五「遠江の山城における横堀の出現と展開」『森宏之君追悼城郭論集』織豊期城郭研究会
松井一明　二〇〇七「浜名湖北岸の城館跡」『浜松市博物館報』第20号　浜松市博物館
水江漣子　一九九二『家康入国』なぜ江戸を選んだのか　角川書店
溝口彰啓　二〇〇八「静岡県下における中世山城遺構の画期について」『静岡県考古学研究』No.40　静岡県考古学会
峰岸純夫・齋藤慎一編　二〇一一『関東の名城を歩く』北関東編　吉川弘文館
峰岸純夫・齋藤慎一編　二〇一一『関東の名城を歩く』南関東編　吉川弘文館
村井益男編　一九八六『日本名城集成　江戸城』小学館
山本宏司　二〇二一「静岡市藁科川流域の駿府城石丁場」『城郭研究と考古学』中井均先生退職記念論集　サンライズ出版

あとがき

「今度、信長の城の本を出すことになったから」と、中井均《なかいひとし》さんから切り出され、「珍しいですね。中井さんが、武将の名前が付く城の本を出すなんて」と答えた。「ちゃうで、信長個人が建てた城をまとめるわけじゃないで。それにカトちゃんも出してるし……（『織田信長の城』という本を、講談社現代新書で書きました〔笑〕）。ほら、織田政権下に、光秀や秀吉が築いた、周山《しゅう》城《ざん》とか、長浜城とか。あとは信長が城攻めの時に造らせた陣城」「ああ、三木《みき》城攻めとか、鳥取城の飢《かつ》え殺しの太閤《たいこう》ヶ《が》平なんかですね」「そうそう、そろそろそれについてまとめてみようと思ったわけよ。小谷《おだに》の虎御前《とらごぜ》山なんか、何回行ってもおもろいで」「確かに、陣城については、知らない人が多いですよね。織豊政権が合戦で多用したことを……」と、話が続きました。

「で、どこの出版社から出すんですか？」「ほら、俺がさあ、前に坂東三津五郎《ばんどうみつごろう》さんと対談したのを覚えてる？」「わかりますよ、三津五郎さんには、日本城郭協会の検定のＣＭもやってもらっていたし」「その縁で、ＫＡＤＯＫＡＷＡの編集の辻森康人さんから、何か城の本を選書で出さへんかって勧められたわけよ。それなら、織田政権の城についてまとめてみようかなあって」「そうですね。織豊期城郭研究会で、陣城もやりましたしね。ちょうど、いい機会ですね。ついでに、秀吉と家康の城もまとめて三冊出したらどうです」「そこよ、そこ。秀吉までは出そうと思っているんだけど、家康は無理。興味もわかないし、城そのものを余り見てないからなあ」「しゃあないですね。じゃあ、そこは僕がフォローしましょうか?」「書いてくれる?　カトちゃんが書いてくれるなら、それが一番だよ。俺から辻森さんに言うておくから。そうすれば、三冊セットになるで」ということで、話は辻森さんのもとへと行ったわけです。「加藤さん、中井先生から聞きましたよ。今度、家康の本を書いて下さるそうで。これで、三冊セットになります」と、話はすっかり進んでいました。こうして『信長と家臣団の城』中井均著・角川選書は、『秀吉と家臣団の城』中井均（刊行予定）、『家康と家臣団の城』加藤理文、と戦国三英傑の揃い踏みということになるわけです。

　徳川家康と言えば、有名な山岡荘八《やまおかそうはち》の小説をはじめ、最近では安部龍太郎《あべりゅうたろう》氏など、それぞれ個性的な家康像を描いています。しかし、こと家康の城に関してまとめた本は、ほとんど見当たりません。そもそも、家康は、織田政権・豊臣政権下では、彼らの部下である武将たちと一線を画す存在でした。従って、家康と彼に従ってきた三河武士団は、城造りを含め、独自路線を歩んで来たのです。ところが、関ヶ原合戦の勝利によって、家康が政権を掌握し、江戸に幕府を開き、征夷《せいい》大将軍になると、天下に徳川の世が来たことを知らせる必要が生まれたのです。

　しかし、独自路線を歩んできた三河武士団は、都を中心とした畿内《きない》の城造りには不案内でした。そこで、家康は、豊臣配下の武将たちを総動員する天下普請で、城を築かせることにしたのです。伏見城、二条城、江戸幕府の中心の江戸城、大坂に残る豊臣氏に備えた名古屋城、隠居城となった駿府城、家康は豊臣武将たちを動員し、こうした城を完成させていきました。

信長の城、秀吉の城と言えば、豪華絢爛《けんらん》な金銀が輝く漆黒の天守というイメージを持つ人が大半だと思います。では、家康の城と言えば、質実剛健で無駄を省いた白亜の姿なのでしょうか。ところがこれは、家康の城ではなく、幕府の城の姿です。信長、秀吉は、その個性で天下政権を目指し、城を築き上げました。家康は、個ではなく、徳川幕府という大きな組織で城を築くことによって、全国の支配を進めたのです。城は、個人所有ではなく、幕府からの預かり物になったのです。ここが、信長・秀吉政権の城と、最も異なるところです。

今回、家康の城をまとめるにあたって、前例がないだけについあれもこれもと思い、書きすぎてしまった感があり、辻森さんには大変な思いをさせてしまいました。その都度、上手《うま》くフォローをしていただき、ありがとうございました。中井さんと二人の共著は、結構あるわけですが、単著でシリーズとなったのは初めてです。今から、三冊並ぶとどんな感じかなあと、楽しみです。「人の一生は重荷を負うて遠き道をゆくがごとし……」というのが、家康の遺訓だと言われています。彼の城造りの道も、まさに同じでした。本書から、家康の苦労の一端が伝われば、書き上げた甲斐《かい》があるというものです。

秋分が過ぎてなお鳴く寒蟬に、夏の長さを憂う　二〇二一年十月吉日

加藤理文《かとうまさふみ》

加藤理文（かとう・まさふみ）

城郭研究家。1958年、静岡県生まれ。81年、駒澤大学文学部歴史学科卒業。2011年、広島大学にて学位（文学博士）取得。静岡県教育委員会などを経て、中学校教諭。公益財団法人日本城郭協会理事・学術委員会副委員長、織豊期城郭研究会共同代表、NPO法人城郭遺産による街づくり協議会監事を歴任。著書に、『織田信長の城』（講談社現代新書）、『日本から城が消える 「城郭再建」がかかえる大問題』（洋泉社歴史新書）、『よくわかる 日本の城 日本城郭検定公式参考書』（加藤理文・著、小和田哲男・監修／学研プラス）、『戦国の山城を極める　厳選22城』（加藤理文、中井均・共著／学研プラス）など多数。

角川選書 652

家康《いえやす》と家臣団《かしんだん》の城《しろ》

令和3年11月18日　初版発行

著　者　加藤理文《かとうまさふみ》

発行者　青柳昌行

発　行　株式会社 KADOKAWA
東京都千代田区富士見 2-13-3　〒 102-8177
電話 0570-002-301（ナビダイヤル）

装　丁　片岡忠彦　　帯デザイン　Zapp!

印刷所　横山印刷株式会社　　製本所　本間製本株式会社

ISBN978-4-04-703704-5 C0321

この書物を愛する人たちに

詩人科学者寺田寅彦は、銀座通りに林立する高層建築をたとえて「銀座アルプス」と呼んだ。
戦後日本の経済力は、どの都市にも「銀座アルプス」を造成した。
アルプスのなかに書店を求めて、立ち寄ると、高山植物が美しく花ひらくように、
書物が飾られている。

印刷技術の発達もあって、書物は美しく化粧され、通りすがりの人々の眼をひきつけている。
しかし、流行を追っての刊行物は、どれも類型的で、個性がない。
歴史という時間の厚みのなかで、流動する時代のすがたや、不易な生命をみつめてきた先輩たちの発言がある。
また静かに明日を語ろうとする現代人の科白がある。これらも、
銀座アルプスのお花畑のなかでは、雑草のようにまぎれ、人知れず開花するしかないのだろうか。
マス・セールの呼び声で、多量に売り出される書物群のなかにあって、
選ばれた時代の英知の書は、ささやかな「座」を占めることは不可能なのだろうか。
マス・セールの時勢に逆行する少数な刊行物であっても、この書物は耳を傾ける人々には、
飽くことなく語りつづけてくれるだろう。私はそういう書物をつぎつぎと発刊したい。
真に書物を愛する読者や、書店の人々の手で、こうした書物はどのように成育し、開花することだろうか。
私のひそかな祈りである。「一粒の麦もし死なずば」という言葉のように、
こうした書物を、銀座アルプスのお花畑のなかで、一雑草であらしめたくない。

一九六八年九月一日

角川源義

信長と家臣団の城

中井均

織豊系城郭にはそれまでの城にはない石垣、瓦、礎石建物という三つの要素がある。そして、攻城戦においても、陣城を築き周囲を封鎖する戦法を用いた。居城、陣城から読み解く〝信長の城〟分析の決定版。

633 | 224頁

978-4-04-703687-1

徳川家臣団の謎

菊地浩之

家康が率いた軍団は、本当に組織的だったのか——。松平・徳川家の歴史をていねいにたどり、「忠節・徳川家臣団」という定説がどのような創作に満ちていたのかを、豊富な史料を用いながら検証する。

576 | 312頁

978-4-04-703598-0

今川氏滅亡

大石泰史

駿河、遠江、三河に君臨した大大名・今川氏は、なぜあれほど脆く崩れ去ったのか。国衆の離叛や「家中」弱体化の動向等を、最新研究から丹念に検証。桶狭間敗北や氏真に仮託されてきた亡国の実像を明らかにする。

604 | 304頁

978-4-04-703633-8

杉山城の時代

西股総生

文献には登場しないものの精密機械のような縄張りを持つ杉山城。なぜ、ここに存在するのか。北条氏築城説は成立しないのか。発掘調査によって判明した事実とは。縄張り研究の立場からその「謎」に迫る。

592 | 288頁

978-4-04-703614-7

角川選書

角川選書

羽柴を名乗った人々
黒田基樹

秀吉は、旧織田家臣や旧戦国大名に羽柴名字を与えることで「御一家」と位置づけた。羽柴家の論理による秩序化である。全く新しい武家の政治序列の方法を創出した、秀吉の野望と類い稀な政治手腕を描く。

578 | 264頁

978-4-04-703599-7

真田信之
真田家を継いだ男の半生
黒田基樹

戦いから平和への時代転換の中で、真田信之はいかにして真田家の存続を図ったか。政治的な動向と領国支配の実態を明らかにしつつ、沼田城から上田城に本拠を移すまでの半生を史料に基づき丹念に追いかける。

569 | 240頁

978-4-04-703584-3

井伊直虎の真実
黒田基樹

遠江国井伊谷領を領国とした国衆・井伊家最後の当主である一方、実像は殆ど知られていない直虎。わずかに現存する古文書から、解読が難しい「井伊谷徳政」の実態とともに、直虎の実像と領国経営を明らかにする。

586 | 216頁

978-4-04-703621-5

武田氏滅亡
平山優

甲相越三国和睦構想、御館の乱、高天神城攻防戦という長篠敗戦後の転換点を主軸に、史料博捜と最新研究から、詳述されてこなかった勝頼の成果と蹉跌を徹底検証。戦国史研究に新たなる足跡を刻む決定版！

580 | 752頁

978-4-04-703588-1